人生から学ぶ

ひとりの精神分析家になること

パトリック・ケースメント　著

松木邦裕監訳
山田　信　訳

岩崎学術出版社

Learning from Life: Becoming a psychoanalyst by Patrick Casement
Copyright © Patrick Casement 2006
Published by arrangement with Paterson Marsh Ltd
through Tuttle-Mori Agency, Inc., Tokyo

バーニィに捧ぐ

監訳者まえがき
感動のライフ・ストーリー，そして精神分析家の誕生

　私はこの小文に，精神分析の専門書にはまったく似合いそうもない表題をつけました。しかしおそらく，本書『人生から学ぶ』を読んで感動しない人はいないでしょう。とりわけケースメントさんがみずからを語る最初の２章を読んだときには，彼が歩み続けた人生の重さと素晴らしさに大きくこころを動かされます。もちろん他の章でも，新たな感動に見舞われました。翻訳を進めながら涙のために霞んでしまうことが，幾度となく私にはありました。ひとりの精神分析家の誕生には，みずからの人生の出会いからの深い学びがあったのでした。

　しかし，それだけではありません。その人生から学ぶこと，人生の真実に触れ，もちこたえることによって学ぶことの大切さを，精神分析の臨床家として，さらにはひとりの人間として私たちは学ぶでしょう。私は思います。私たちは精神分析の臨床家にはなれるとしても，どんなに努力してもフロイトにもビオンにもウィニコットにもなれません。なれるのは，せいぜいなんとか学派になるだけです。それにしてもやはり，私たちは私たちが実際に生きているその在り方でしか臨床家でありえないのです。ただその等身大の私たち自身，私たちの人生が，真摯に学ぼうとし続けるのなら，学びの宝庫でもあるのです。パトリック・ケースメントはそのひとつのモデルとして，勇敢にも自分自身を提示しました。

　ケースメントさんは援助の専門家として保護観察官，ソーシャルワーカー，心理療法家，精神分析家と独自の歩みを進めてきました。本書に収められているそうした専門職としての経験も，それぞれの専門職に現在就いている方が本書を読まれるならとても役に立つものです。私は本書が精神分析にかかわっている方や関心を抱いている方にかぎらず，保護観察官，ソーシャルワーカー，さまざまな心理職，調査官といった援助職の方たちに読

まれることを切望します。本書が，私たちそれぞれの仕事の困難の中に希望を見出す手助けをしてくれる著作であると私は信じます。

　ケースメントさんの処女作『患者から学ぶ』（ロンドンの専門書店カーナック・ブックスで史上最も売れた本です），第二作の『さらに患者から学ぶ』，グラディーヴァ賞を得た第三作『あやまちから学ぶ』というすべての翻訳に私はかかわってきました。とても幸運なことでした。また今，『人生から学ぶ』という精神分析著作の範疇を超えた著書に出会った喜びに感動しています。

　本書の翻訳は，精神分析を志向する精神科医山田信氏によって手がけられました。彼の豊かな教養と人生経験，分析的な臨床経験，真摯な臨床姿勢があって初めて，本書が血の通う日本語の書物となりえたことをここに記しておきたいと思います。

　読者の皆さんに，私たちが本書で出会った感動に是非触れていただきたいと私たちはこころから願っています。

松木邦裕

まえがき

　パトリック・ケースメントは稀有な本を書き上げました。ケースメントの仕事の主なものをよく知る方は，彼の論文や著書，患者に接する態度や精神分析という分野へのアプローチを特徴づける「〇〇から学ぶ」という主題をご存知でしょう。この本でケースメントは，人生から，特に自分自身の人生経験から彼が学んだその学び方について包み隠さず語ることによって，この主題をさらに深く取り上げています。選ばれた経験は幅広く，「扱いにくい」子どもと考えられた彼の家族背景や，家族との葛藤に満ちた経験，至福のときと苦痛に満ちた断絶，分析から生まれてきた中核的な変化――とくに精神分析の訓練を続けるという決断――にまつわる省察を含んでいます。

　なんとも大胆な書き方です。ある種の定説では，分析家の人生を開示するのは本来侵入的であるとされていますから，無鉄砲だという人がいるでしょう。ケースメントはこのジレンマに気づいていますが，率直さと読者への注意深い配慮を持ってこの課題に取り組んでいます。私が思うに，その率直さはフルタイムの個人開業から引退したという新たに見出された自由の感覚によって支えられています。読者のための配慮が，人生から学ぶというこの本の主題を促進するのに最適な情報を提供していることの中にあります。ケースメントが自分自身について語る語り口には，いささかも懺悔や甘えがありません。彼の自己開示にみられる特徴は，その心温まる平凡さです。このひとりの人間の，錯綜した小児期や思春期，青年期を通しての発達をめぐる闘いのなかに，私たちは自分自身の発達上での不安や危機の多くの面を認めます。ケースメントの面目躍如たるところは――20代はじめの短い破綻について論じるときですら――この本の主題を台なしにしたり，読者を不要に混乱させることなく，浮かび上がってくる彼の個性のなかになんとかして意義深い道標を示しているところです。

印象深いことに本書でケースメントは，何が精神分析家となすのかという新しくて根本的な問い——まだ分析家として働いていたために，以前は追求するのを控えざるをえないと感じていたであろう問い——に取り組めると感じています。ですから本書はただ単に，ケースメントの人生を語っているだけではありません。それどころではなく，単なる分析的な知識とは真反対である，分析的英知の獲得に貢献しうる経験がどこから生まれてくるかを明らかにしています。たとえば，しばしば彼は，多くの患者が抱え込みながら生きており，ついには分析家のところに持ち込んでくる苦悩と同一化し，真剣にこころから受けとめることの必要性に没頭しています。

　本書の読み方のひとつは，私たちをこの任務からそらしてしまう無数の落とし穴についての教訓話としてみることです。ケースメントは，分析のもとで限界を設定することや信念をもって「いいえ」と言えることの必要性，転移や逆転移のなかに憎しみを包み込んでおく必要性，喪失を悲しめないことの代価，確信を持つことの危険性や終生にわたるスーパーヴィジョンの重要性について論じています。本書の終わりは，彼の人生と経験に関するパーソナルな熟考で迎えられます。読み終わった私の感想は，本書からほんとうにたくさんのことを学んだというものですが，おそらくもっと大事なことは，読みながら私は感動しないではおれなかったということです。

2005 年 12 月

ポール・ウィリアムズ教授
国際精神分析誌編集長

謝　辞

　名前を挙げることも思い出すこともできないほど多くの方々が，この本に貢献して下さっています。人生のどの段階でも，私はまわりの方々から影響を受けてきましたし，その豊かな影響がこの本の全編に反映されています。そのすべてに私はいつも感謝しています。

　この本を書いていく過程で多くの同僚と友人がさまざまな箇所で私を手助けしてくれ，書き続けるようにと励ましてくれました。それらの方々一人ひとりに感謝します。とりわけ第2章のような形で公表することを喜んで下さった私の分析家である故ハロルド・スチュワートに感謝します。「から学ぶ」シリーズにまだ私が貢献できると信じ，この本を書くように励ましてくれた妻に誰よりも感謝します。そのため彼女は，夫が著作に専念するという馴染みある不在にもう一度耐えなければなりませんでした。原稿を編集して下さったジョセフィン・クラインにもう一度こころからの謝意を表します。出版のための4度目の手助けを今回してくれました。

　いつものように，多くの学びと励みの源であり続けている私の患者とスーパーヴァイジーの皆さんに感謝します。私との作業からの引用の出版を許して下さった皆さんに，特別の感謝を表したいと思います。

　出版社と私は，それに関連した章や該当箇所に示していますが，以前に出版された原稿を用いることを許可してくださったことに謝意を表したいと思います。

目　次

監訳者まえがき　　iii
まえがき　ポール・ウィリアムズ教授　　v
謝　辞　vii

はじめに　　*1*

第 1 部　発　展　*5*
第 1 章　人生から学ぶ　*7*
第 2 章　方向感覚の出現　*25*
第 3 章　理論のための場所を見つけること　*55*
第 4 章　「いいえ」と言うことを学ぶ　*87*
第 5 章　憎しみとコンテインメント　*104*
第 6 章　サミュエル・ベケットの母国語との関係　*122*
第 7 章　喪の哀悼と哀悼の失敗　*147*
第 8 章　実践中のこころの中のスーパーヴィジョン：症例提示　*162*
第 9 章　臨床的な触覚を発達させる　*182*

第 2 部　熟　考　*199*
第 10 章　説明しにくいいくつかのこと　*201*
第 11 章　確実さと確かでないこと　*221*
第 12 章　振り返り　*237*

参考文献　*246*
訳者あとがき　*249*
人名索引　*256*
事項索引　*257*

はじめに

　それが楽しむものなのか，それとも葛藤と苦痛を生み出すような経験なのか，人生が私たちに求めてくるものを理解するという課題を突きつけられながら，人生のすべては私たちの学びの源となるのです。人生から学んだものを理解しようというこの試みのなかに私は，人生の方向感覚がまったく持てなかった若い頃から後に分析家になるまで，私に教えを授けてくれた幅広い経験を含めています。

　私はまちがいなく精神分析を必要としていましたから，自分は特に幸運であったと思っています。その後の人生に大きな意義があったひとつの突破と前進の過程で，それまでのやり方がうまくいかなくなって破綻してしまった20代半ばの精神的破綻をいくらか詳しく述べてみました。あの一連の出来事が，精神分析への私の情熱の大きな源泉でした。

　私はこの本で，引退の自由を使ってみることにしました。私はもう新しい患者を引き受けません。そのお陰で私は自己開示の危険を冒すことができるのですが，私たちが患者との分析に関わっている以上，通常それは不適切なことです。私たちは自分たちの匿名性を保とうとし，分析家についてあまり多くを知りすぎたための抑制が起こらないように，できる限り患者が患者自身の人生における重要な他者として私たちを利用できるようにします。

　私は私の患者だった人たちが，この本での私の自己開示とうまくおりあいをつけられるだろうと信じています。しかし私は同僚たちに対してこそ，もっと大きな危険を冒しているのかもしれません。自分自身の事を開示するために，彼らの中には私をケースと見立て，あれやこれやのやり方で私について推測する人がいるかもしれません。けれども，そのような推測は「乱暴な分析」にすぎないとのことをこころに留めておいてほしいのです。ここに提示されているパーソナルな事柄を利用することは容易でしょうし，

その目的のために分析理論を用いることは面白くすらあるかもしれません。けれども当の人物が不在のところでの分析的推測が，どれほど妥当なのかは疑問視されざるをえません。私はわかっていながらその危険を冒しているのですが，それをそんなに恐れなくてよいと思っています。私は私であり，私の分析の仕事は実際にそうあったとおりです。私はその両者とともにあるのです。

　私の人生のさまざまなできごとを分かちあっていきますが，そのいくつかはそれほど重要とは思えないかもしれません。それでもそれらのできごとを含めているのは，そのお陰で私は人生をさらに理解するための基礎を築くことができたし，加えて私の精神分析理解がきちんと形をなせたからです。結構私は自分のことを笑っていますし，読者も私と一緒に笑ってもらいたいのです。

　保護観察官やその後に家族ケースワーカーとして働いていたときに，人生に理論を当てはめようとした初期の試みも含まれています。いくつかは，ぎこちない誤った理論適用の例です。とりわけ分析家や心理療法家として訓練中のとき，私たちの多くが同じように理論を無知で単純に使ってしまいやすいと思います。これらの実例は，反面教師的にここに提示されています。誰もが，それらから何かを学べるでしょう。

　精神分析に対する私の見方は，臨床実践の間に大きく変化しました。一つのとても大きなものは，最初の頃に信じていた「修正感情体験」への高い評価からの転換です。修正感情体験のために分析作業が，それが最も向う必要のあるところからそらされてしまうその様態を私は理解するようになりました。精神分析的な働き方を探求していく途上で，限界を設定すること，必要なときに「いいえ」ということ，クライエントや患者が求めるものが得られないときにしばしば起きてくる怒りによる試しに屈することなく，そこに居続けることの重要性を私は学ばなければなりませんでした。ここにおいて私は，陰性転移においてなされうる本質的な作業を見出したのですが，分析家や心理療法家が明らさまに世話をするよい人としてあまりにもたやすく利用できるようにしているなら，陰性転移での作業の多くは妨げられてしまうでしょう。実際，患者に対してあまりに明白に「よい」人であることで不適切にそらしてしまうよりも，たとえ患者の怒りや憤怒

であっても，それにつきあっていく方が遙かに大きな配慮となるものなのです。

　サミュエル・ベケットの母国語との関係について書いたものをここに収録しました。それは特に，偽りの自己の締めつけから脱しようとする真正の自己の苦闘に焦点をあてています。ここにはこの論文が書かれるに至った経緯と，直後にマサッド・カーンが示した興味について書き加えています。後者は，あの才気ばしりながらもやっかいな人物について面白い一面を明らかにしてくれていると思います。

　そして喪の哀悼についての章があります。それは，より最近になってだけでなく幼少期にも深刻な喪失を経験した人たちとの作業として以前に発表されたものではありますが，ある時期の私の臨床活動での重要な部分をなすものです。そこから私は多くを学びました。

　精神分析家としての発展の途上で，私は分析空間の不可欠な重要性に気づくようになり，**面接セッションの中での患者との試みの同一化**の助けを借りて分析空間をモニターすることを習い覚えました。**こころの中のスーパーヴィジョン**についてはたびたび私は書いており，第8章では「実践中のこころの中のスーパーヴィジョン」と題して私が行なってきた臨床ワークショップがどのように展開していったかを詳しく述べました。

　続けて私は，面接室の中で起こっていることについての幾つかの見方のあらましを述べていますが，それが私の言う，**臨床の触角** antennae を発達させるのを手助けしてくれました。分析空間に侵入してくるものや分析過程に影響を与えるものに含まれている意味に気づけるよう分析空間をモニターすることによって，別の意味がある可能性に注意を怠らないでいつづけられるように見方を転換したいものです。

　この本の後の章では，私が惹きつけられていた偶然の一致やテレパシーによるコミュニケーションとされるもの，診断的な夢などといった，これまであまり議論されることのなかった問題を考察しています。人生に生起するあらゆる事象に対し分析的な説明を考えつくことで，精神分析家はとても多くのことを一番よく知っていると考えているようであるのが私には気にかかっていましたので，私はこれらの問題を探求してみようと考えました。その逆のバランスをとるように，それほど容易に説明のつかない事

態が起こったときには私はそれを楽しんできました。

　精神分析の多くの作業にとって重要なこころの態度であると私が考える，確実さ certainty と，それと対照的な確かでないこと non-certainty の問題に私は戻ります。宗教と関連したいくつかの問題にも戻ります。分析家は，それを分かちあえないからという単純な理由で他者の信仰を簡単に無視しつづけるべきなのでしょうか？　崇敬の余地や，私たちが必ずしもすべてを最もよく知っているわけではないとこころに留めておく余地がありそうです。そして最後にこの本の旅路を振り返り，そのいくつかをつないでみようと思います。

守秘の問題

　いつものように私は，とりわけ他の人々に役立つために臨床活動が出版されるときには，患者のプライバシーが守られるべきである点に配慮しています。この点について他のところで（ケースメント 1985：付記，ケースメント 1991：付記Ⅱ）十分議論していますし，そこで述べた立場を取っています。

　分析作業を引用している患者や訓練中の治療者たちが，彼らの匿名性を守ろうとする私の配慮を認めてくれるよう私は願っています。ここに提示されているビネットに自分自身や自分のスーパーヴィジョンを見出す人は誰もが，自分が誰からも同定されないことを望むにちがいないと私は思っています。

第1部
発　展

第1章
人生から学ぶ[原注1]

はじめに

　精神分析という職業の選択が，私たち自身の経験に深く根ざしていることは多くの分析家で認められるでしょう。ですから私たちの臨床へのアプローチは，私たち自身の人生経験によってとても深く影響されるときがあるのです。したがって私たちが最後に到達する理論的な方向づけや臨床活動でのアプローチ，さらには好むようになる技法といったものは，私たちがそう思いたいほど客観的に選択されるのではなく，むしろ主観的に選ばれているもののようです。

　残念ながら，臨床的な方向づけが人生経験と関連づけて公にされるのは稀です。おそらくそれは，分析家のほとんどが自分たちのパーソナルな事柄を公の場から切り離しておこうとするからですが，正当な理由もそこにはあるのです。そのような自己開示は，大抵は転移を汚してしまうことになるでしょうし，彼らが専門家としてもっとも努力を傾けている中核的な臨床作業を妨げてしまうからです。

　私はよく，どんなふうにして精神分析家になったのかと尋ねられます。この問いは，患者との作業におよぼす影響を考えると普通は私が自由に答えることのできない，少なくとも詳しく話したり，出版物の中で答えるわけにはいかないと感じてきた問いでした。けれども私は新しい患者はもう引き受けませんから，そういう制約を受けなくなっています。私は私の患者だった人がこの本を読んだとしても，私がここに明かしていることをそれほどの困難や動揺を感じずに受け取ることができると信じています。私

　原注1）初版（Casement 2002a）は，精神分析的探求第22巻4,519-533に掲載された。

は彼らの私への転移が，引きずられた理想化を支持しない現実に直面することに耐えられるほど十分作業し尽くされているだろうと思っています。

　私自身の人生と経験からのビネットがこれから出てきますが，これらの実例を通して私が気づくようになったことをコメントしています。そこでふさわしく思えたときには，私がその臨床的な希求を高く評価するようになったことにこれらの経験が貢献した多少の筋道について語っています。これらのビネットには，取りたてて重要であるとは思われないものがあるかもしれません。けれども私にとっては，そのときその出来事で顕わになった以上に，それらがとても重要な意義を表すようになったのです。

1．トルコの喜び（ターキッシュ・デライト）訳注1)

　第二次世界大戦が終わった直後，私の一家は子どもの私たちがこれまで聞いたこともない新しい種類の食べ物を手に入れました。私たちの家庭に現われた「トルコの喜び」の最初の箱は，そんな特別なごちそうの一つでした。それは，たくさんの立方体の形をした見たことのない菓子が粉砂糖をまぶされてはいっている大きな箱でした。そんなごちそうでしたので，私たち各自は昼食の後に「一個だけ」許されていました。その箱がぐるりとまわってくるときには，大人から注意深く監視される決まりになっていました。

　恥ずかしいことに，今でも思い出すと笑ってしまうのですが，誰も見ていないときに私はこの「トルコの喜び」について有益な発見をしました。それらはすべてが同じ大きさではありませんでした。ですから，そのうちの大きなものが二つに切られても，その切断面は砂糖をはたきつけて簡単に隠せたのです。そうすると，それは他のものと全く同じに見えました。もっと正確に言うと，それは他のもっと小さなかけらと全く同じに見えたのです。そこで私はまったくわからないように，自分に毎日決められている配給量以上に好きに取って食べたのです。こっそりと自分で取って食べるというやり方で，いともたやすく，私はその行為を続けました。結果と

訳注1）トルコの喜び Turkish delight　砂糖をまぶしたゼリー菓子。わが国では，金玉糖，ぎゅうひ飴とも呼ばれた。

してすべてのかけらはどんどん小さくなっていったのですが，でも誰も気づいてはいないようでした。

　私は，私の「犯罪」をとがめられもせず，うまくやりとげることができたのですが，それには罪悪感がなかったわけではありません。後になってウィニコットの「反社会的傾向」（1956）を読んだとき，この経験をまったく違った風に私は理解するようになりました。私は，自分が捕まるかもしれないという無意識の希望を抱いて犯罪を繰り返していたのです。しかし私の過った行いは発覚しなかったので，私にはやめる理由が何もありませんでした。私は，私がやめるのを手伝ってくれるような，起こっていることに気づいてくれる誰かを必要としていたのです。しかし発覚しなかったために，私には何度もうまくやり遂げるという空虚な勝利が残されました。今になって気づくのですが，私のより深い希望が無意識的に捜し求めていた，親らしい行為に出会うことはありませんでした。この「盗み」をやめるよう手助けしてもらうという安堵の代わりに，私にはこころに留まりつづける罪悪感が残されたのです。

　この経験は，私の臨床活動においてとても役立ちました。保護観察官としての若い時代の仕事から精神分析家の仕事まで一貫して，「反社会的傾向」について記述した際にウィニコットが書き記したあの無意識の希望が存在することを私は認識できたのです。ウィニコットを言い換えて，私は次のように書きました。

　　（ウィニコットは）子どもが安心や成長にとって，欠くことのできないものを奪われているとき，そしてあまりに長い間それが奪われてしまっているとき，**希望を抱いているなら**，その子は盗みを通して，それを象徴的に探し出そうとするであろう，とのことを観察していた。ウィニコット以外の誰が，盗みの中にまでも，あの無意識の希望という衝迫を認められただろうか？
　　　　　　　　　　　　　　　　　　　　　　　　（Casement 2002c: xxii）

　ウィニコットの天賦の才こそがこのことを見抜いたのです。そして，無意識の希望が満たされないままだった人たちが，後に犯罪や非行をおかす者となるというウィニコットの観察が，おおいに真実であることに私は心打たれてきました。[原注2)]

2．さあ「ごめんなさい」と言いなさい

　誰に聞いても，私は家族の中で特にめんどうで厄介な子どもでした。ですから，私が自分の悪い行いについて申し開きをするためによく呼ばれたのは当然のことでした。私が10歳ぐらいのあるとき，私は「興奮をさます」ために自分の部屋にやられました。そのとき私に湧き上がった全く新しい気づきを生き生きと覚えています。私は初めて，ほんとうに父親を傷つけたことに自分から気づいたのでした。そして初めて，ほんとうの思いやりを感じていました。これはウィニコット（1963）が書いている，**思いやりの能力**を私が発見した瞬間であったと思います。

　しかしながら，うまくは続きませんでした。貴重な贈り物のように感じられるものを抱いて階段を降りていったのを覚えています。私は**自分から進んで**，悪かったと感じていました。そこで私は，父を傷つけて「ごめんなさい」と父に言いに行ったのです。そのことをいうために，ほんとうにそれを伝えるために。もちろん両親は，自分の部屋に一人でいる間に私に起こった変容を知るはずもありませんでした。そのかわりそういうときによくあったように，私は母からの「さあ，お父さんに"ごめんなさい"と言いなさい」[原注3]とのことばによって迎えられたのでした。まったく打ちのめされた気持ちであったのを私はよく覚えています。自分のこころの中に見出して伝えようとした贈り物は，まったく朽ち果ててしまったように感じられました。こころの中に抱いていたお詫びとはまったく違ったものだったので，私に求められた「ごめんなさい」を言うことが私にはできませんでした。両親の求めに従うことは，（その求めは理解できるものではありましたが）私が差し出そうとしていた贈り物を裏切ってしまうと思われたのです。こうして，私の贈り物は渡されませんでした。少なくともそのときには渡されなかったのです。

　原注2）第3章でこのことに戻ります。
　原注3）子どもたちは「ごめんなさい」と言うことを教わる必要があると私は確信しています。親たちはきっと，ただ口で言うだけとそう感じることの重要な違いを考慮に入れたやり方をうまく見つけるでしょう。例えば親たちは，年長の子どもが悪かったと**感じるとき**に「ごめんなさい」と言うまで本人に任せておくことがあるでしょう。

人生を経て私は，あの瞬間の危機が私にとって**本当の自己**の水準を見出すことに関係していたとわかりました。そしてそれは，追従することや必ずしもこころに感じられていない行儀のよさとはまったく異なる道理のものでした。

　追従的な態度と，内的な／本当の／中核の自己から出てくる態度とのこの決定的な差異というあとで起こった感覚は，私の人生のこの瞬間に起源があると思います。それは私たちが臨床活動のなかで出会うものの本質でもあり，表面的な適応や追従よりも患者にとってはるかにほんとうのものなのです。患者たちによっては，自分たちの生活においてだけでなく分析関係においても，このことに私たちが鋭敏に気づいていることを求めています。

　たとえ最初のほんとうの「ごめんなさい」という贈り物が伝えられず，認められなかったことが私に打ちのめされた感覚を味わわせたものであったにしても，あの瞬間は長く私の役に立っています。私の患者の幾人かも，間接的にその恩恵を受けているかもしれません。私はそれ以来今日まで，たびたびウィニコットの著作に助けられるのをとても自然に感じるようになりました。私は，私がかつていたところに誰かがいるのを見つけるとその度に安堵を感じました。そういう人は経験に近い理解，さらにはしばしば私自身の中核的な経験に関連する理解を与えてくれました。

3．信頼されるということ

　家庭では扱いにくい子どもでしたので，当然ながら寄宿学校に行きだした頃も私は厄介な存在でした。学校での最後の学期の直前（13歳）に，それまでもよくあったことですが，私は校長室に呼び出されました。校長先生は，厳格な規律と子どもたちへの確かな愛情とを兼ね備えた素晴らしい人でした。そして子どもたちはそれに応えて彼を敬愛していました。しかし，校長先生に対する私の愛情と尊敬にもかかわらず，私は手に負えないままでした。それでまた，最近の悪行に対して「ひどく叱られる」か，あるいはさらに罰を与えられるのだろうと私は予想していました。ところが校長先生は，私に短いお説教をしたのです。私に言いました。

あなたに伝えたいことがあります。職員は皆，あなたにお手上げです。あらゆることが試されて，どれも上手くいっていません。少なくとも一つのことを除いて，ありとあらゆることが試されてきました。あなたに責任を取れるだけの能力があるとは誰も思っていないので，あなたを責任のあるポジションにつけようとは誰も思いません。けれど，私はあなたに賭けてみようと思います。私はあなたに，監督生の責任を担ってもらおうと思っています。どうか私を失望させないで下さい。

私はすっかり驚いてしまったのを覚えています。私に責任を担える見込みがわずかでもあるとは誰も見ていませんでした。私は「厄介」で「悪い」とみられていましたし，確かにそういう評価がふさわしかったのです。また私は，自分を見るそういう見方にふさわしく行動し続けていました。しかし今や初めて，違った可能性を持つものとして私を見てくれる人がいるのです。私はそのとき，校長先生の信頼に応えられるよう私のできることはなんでもやろうと決心しました。

　これはまったく新しい経験でした。私が別のものでありうる潜在的な可能性に対しての承認がありました。それまでは，これでいいのだという肯定がいつも欠けていたのです。この経験は，私がそれまで他の人と経験したこととはまったく異なっていました。ですから私が後になって，アレキサンダーの**修正感情体験**[原注4]という考えに引かれていったのは，不思議でも何でもありませんでした。あの校長先生の私への信頼は，明らかに「修正的」でした。重要な鍵となる情緒体験でもありました。**これ**こそが，人々が変化するのを手助けしてくれるものなのだと，おそらく私は思ったのです。

　しばらくの間，私は保護観察中のクライエントや心理療法中の患者たちが，みずからをそれまでと異なる仕方で経験し違った生き方をはじめるのは，私が彼らを気遣い信頼することを通してだと信じていました。これがどれほど真実であっても，この見解の中には見落とされているとても重要なものがあることに気づくには長い時間が必要でした。

原注4) Alexander (1954); Alexander et al. (1946)

4．不連続性の経験と深い無意識

　無意識が働いていることに私がはっきり気づいたのは，ひとつの経験によってでした。それ以来，私はこのこころの奥深い領域から感じるものに強く印象づけられていますが，それは即座に作動できて，まったく私たちの理解を超えてもいるのです。

　最初に精神分析に興味を持ち始めたころでした。ある夜，私はロストロポーヴィッチによるドヴォルザークのチェロ協奏曲のコンサートに出かけました。席に着いてみると，私は正面から2列目のソリストのほとんど真向かいに座っていました。ソリストと私の間にはほとんど誰もおらず，私にはあたかもそのコンサートが私だけのために演奏されるかのように感じられました。

　それまでにこの協奏曲を聴いた覚えが私にはありませんでした。そして，（他の聴衆をすっかり忘れ去った）このとても親密な設定によって，自分が存在の新しいレベルに引き上げられていると感じました。協奏曲は知りませんでしたが，最終楽章はとても驚くべきものでした。それが終わりに近づいたと思われたとき，チェロにバイオリンソロが加わりました。そしてその二つの楽器が一緒になって，音楽の更なる領域へと舞い上がっていきました。それは私にとってまったく特別な経験でした。とりわけ私がうれしかったのは，このコンサートにひとりでいったことでした。それは，コンサートの後で一緒の誰かと話さなければいけないというショックに耐えられないと感じたからです。言葉をはるかに越えたこの新しくあらわれた世界のなかで邪魔されずにいることが私には必要でした。

　実際私には，この経験をとり入れ，味わい，そしてとてもゆっくりと現実の世界に戻って足を下ろすために，コンサートの後一人で長い間歩くことが必要でした。具合の悪いことに，私はあるパーティに行く約束をしていました。そしてそこで私は，誰とも話ができないほどのあまりにも大きな音量で流されていたボブ・ディランの音楽によって，いきなり現実の世界に引き戻されたのでした。なんとも，みじめなひどい結末でした。

　ようやく数週間が過ぎた頃，連続性を侵害するものが私にとってどんな

意味があるのかを理解する機会を私は得ました。私は一人で当時のユーゴスラビアにおける子どもの保育についてのテレビ番組を観ていました。そこでは，母親たちが赤ん坊や幼い子どもを託児所に預けて仕事に出るよう勧められていました。おのおのの母親がたった一人か二人の子どもの世話をするよりもずっと効率的だというのです。この制度では，一人の保母によって何人もの子どもの世話ができるのです。そうして母親は解放され，仕事に出て行くのです。それから，最初の年の保母になつき始めていた1歳の子どもが，次の年にその子を世話する新しい保母へと手渡される場面が映し出されました。その子は自分の知っている保母の元へ戻ろうと必死でしがみつこうとしていました。

その瞬間，背後に音楽が流れてきました。私は最初の四つの音色を聞いただけで，突然これまでにないほどこころの奥深くから涙を流し，泣き叫びだしました。この叫びは私の内側のとても奥深いところから出ているようで，私のすべてが苦悩していました。私は自分が狂っていくと思いました。それからとてもゆっくりと，私はもう一度その音楽に気づきはじめました。それはオーケストラと共演しているチェロの演奏で，なじみのあるゆっくりとした楽章でしたが，私はそれを思い出せませんでした。それからふと，それがドヴォルザークのチェロ協奏曲ではないかと思いつきました。私はそのレコードを買っていましたが，まだかけたことはありませんでした。そこで十分気持ちを取り直したと思ったとき，私はそのゆっくりとした楽章をかけてみました。そこには私が泣き叫ぶ直前に聞いたあの四つの音色，すなわちあのゆっくりとした楽章の最初の四つの音色がありました。

数年の間，私はこの経験を無意識の無時間性と無意識が想起や結びつきをつくり出す即時性の極端な例だと考えていました。四つの音色だけが，それまでに一度しか聞いたことのないあの四つの音色が，私をあの高みを感じたコンサートと結びつけたのです。そして，私の叫びはパーティでのまったく違った音楽によって突然侵害されたという中断の経験と関係していると私は考えました。

数年後，私がついに分析を受け始めたとき，私はこの一連の出来事を違った見方で見始めていました。私の分析家は簡潔に尋ねました「その番組は

何についてのものだったのですか？」。私は，それが子どもの保育についてのものであったと話し，そのテレビ番組について前述したような説明をしました。彼はその中から一つのことだけを取りあげました。「そう，それは新しい世話役に手渡される子どもについてのものだったのですね」。私自身の早期の経験とのあきらかな結びつきにすぐに私が気づくのに，彼はそれ以上何もいう必要はありませんでした。それまで私がそんなにあきらかな結びつきに気づかなかったこと自体も興味深いことでした。私もまた，生後数年の間，乳母から乳母へと手渡されていたのです。家族の記憶によると，私がとても厄介な子どもだったので，どの乳母も1年，あるいはもっと短くしか続かなかったのです。それで私がなつこうとする経験はたびたび中断されたのでした。コンサートでの感情体験が無情にも中断されたのと一緒に，このことを私が思い出したときに泣き叫び出したのはなにも驚くことではありませんでした。

　後になって思い返してみて，私がここに音楽を越えた意味があるとわかったのは，自分が濃密な関係性（かつて分析のなかで私は十分安全だと感じていました）の中にいるときに限られていたことに気づきました。しかし数年後に，乳母たち以前に由来するもっと深いレベルの叫びに私は気づきました。私の最初の愛着はもちろん母親に対してでしたが，私が乳母たちに手渡されていったとき，あまりにも突然に母親を失ってしまったように私は思ったようでした。私のためだけに音楽があると思えたのは，おそらく私の母親とのもっとも早い時期のことだったでしょうし，それを私は突然外傷的に，あたかも永遠に失ってしまったと思ったのでしょう。ですからその泣き叫びは，その最深層において，いかなる意識的な記憶もまったく越えたときに由来していたのです。

5．心理療法家としての訓練に同意すること：肯定か追従か？

　私は最初の治療を危機状況の中で始めました。私はひどく落ち込んでいて，自分の人生にどんな意味も目的も見出せませんでした——その治療に至るまでの数年間，絶望が続いていたのです。ですから当時の私の心理療法家が，私が自分の才能に気づいていないようだといって私の自己非難す

る傾向をさえぎろうとしたとき，それは私にはとても重大なことに思えました。「どんなこと？」と，私は言い返しました。彼女の考えによると，もし私が訓練をうけるなら私は彼女の言う「才能豊かな治療者」になれるだろうといって，彼女は私を納得させようとしました。私は当然ながらおだてられていると思いましたが，ついには「訓練**を受けよう**じゃないか」と考えるようになりました。それは，人生にまったく何の目的もないよりはずっとましでした。

　こうして私は，心理療法の訓練を始めたのです。そうしながらも，3年間の理論的な訓練がすべて終わるまで最初の訓練症例を始めるのを私は延ばしていました。なぜ延ばしているのか誰もわかりませんでしたし，私にもわかりませんでした。その当時の私の弁解は，自分が面接室を持っていないからだというものでした。しかし部屋を見つけたり，それを面接室として使えるように整えようとはしませんでした。

　長い間延ばした後で，私はようやく患者を診始めました。時間がたってみると，彼らはみなよくなっているようでした。けれども，私には詐欺師のようなやましい感覚がありました。その感覚は，臨床セミナーで他の治療者たちが「陰性転移を取り扱う」ことについて話しているのに，私の患者たちは私を陽性に経験しているだけのようであると気づいたとき，よりいっそう深刻なものとなりました。

　私は今や，患者が私を喜ばすためによくなっていると気づき始めていました。患者たちは私が自分の治療者に応えたのとまったく同じやり方で，治療の中で私に応えていることに私は思い至ったのです。私が訓練を始めたのは彼女を喜ばせるためであって，訓練を受けるという私の決断は，本当に私自身の中から出てきたものではなかったのです。あの校長先生のときのように，私の潜在的な可能性を肯定されたことに私が応じたように最初は思えたものは，誰かの私に対する媚びた見方への追従であったのかもしれません。振り返ってみると，私の治療は「偽りの自己の分析」以上のものではなかったようです。それは，気づかれていないものに根本的にかかわろうとするものではなかったし，私の中核自己や自己非難の中にあるものにはかかわらなかったのです。

　それは，とてもドラマチックに明らかになりました。私は多くの同僚と

一緒に，あるゲシュタルト・ウイークエンドに参加していました。その中に私の以前の治療者もいたのです。彼女はちょうどそのとき，参加しているもう一人の同僚（X医師）と一緒に組んでいました。ゲシュタルトの手順の一部として，X医師はゲシュタルトセラピーの「エンプティチェアー」のなかで，彼女に言われたことに対して彼女のために答えることを求められていました。それから白熱したやり取りが続いたのですが，その中で私の以前の治療者は泣き崩れてしまい，あらわになった怒りや攻撃性が彼女には取り扱えないことを認めたのです。

　私はたまたま，以前の治療者が最後のゲシュタルトセッションから出てくるところに出くわしました。そこで私は彼女に言いました。「あそこで，あなたとX医師の間で起こったことで，私はとても不安になりました。でも，とても有益でした。そのお陰で，なぜ私があなたに対して決して怒れなかったのかがわかったからです」。これに対して彼女は応えました：「そんなに腹の立つことがあったかしら？」

　この答が私を分析へと進ませました。この答は，とても長い治療の間私が決して自由に治療者との陰性転移に入っていけなかったことをもはや見逃せない形で私に示していました。彼女に向けられた怒りは，それが転移的な怒りであったとしても，いつもパーソナルに受け取られ，彼女には耐えられないものとして受け取られていたようでした。私の治療者は，この怒りをいつも彼女から面接室の外の誰かへとそらしていました。その結果，私が自分自身の怒りについて抱く，誰にとっても荷が重過ぎて耐えられないという見方は，すっかり凝り固まったものになってしまったようでした。私が自分の患者からの怒りを，たとえそれが転移としてであっても，受け入れることができなかったのは不思議でも何でもありませんでした。私の患者が私を喜ばすためによくなっているようにみせることしかできなかったのも，やはり不思議ではありませんでした。

　私はいまや新たな危機に直面していました。なぜ私が心理療法家として詐欺師のように感じるようになっていたのか，その正しい理由がわかったのです。私は心理療法家であることを止めるべきなのです。そこで私は，私の患者をこれ以上ひどく傷つけることなしに私が治療者として働くのを止める手助けをしてくれるか，あるいは，私が患者たちともっと真摯に働

くことができるように前の治療に欠けていたものを補う手助けをしてくれるような，私に見つけられる最もよい分析家を探し出しました。

　その新たな分析的作業から，精神分析家としての訓練を始めようとの最終的な決断が生まれました。この決断は，今回はほんとうに私自身の中から生まれたのでした。この分析は，以前の治療とはとても異なったものに感じられました。とりわけ自分が感じたままにあるという，ほんとうの機会が与えられました。というのは，幸いにも私は，私がその過程の中で「投げつけた」ものを何でも受け取ることのできる人と一緒にいたのです。実際，私の内的世界に関係したたくさんの怒りがありました。そして私の分析家はどんなときでも，私がもっとも怒りを感じたその相手の役を引き受けるために用いられる心構えができていました。彼は防衛的にならず，必要なときにその怒りを引き受けることができました。彼は私の怒りをそらすことなく，それがあたかもただ彼に対してだけ向けられているものであるかのように私の怒りを引き受けることすらできたのです。関連した転移的な次元が持ち込まれたのは本当にゆっくりとでした。その意味において，私の怒りは，あたかもそれが単なる転移や（前の治療者との間でのように）生じるはずのないものとしてあまりに性急に取り扱われるのではなく，むしろ生き残られるべきものとして彼自身との直接の関係の中で引き受けられたのです。

　もし私がこのまったく違った経験に恵まれていなかったら，私にはとても大切な臨床作業がまったくできないままだったでしょう。そしてここで私は，「修正感情体験」という考えがどれほど不適切なものかに気づき始めていました。

　患者が過去に「悪い」ものとして経験した誰か「よりもいい」別の誰かとして自分を提供する人は，その早期の経験を何も変えることはありません。それ以上にいわゆる修正体験は，早期の悪い経験に属する感情が誰に対しても荷が重過ぎて耐えられないものであるとの内的感覚についての信念を強めがちです。ですからある種の肯定は，それがふさわしい場所では重要かもしれませんが，そして分析の中でもそれにふさわしい場所はあるにしても，扱われるべきであったものをそらしてしまう危険な傾向に私は気づき始めました。今でも続いている悪い経験の影響は，分析関係の外に

置かれたままではなく，中に持ち込まれてよいようにされる必要があるのです。

　私の分析でのこの後からの経験によって，校長先生の信頼に応えて行動するために私が抑え込んだあの厄介な態度に立ち返ることの重要性が浮かび上がってきました。あの態度には，ほんとうに対峙されることや理解されることが必要でした。校長先生のときのように単に説得されたり，最初の治療者とのように巧みに操作されるだけでは十分ではないのです。「厄介な」態度の中には，しばしばそれまで見過ごされてきたある本質的なコミュニケーションがあるのです。

6．「もっと良い」母親であること

　もうひとつ，「より良く」あることが有害になってしまうあり方があります。私と妻の間に最初の子どもが生まれたとき，私は熱心に，できる限り加わって手助けしようと心掛けました。実はここには，とりわけ手助けになることとならないことについて，学ぶべき多くのことがありました。あるとき，それを思い出すと今でも悲しくなるのですが，赤ん坊がお腹をすかせて泣いていました。普段私たちは，赤ん坊が起きてきそうなときには哺乳瓶を温めて準備していました。けれどもこのとき妻は日中のことで疲れ果てており，一方私は仕事で出かけていました。哺乳瓶はまだ冷蔵庫のなかで，温めなければいけませんでした。私はこの事態に，不当にも妻に批判的であったのを覚えています。そして彼女の返答は，当然のことながらいら立ちに満ちたものでした。「もしあなたが自分をそんなにいい母親だと思うのなら，**あなたが行ってそうして**」と言いました。

　そこですぐに私はそうしました。哺乳瓶を温め，ミルクを与えようと，とても苦しがっている赤ん坊を抱き上げました。そのとき妻が次のように言ったのを私は覚えています；「あなたが引きうけて，全部世話してあげたらいいでしょ？」私はすぐに自分がとてもひどいことをしてしまったと気づきました。私は，赤ん坊の娘と母親の間に割り込んで「もっとよい」母親として登場したのです。私はすぐに，これがどんなに破壊的であるのかがわかりました。赤ん坊とほんとうの母親との間をもう一度落ち着かせ

るために私にできる唯一の方法は，よりよい母親であろうとする考えを取り下げることでした。私は覚えていますが，赤ん坊をベッドに戻して，哺乳瓶を脇のテーブルに置きました。それから私は引っ込み，赤ん坊が赤ん坊らしく抗議するのに任せました。もちろん娘はそうしました。「どうしてあなたはそんなことができるの？　どうしてあなたは赤ん坊をそんな風に**置き去りにしておける**の？」としきりに私に言いながら，妻は赤ん坊を抱き上げ，あやしてミルクを与えたのです。

　娘は確かにそのとき悪い経験をしました。父親が彼女を置いて泣き叫ぶに任せていたのです。けれどもそこには，よい母親として私が登場することから，彼女を泣くに任せる悪い母親として利用できることへの重要な移行もあったのです。こうして妻は，私から怠慢な役割を引き続き割り当てられるのではなく，赤ん坊を（その時には）怠慢な父親から救い出す人物になれたのです。この経験が，私たちの間で娘の世話を分かち合うよりよいバランスをとる始まりともなったのでした。

　加えてこの経験は，子どもに対する両親の間や，あるいはいかなる種類の世話役の間であっても，その人を支えるべき人がそこにいるときには，さまざまな状況でもっとよい世話役である競争相手がいることがどれだけ有害なことになりうるかに気づかせてくれました。後になってこの洞察から私は，ウィニコットの**養育での三人組**[原注5]という考えを強調するようになりました。そこでは，母親は**赤ん坊に対する母親**として支えられる必要があるのです。ところが実際には，母親が事態を悪くしているという人たちや，自分たちの方がもっと上手く対処できるのを示したがる人たちによって，母親が密かに傷つけられているのに気づくことが私たちにはあまりに多いのです。

　分析家や心理療法家の訓練においても，**患者に対する治療者として**のその治療者を支えるスーパーヴァイザーがいる，**スーパーヴァイズの三人組**がどれだけ重要であるかを発見します。そうではなく私たちはときどき，スーパーヴァイジーを密かに傷つけているスーパーヴァイザーを見かけます。患者とスーパーヴァイザーとの間の事実上のメッセンジャーに引き下

原注5）私はウィニコットの著作の中に出典を見つけられませんでした。しかし私は確かにこの概念を彼から学んだのですから，それを自分の手柄にしようとは思いません。

げられてしまっているとスーパーヴァイジーが感じるやり方で，患者の治療を取り上げてしまっているように見えるときです。

7．臨床実践から学ぶ

　分析には，洞察を与えることよりも遙かに多くのものがあります。すなわち患者が関係性を経験する，ということもあるのです。しかしながら，これは誤解されやすく，しばしばここに含まれている含蓄も見逃されてしまっています。私はアレキサンダーの主張とは大きな距離ができたので，分析関係の意図した修正的な使用に対して疑いを抱くようになりました。そのように用いることは，ほとんど必ず操作的となってしまいやすく，カリスマ的な治癒のように，その利得はどんなものでも一時的なものになってしまうようです。けれどもまた，私たちはもう一つの極端な方，つまり患者によって情緒的に影響されているどんな兆候も避けるポーカーフェイス分析家であり続ける，あるいはそう考える方向にいってしまう必要もないのです。

8．無意識の対応

　患者自身の生活史や過去からの未解決の問題に深く関連していそうな関係の持ち方に，ある特定の患者との間で私たちが分析家としてたびたび引き込まれてしまう，その事態に私は自分の臨床実践の中で幾度も行き当たってきました。たとえば，そうならないように技法上正しくあろうとする見当違いの心配から奮闘するというよりもむしろ，サンドラー（1976）が書いている，**自由に漂う対応**を私たちが斟酌するなら，自分にまったくなじみのないやり方で患者と関わりはじめているときがあるのに私たちは気づくでしょうし，私たちを戸惑わせるだけでなく，ときには私たちが気づかわれている，あるいは深刻な間違いにうっかりはまり込んでいると警告されているのが感じられる関わり方で患者と出会いはじめているのに気づくでしょう。

　もちろん，私たちは患者を落胆させないようにします。だから私たちが

落胆させているように思えたら，それに寄与していそうな**パーソナルな逆転移**の点から自分自身を吟味しようとします。しかしそれ以上に，サンドラーが同じ論文に描写しているような，**無意識的な役割対応**に私たちが引き込まれている場合がときにあるのです。そのとき私たちは，自分が患者の内的世界の重要な鍵になる対象関係のひとつの版に「なって」いそうであると気づくかもしれません。そこではこころを動揺させ続けているか，何らかの形で未解決なままになっているその当の関係性の面において，患者が私たちと作業しはじめているのです。

同じように，分析関係の中に患者にとってはそれそのものが直接の治療的な含蓄を含むものが現われてくるように，アレキサンダーが書いているのと似た風に，私たちは患者と関係していくように引き込まれていきます。

しかしここでの重要な違いは，どのようにして私たちがそこに至るかです。ときとして私たちは，私たち自身の意図した選択というより，患者自身の無意識やそれに対する私たちのたいてい無意識的な対応に決定されて，そこに至ります。私たちが患者の内的世界の悪い対象のひとつの版のようにふるまい始めていることに気づく場合も稀ではありません。

他の場合には，私たちが患者にとって全く新しいやり方で患者と関係するように引き込まれているのに気づくこともあるでしょう。けれども深刻な剥奪，まして欠如 privation がある場合には，この新しい態度に対する患者の反応は決して好意的なものではありません。たとえば患者によっては，分析家とのよい経験と思えるものに対して不快な反応をするかもしれません。私はこれを，**対照の痛み**[原注6]への反応であると考えるようになりました。それは，患者が自分の過去においてひどく失われていたものに気づきはじめたり，そのことをこれまでにないほどはっきりとわかるために起こっているようです。必ずしもそれは，分析家とのよい経験を台無しにする患者の羨望によるのではないと私は考えます。それは違いをなくすことで対照の痛みを和らげ，それによって患者の痛々しい喪失への気づきをぼやかそうとする無意識的なやり方かもしれないのです。

こんな風に患者の関係の持ち方に引き込まれていくと，患者の過去で最

原注6) 他の箇所（1990: 106-7; 1991: 288-9）に例を挙げていますが，**対照の痛み**が有用な概念として初めて私に思い浮かんだのはそのときでした。

も外傷的であった面を，同じように私たちが振る舞い始めたりします。この事態が起きるなら，外傷のときにそうであったように，彼らを抱え損なった誰か重要な人の役を引きうけるように私たちが患者から用いられているとの事態におそらく気づくでしょう。そのときあるかもしれない大きな驚きは，分析家との関係でのワークスルー——すなわち，分析家がそのときの経験を適切に扱えればなのですが——によって患者が，それまで彼らをとらえて放さなかった外傷にまつわる強烈な感情や空想から解放されるということです。

　外傷のときに患者が経験していた感情に対し，患者の過去の重要な人（たち）は，何らかの仕方でまったく「そこにいる」ことができなかったのを私たちはよく目にします。患者が解放を見出せるのは，そのような状況を洞察するからだけではありません。それをやり遂げることのできる分析家とともに，このような仕方で用いられるのに耐えられる関係の中で抱えられることを患者が必要としているからでもあるでしょう。

　ときに私たちが出会うものは，洞察を与えることをはるかに超えていますし，それに備えるには，分析的な理解から私たちが見出す洞察に助けられながら，患者とともにそれを歩みとおす道を見出す以外にないと私は思います。しかしこの重要な時期での洞察の機能は，もっぱらその経験の終わりまで分析家を抱えておくことです。他方分析家は，その経験の終わりまで患者を抱えているのだと思います。

　患者との作業の中で私が見出したもうひとつの発見領域は，患者たちによっては**彼らに私たちを**解釈してよいと，許可を与えることもとても重要であるということです。患者たちはしばしば，他の人からは適切に評価されてこなかった自分自身の洞察を保持しています。これは明敏な子どもだった患者にもっともよくあてはまります。よくあるのは，真実に対する子どもの気味の悪いほど鋭い知覚に両親や他の大人が脅威を感じるという事態です。そうした事実を大人たちは，見ないふりをするか知らないふりをしているものなのです。このような患者たちは単に洞察力のある分析家を求めているのではなく，分析家その人についての彼らの敏感な洞察に耐えられる分析家を必要としているのです。

　最後になりますが，私は最初の本の『患者から学ぶ』という主題にほと

んど偶然といってよい形で出くわしました。しかしそのフレーズがひとたびこころに浮かぶと，本を書こうなどとそのときにはまったく思っていなかったにもかかわらず，もはや私は振り放せませんでした[原注7]。振り返ってみると，それが私の職業生活の始まりからの 20 年間のかなりの特徴を述べており，その間患者から多くのことを学んできたことに私は気づきました。

　けれども，わかってきたもっと重要なことは，一人ひとりの患者との分析関係の本質は，この**「から学ぶ」**というところから生まれてくるのであり，それは，乳幼児期の各段階やもっと後の小児期に，それぞれの子どもにとって，そうであってくれることを子どもたちが必要としているその母親になることを母親が学ぶこととてもよく似ているのです。この力動に沿って私たちも，患者から学ぶように自分を仕向けられますし，それによって分析のさまざまな段階で患者が私たちにそうであってほしいと求めているような分析家に私たちはより近づけるのです。この道行きは患者一人ひとりによってとても異なっているでしょうし，私たちの同僚それぞれによっても異なっているでしょう。それでも，分析での冒険の本質はまさにここにあると私は信じています。

原注 7）第 11 章でこの主題に戻ります。

第2章
方向感覚の出現

> 森の中で二つに道が分かれていた，そこで私は…
> 私はあまり人が通ったことのない道を選んだ，
> そしてそれがすべてを変えた。
> （Robert Frost 1920）訳注1）

序　論

　最終的に私を精神分析の世界に導いた不思議な歩みを説明する手助けとして，私の子ども時代と人生の早い時期からのいくつかのビネットについてこれからお話していきます。それは，もつれた人生のクモの巣のなかからですら，どのようにして方向感覚が出現してきたのかを明らかにするだけではありません。それはまた人々が，自分自身の起源や，自分が人生行路のなかで今いる場所にたどり着いたその道程について興味を抱くきっかけになるかもしれません。

1．家庭環境

　私は四人きょうだいの2番目でした。兄は私よりも2歳半年上で，妹は7歳と9歳年下です。強固な伝統と家族の期待を備えた家庭に私は生まれました。父方では，私より年上の男性はみな三世代にわたって帝国海軍に所属していました。祖父は海軍提督で，父は海軍大佐になり，父の二人の

訳注1）Robert Lee Frost 1874-1968 田園の自然と生活を描く米国の詩人で，英国で発表した「少年の心」，「ボストンの北」が著名。

写真-1

兄弟も海軍将校でした。そして私の兄は海軍に入り，後に海軍中佐になりました。私は父や兄とはずいぶん違っていましたが，私もやがては同じようなものの見方をするようになり，おそらくは同じように海軍に入るだろうという暗黙の願望が家族にはありました。でも結局，私は「はずれ者」でした。

兄と一緒にセーラー服姿で写っている私の写真があります[訳注2)]。その当時兄は6歳半で，私は4歳ぐらいでした。兄は直立し，父にむかって誇らしげに敬礼していて，とても品行方正にみえます。それと対照的に，私は間違った手で敬礼していました（写真-1）。私は，それがおそらく単に私がまだ順応ということを学んでいないのを示しているに過ぎないにせよ，これから先の私の違った道を予言する徴のようなものだと考えて楽しんでいます。

2. 厄介であること，そして/あるいは，違っていること

私はよく「厄介だ」とみられていましたし，確かにそうでした。しかしその厄介さのいくらかは，私を違ったものにしようとする圧力に抗して自分を擁護しようとする試みだったのではないかと思います。

5歳か6歳の頃，その頃私たちと一緒に住んでいた叔父や叔母のところ

訳注2）セーラー服は，大英帝国海軍の伝統的軍服。

に疎開してきた女性が，私の髪の分け方をかえるように主張したのを私ははっきりと覚えています。その日までは，当時女の子分けと考えられていた分け方でした。母がその干渉に抗議すると，その女性は答えました「あなたは，この男の子を女の子にしようとしているわ。この子はこういう分け方ではいけないのよ」[原注1]。母は，私の髪がそういう風に生えているからだと主張しましたが，その婦人は「そんなことはない」といいました。それから彼女は，私の髪が生まれつき男の子分けに生えていることを扱ってみせ，それが今日まで続いています。

3．過去の意味を理解すること

　何年も後になって私の分析家は，私が4歳から5歳の間に母が流産したのではないかと考えるようになりました。彼の再構成は，私が周囲の人々の妊娠早期に人並みはずれた鋭さで気づくという話を聞いたことから導きだされました。以前私は，ある人が妊娠しているとようやく確認されたばかりのときに，それに気づいたことすらありました[原注2]。5歳のときに私は腸炎を患い，おもしろいことに妹が1歳になるまでそれが治まらなかったという事実のなかに，この再構成のもうひとつの要素がありました。そのとき私は8歳でした。私は母親に次の妊娠をさせたくないという早期の願望を抱いており，あたかもその願望が危険なほどに強力で，おそらくは私が母親の赤ん坊を殺してしまったと感じていたようでした。ですから妹が生まれたとき，この生まれた赤ん坊が生き延びるかどうか見届けることが私にはとても大切だったのです。腸炎は私の中の苦しみと，私の内側の何であれ悪いもの，致死的とすら思えるものを頻繁に取り除くことを結びつけているようでしたから，この頃には私は自分を内的に処罰する必要を前ほどは感じなくなっていったのでしょう。

　この再構成は，そうでなければ理解し難かった多くの事柄に意味を与えました。そして私の分析家が彼の流儀でその意味を理解できるようにする

原注1）当時，少なくとも私の両親が住んでいた世界では，男の子は通常髪を左分けに，女の子は右分けにしていました。

原注2）この主題については第10章で再び取り上げます。

やいなや，妊娠に対する私の過敏さは消え去ってしまいました。しだいに私は彼の仮説に確信を抱くようになり，とうとう母に率直にたずねました:「どうして流産したことを僕に教えてくれなかったの？」。母は私が聞き知っていたことに明らかにとてもショックを受けて，「誰が話したの？ **家族の誰も，今までそのことを知ろうとしなかったのに**」と言いました。誇らしげに私は答えました:「僕の分析家が，僕に教えてくれたんだよ」

　私が4歳になった直後に流産したことを知りました。しかし私はこの生まれなかった赤ん坊の性を聞きたいとは思いませんでした。女の子だったのではないかと私は思います。おそらく母は，私を代理の娘にしようとしたのでしょう。母親は，その頃私にクローシェ編みや編み物といった女の子らしい手芸を教えてくれました。そのために，戦時中の父の不在と相まってその頃の生活では数少なかった男性ではなく，周りの女性たちと私は容易に自分を同一化させたのでした。この経験は後に，母親との幼い時期を追体験する患者たちと仕事をする際に，なんらかの仕方で私の助けになってくれました。しかし男性役割のモデルを見つけることが，私がバランスのよい性別同一性を手に入れるために大切になったのでした。

　当時を振り返ってみると，母は将来に全く見通しがつかない中で，開戦の直前ないし直後に身ごもったのでしょう。さらに父はその後，ときには長い期間，戦争のために不在でした。そこで私は想像するのですが，当時の母の妊娠は，軍務につく人は戦争中に殺されるかもしれないという不安な意識によっておそらく強められて，未来に向けた莫大な情緒が備給されたものだったのかもしれません。ですからこの妊娠は，母にとってもう一人子どもを持つ最後のチャンスのように感じられたでしょう──すでに二人の息子がいましたから，おそらくは娘であってほしいという願望もまた伴ったでしょう。

4．赤ん坊はどこから来るのか？

　愉快な叔母が語ってくれた，私が5歳頃の一つの家族の記憶があります。暑い夏の日に私たちはティー・パーティに送りだされました。戻ってから母に，みんなで泳いだのだと私はいいました。私は水着を持たずにそのパー

ティに出かけたので，母は驚いていました[原注3]。母は尋ねました：「みんな男の子だったの？　それとも，男の子と女の子が一緒だったの？」。私は次のように答えたそうです。「知らない。僕たちは服を着ていなかったから。」その年齢ですら，明らかに私は性差についての観念を持っていませんでした。事実，私は9歳になって2番目の妹が生まれるまで，性差の問題をよく理解していませんでした。そのとき初めて私は，1番目の妹がおかしいわけではないとわかったのです。その妹ともう一人の妹は二人とも女の子でしたから，私とは違っていました。そう，そういうことに気づいたのはそのときが初めてだったのです。私は明らかに奥手でした。

　父は戦争中ほとんど不在でした。短い休暇の間時々戻っては来ましたが，私は父がほとんど不在だったのを覚えています。それに関連することですが，7歳の頃，私は赤ん坊の妹を抱えた母と一緒に列車で旅をしました。客車の中で私たちは一人の気さくな婦人と知り合いになり，その婦人は会話の中で，その子が私の妹なのかと私にたずねました。私は誇らしげにそうだと答えたそうですが，するとすぐにその婦人は（戦時中でしたから）お父さんはもうあなたの妹に会ったのですかとたずねたそうです。私が「いいえ。もう何年も何年も何年もいないんです」と答えたことを，母は困惑しながら覚えていました。私は明らかに，赤ん坊がどのようにしてできるかをよく理解していなかったか，その意味を抑圧していました。

5．手に負えないということ

　4歳から，私と兄は「住み込みの女性家庭教師」から家庭で教わるようになりました。彼女も私がとても厄介だと感じていましたが，それにもかかわらず彼女はほとんど7年間一緒にいてくれました。彼女は一緒にいてくれたはじめての人でした。私の乳母はみな，とても短い期間でいなくなってしまったので，私が「最後まできちんと援助する」用意のある誰かとの記憶に残る経験をはじめて持ったのは，この女性家庭教師でした。彼女は

原注3）当時，男の子の水着は肩紐のついた胸当てがあり，むしろスモックのようなものでした。その頃は女性と同様に男性も，たとえ子どもであっても，公衆の面前では乳首をいつも見せないようにしておくのが慣わしでした。

私が寄宿学校にやられた後もかなりの間そうしてくれました。私は8歳のときに学校へ行ったのですが，女性家庭教師はその後ほぼ3年間残ってくれたのです。

最後にこの女性家庭教師がやめると告げたとき，私は，彼女がいなくなるのは自分があまりにも悪い子だからだと思い込んで，その学期の初めの数週間毎晩泣いて眠ったのを覚えています。それを知った母はすぐに，私のせいではないといって安心させました。その頃私の2番目の妹がまだ1歳くらいで，女性家庭教師は小さな赤ん坊の世話を望まなかったからだといわれました。しかし，私は後になってこの女性家庭教師と再会し，私は自分があまりにも厄介だったので彼女がいなくなったと以前は思っていたことを話しました。「でも，それがまさに私がやめた理由なのよ」と，彼女は答えました。「あなたは，まったく手に負えなかったわ」。

女性家庭教師とのもう一つの当時の思い出は，やはり叔母が教えてくれたのですが，彼女が私にするようにいったことを私がすぐに無意味なものにしてしまい，彼女をよく怒らせたことでした。例えば，彼女は私を集中させようとしてよく次のように言いました：「パトリック，他のことは忘れて集中しなさい put your mind behind it」。私は彼女がいったことがわからない振りをして，「こころを後ろに置く？　どこに置くの？　ここ，それともあそこ？」と答えて言ったそうです。彼女がなぜ私を厄介だと思ったか私には容易に理解できます。この例は，私がどのようにして怒らせていたかのはっきりとしたひとつの例ですが，それはまた，私が誰かに自分のこころを操られたくない，すべきことをいわれたくないという思いの最初の表現でもあると考えられます。面白いことに，子どもの具象的思考の例とも見られます。

子どもは比喩の理解が遅く，ましてや皮肉が理解できるようになるのはもっと遅いものです。私は，寄宿学校にいた9歳頃に校長先生から教わったときのことを鮮明に覚えています。そのとき私はラテン語の文章を直してもらうために校長先生の書斎に呼ばれていました。終わって出て行く前にもう一つの文章を完成させようとして，私はその文章を完成させるための動詞を見つけ出そうとしながら，なかば立ち上がっていました。校長先生は「あわてなくていいぞ」と言いました。そこで私は，それをきちんと

やり終えるために座り込みました。そうしたところ校長先生は横柄だといって私をどなったのです。私はしばしば横柄だったと思いますが，このときは（あわてなくてよいという：訳者追加）彼の言葉をただ字義通りに取ったのでした。

6. 学 校

　私たちは叔父や叔母，いとこといった「同じ階級出身の」他の家族に囲まれてとても守られた生活を送っていました。私は十代の頃，シャツの襟をセーターの外に出しているといってひどく叱られたのを覚えています。母は，私が「公立中学の生徒に間違われるかもしれない」から，絶対にそうしてはいけないといったのですが，その上流気取りの度合いに今でもぎょっとします。

　私たちとは異なる人たちにかかわるのは止められていました。私は近所の子どもと一緒に自転車に乗ってはいけませんでした。なぜなら彼らは「田舎の子」だったからです。一方寄宿学校には近所に住んでいる子どもは誰もいませんでしたから，学校の休みにはとても孤独でさびしかったのを覚えています。特に私が15歳のとき兄が帝国海軍に入った後がそうでした。このために私は内向的で，防衛的に自己充足的になっていました。学校での共同生活のあわただしさと混乱から，家庭に戻ったときそこに適応するのも困難でした。学校が休みになったばかりのあるとき，私はクラスで先生の注意を引こうとするときのように 母親の注意を引こうとして，「先生，先生，すみません，先生」と自分が何をいっているのかわからずに母親に言ったのを覚えています。妹は，私が「ねえ，きみ」と，ウィンチェスター校[訳注3]で少年たちがよく使う意見の相違を強調した表現で母親に忠告したことを覚えていました。

　校長先生が私の手に負えない態度を見通して私を監督生にするという，とても想像力に富んだ見識を持っていたことについてはすでに書きました。

訳注3) ウィンチェスター校 Winchester College 英国ハンプシャーのウィンチェスターにある有名なパブリックスクール（寄宿制私立学校）。1382年にウィンチェスター司教であるウィリアム・オヴ・ウィッカム William of Wykeham によって創設された。ケースメントは寄宿制小学校からウィンチェスター校に進学しています。

その学校での残りの期間，私は善行の模範となりました。しかし，私が根本的に違う人間になったというわけではありませんでした。そうではなく，権威ある人たちとやっていくときにどうやって表面的な従順さを示したらよいのかが私にはわかったのです。なぜなら，それが推奨され賞賛されていたからです。この表面的なあり方は，私がほんとうに感じていたものの多くを覆い隠してはいましたが，受け入れられるために一番必要なもののようでした。

次の学校，ウィンチェスター校では，私は何年もそういう可能性から離れていましたから，監督生の役をする何の理由もありませんでした。それで，私は本来そうなのですが，不器用な問題児が再び表面化してきました。そのため，寮の監督生や後に学校監督生に昇進できそうになったときのように，権威の誘惑的な魅力が再び感じられるようになるまで，私は（不器用な問題児として；訳者追加）知れわたるようになっていました。

私は試験の形式が変わった最初の年に「O」レベルを取りました[訳注4]。当時は評点が与えられず，ただ「合格」か「不合格」という結果が与えられるだけでした。ある理由から，私はこの試験をまったく気にかけていなかったので，校長先生が休みの間に私たち一人ひとりに送ると約束していた結果表をもらわなかったことすら私は気づきませんでした。次の学期に戻ったときでさえ，私はその結果を尋ねることも忘れていました。試験のことは，他の子たちが成績を比べあっているのに気づくまで，私のこころから完全に抜け落ちていました。他の人と競争するという感覚が少なくとも試験に関しては，私にはほとんどありませんでした。けれども，一つの重要な例外がありました。

数学の授業で，私はその問題がとても簡単だと感じ，最初の週の（宿題の寄宿学校版である）「学校課題」で100％の成績をとりました。その頃から長く続いている友人の少年がいたのですが，その子も100％をとっていました。それで，その学期の週ごとに私は彼と競争しました。100点以下になることを怖れながらも，その学期は決してそうならずに過ごしまし

訳注4) 'O' レベル　Ordinary Level の略。GCE（普通教育修了試験）の内，15-16歳で受ける義務教育修了時の試験。この上級試験が 'A' level（Advanced Level）であり，'O' レベルの2年後，17-18歳で受ける，大学その他の高等教育機関に入学するための基礎資格になります。

た。その学期の課題で私はクラスのトップになりました。ところが学期末試験を受けてみると，私はびりになっていました。私は教科書をチェックして，使える方法を調べようと同じような例題を見つけることにあまりにも頼りすぎてしまい，学ぶべきことを内在化できていなかったのです。ですから，その学期の完璧な結果をもたらした素晴らしい表面上の成功は，学ぶことについての隠された失敗を覆い隠していたのです。その学期の私の宿題はすべて，自分自身の中から解決を見つけ出すというよりも，教科書のやり方の模倣に基づいたものでした。あの試験での失敗は，とても有益な経験でした。

あの試験の結果は，私の能力をまったく正当に評価したものでした。しかし，残念ながら学校側はこの結果を正当に評価せず，私の例外的な成績として，私は時期尚早にも優秀クラスに格上げされてしまいました。そこでは教師の期待にまったくこたえられず，私は下のクラスに落ちざるを得ませんでした。そこでそれまで学んでいなかったことをさらに学ぶ必要があったのです。

7. 愛 着

学校での最後の年，父が戦後配置された英国軍の一部として駐在していたので，私の両親はドイツにいました。私にとって最後となる復活祭の休暇の間，私は英国教会音楽学校（RSCM）コースに参加する機会を得ました。イギリス中の聖歌隊からシニア聖歌隊員が，RSCM の賛助の下で選ばれた教会で 2 週間の間歌うために参加していました。その年はウィンチェスター教会がそれにあたっており，私はまったく幸運にも 2 週間の練習と教会合唱の期間，RSCM 聖歌隊への参加を許されました。これは，休暇の始まりの期間はウィンチェスターにとどまり，両親が海外にいたその年の間私の親代わりをしてくれていた音楽監督とその奥さんのところに滞在することを意味していました。

その休暇の残りの 2 週間，両親はたった 2 週間を両親と一緒に過ごすために旅行するのは「もったいない」と考えたので，私は親戚の家族のなかで一人で過ごすことになりました。大勢の叔母や叔父の間を放浪した後，

最後は父の年老いた母親のところにたどりつきました。私は祖母が好きでしたが，祖母は私と一緒にいるのに疲れているようでした。そこで，私は3日早く寄宿舎に帰るようにしました。私は祖母に休暇が終わってしまったと言い訳して，ウィンチェスターに戻りました。そこでは新学期が始まるまで，寮母が私のベッドを整えてくれました。私は明らかに，自分の学校にとても愛着を抱いていました。

寄宿制小学校とおなじように，ウィンチェスター校が私の人生のもっとも落ち着いた部分になっていました。両親は17の違う家に，ほぼ同じ年数だけ住みました。私はよく，目がさめたときに自分がどこにいるのかわかるまでにしばらく時間がかかったのを覚えています。しかし家が変わり続けたのとは対照的に，どの学校も変わることなく同じままでした。

学校そのものへの私の愛着は，最終学期が終わり，別れのときが来たときにとてもはっきりしました。最後の数時間，自分がレンガや漆喰から成るその場所にどれほど愛着していたかがわかりました。他のみんなが荷物をまとめて立ち去った後，それらをもう二度と見ることはないということにどうにか考えがおよび，長い間歩き回り，泣きながら「さようなら」と，たくさんの時間を過ごした建物や教会や音楽学校，私にとって大切だったすべての場所にお別れをしました。私は人よりもむしろ場所に愛着を抱いていました。私はあまりにもしばしば，人々を信頼できないものとして経験していました。人々は次々に去って行き，私たちは家を引っ越すたびに人々から去りました。けれども学校の建物は同じままでした。

8．確実さへの一時的な関心

最後の年に私は，違った形で国教会への順応へと私を引き入れた福音的なクリスチャンのグループから影響を受け始めました。このグループが家庭や学校で教えられた宗教とは違っていて，体制順応的ではないもののように思われたのが私を惹きつけたのではないかと思います。

他の多くの子どもたちと一緒に私は「ホリデイキャンプ」に誘われましたが，そこは熱狂的な福音主義者たちのグループが，感じやすい若いこころに入り込む機会になっていました。私たちは「確かな救い」を示され，

クリスチャンとしてどうあるべきかという福音主義的なものの見方へと少年たちを改心させるためにあらゆる手段が講じられました。私は（ひどい居心地の悪さとともに）最後の数日を覚えています。その夜の祈りのとき私たちは、「まだイエス・キリストを自分たちのこころに受け入れていない二人の少年のために」祈るようにいわれました[原注4]。私は明らかに私がその一人だとわかっていました。

　その二人のうちの一人だとわかった後，まだ改心の途中でしたが，私は躊躇しながら私の相談役であった人からの入信の勧めを受け入れました。そこで彼は，私が自分の「罪深さ」を認め，与えられた救いの祝福を受け入れるという段階を経て私を入信させました。私はその前と後で何の違いも感じていないと（自分自身では）わかっていましたが，そこには私のこころをとらえた何かが確かにあって，その後数年間それから脱皮できませんでした。

　私は戸惑いながらそのキャンプから家に戻り，両親が明らかにまだ本当のクリスチャンになっていないと挑んだのをおぼえています。両親は地域の教会のとても熱心な会員でしたし，何の異議もなく朝の祈りの儀式や聖餐式を受け入れていました。傲慢にも私は，自分が説き伏せられて入った福音的なこころと同じこころの状態に巻き込もうとして，そうみなすように私が教えられた「両親の間違ったやり方」を直視しろと要求したのです。あまりにも途方にくれており，何の現実的な目的意識もない若者であった私にとっては，この新しい考えが，欠けているものを与えてくれるように思えたのです。魅惑的なことに，それは確実なものでした。しばらくの間私は方向感覚を，人生の使命すらも見出したように思いました。

　ここから，聖職者になるための召命を私が受けているのではないかという考えが生まれ，数年の間現れたり消えたりしながら私の中にありました。けれども，想像できるでしょうが，私の一族にはそれは熱狂的に歓迎されるものではありませんでした。「**その道**には，どんな出世の見込みがあるんだい？」と，心配した叔父が尋ねました。それから彼は半ば自分の質問

　原注4）私はこのようなキリスト教信仰を信じる人々に敬意を抱いていますが，同じようなものの見方を受け入れるよう他の人々に圧力をかけることに関しては今でも疑問を感じます。

に答えて「お前なら，主教になれると思うよ」といいました。しかし自分が主教になるとの召命を受けていると思って叙階式審査申請をしたとしても，それがうまくいっただろうとは思えません！　自分がその旅路の最初の一歩を踏み出していると思っただけだったのです。

9．軍　務

ウィンチェスター校を卒業して，ほぼそのまま私は軍務につきましたが，当時それはまだ義務でした。むしろ当然のことのように，父親から勧められて私は海軍に応募しました。もっと正確にいうなら海軍を選んだ私たちは，最初にRNVR（帝国海軍奉仕団）に入ることを求められました。私は入所訓練の間，ポーツマスのビクトリア・バラックというところにいかなければなりませんでした。後から聞いたところでは，そこは「人間の住処には適さない」と非難されていた施設でした。6週間の私の仕事はトイレ掃除でした。私は頭の中でジョージ・ハーバートの以下のような賛美歌を口ずさみながら，とても熱心にそれに取り組みました。

  教えてください，わが神，わが王よ
  すべてのもののなかであなたを見
  そしてすべてのもののなかで私がなすこと
  それをするのはあなたのためなのです
  この条項の召使は
  つまらぬ仕事を神聖なものにし
  あなたのために部屋を掃く者は
  その行いをすばらしいものとします

私はとうとうトイレを新品のようにきれいにしてしまい，それを使おうとする人を邪魔したい気持ちになりました。

その次の訓練は，もし私がどうにか規定の水準をクリアできるようなら，臨時士官になるための準備をすることでした。これは**HMSケレス**というヨークシャーの海軍沿岸施設で行われました。ここでは，閲兵場での行進でなくてもすべてを駆け足で行なうことや，おおよそ士官になるために必

要とされるものを私が持っていると示さなければならないことが必然的に含まれていました。期待されるすべてのことに私たちがどれくらい適合しているかの判断にかかわる「OLQ's」（士官と同等の資格）や，あるいは軍務担当者が「オイリーキューズ oily qs」[訳注5]と呼んでいるものを私たちが示さなければいけません。

当然のことながら，これは，権威あるものからの承諾を勝ちとるために人生に対する私の真実の感情を脇に押しのけてしまおうとする（またしても）私のあの部分にあまりにもぴったりと適合していました。やがて，私は地中海艦隊の旗艦であり海軍提督ルイス・マウントバッテン卿の指揮下にある帝国軍艦**グラスゴー**の海軍士官候補生として任命され送り出されました。

10. ほんとうの人々との出会い[原注5]

私の次の船帝国軍艦**エム**では，マウントバッテンによってはじめられた計画の一部として，3日間ローマを探索する機会がありました。彼は地中海で軍務についている間，周辺の名所や都市を探索する機会を水兵たちに持たせようとしました。ローマで私は私の船にいる6人の水兵たちと出会い，3日間一緒に街を見てまわりました。その間私はそれまで水兵のような人たちについて知っていたよりもはるかに親しく彼らと知り合いました。私たちがみな平服であったからこそ，この機会があったのです。

後になって私は，その3日間について詳しく書くように命じられました。その経験のまとめの中で私は，ローマをみてまわる機会を得られたというわかりきった利得と同じように，私にとって最も重要な収穫の一つは水兵たちと知りあう機会を与えられたことだと書きました。このようにずっと一緒に彼らと過ごしたので，制服で分けられていないときには，私たちが

訳注5) OLQ's Office like qualities にひっかけた発音の oily qs は，oily 口先のうまい，お世辞の上手なという意味の形容詞と qualities から取った qs を組み合わせた，いわゆる業界用語です（ケースメント氏による解説）。

原注5) 私の家族も自分たち流に本物ではありました——しかし大きくなるにつれ，家族の価値観や期待に合わせるよう圧力をかけていると私は感じるようになっていました。それとは対照的に，家族とは違った人々と一緒にいると，私はもっとはっきりと私独自の自己感覚を感じるようになっていきました。

多くのものを共有することで一緒になれることが私にはわかったのです。制服を脱ぐと私たちはみな普通の人間でした。

　この小旅行でローマ行きがなぜ許可されたのか，その理由を明らかに誤解しているとこの報告書について私は叱責されました。私は水兵たちと別に一人でこの都市を見学するか，あるいは水兵たちを監督して，いわば—私の指揮の下にローマ中を行進させるべきだったのです。指揮するという貴重な経験が私にできたはずだといわれました。そうではなくて，私は「制服への無礼を示した」のであり，それは懲罰に値するものですらあったのです。

　私の報告書は小旅行に責任をおっている艦隊士官によって正式に受理され，報告書はマウントバッテンに転送されました。それが私のところに返ってきたとき，私が要約した段落の余白に賛意が記されていたのをみつけました。それはマウントバッテン自身によって選ばれ，彼のはじめた計画を利用した人々による達成の一つの例として艦隊報告のなかで引用されたのです。

　この経験は，それから後の指針のようになりました。私はほんとうの人々に，おそらく私の人生で初めて，制服や地位といった防御なしに出会ったのです。私は，家族や寄宿学校，そして一番最近では船内の上級士官室といった世間とかけ離れた世界を超えて，人生と出会いはじめていました。私がほんとうの人々と一緒にいる機会を探し続けようとしたのは，一つにはあの印象深い3日間のためなのです。というのも，そのようにして，私とは違って他の人からの期待に従うという圧力を免れているようにみえる人たちのことを私は考えるようになったのです。

11. 大　学

　私はウィンチェスター校にいた頃に，ケンブリッジ大学のトリニティカレッジに応募しました。振り返ってみると，簡単に面接だけで入学許可されたのは不思議な気がします。当時は成績評価がありませんでしたので，Aレベルに合格するのは当然のこととされていました。私は物理学を専攻しましたが，その科目で私は学校賞を取っていたので，それは自然な選択でした。やがて父は，もし私が「電気士官」になるために入隊するなら，

学費全額が帝国海軍から支払われるということに気づきました。私にもケンブリッジ大学にいる間ずっと給与が支払われたでしょう。それは結局のところ，自分の意に反して私が「家業」に引き込まれる危険に対し，あたかも無防備に身をさらすことのように思えました。私はそのような考えに耐えられませんでした。そこで私は，物理の選択を取り下げ経済学を専攻するという手紙をトリニティカレッジに書きました。なぜそれを選んだのか，私にはわかりません。というのも，私は自分が経済学を全く理解できないとわかったからです。

それにもかかわらず，私はケンブリッジ大学での最初の週が来るまで，経済学を専攻するつもりで登録したままにしていました。そこで私は指導教員と会い，もし私がそうしたいならもう一度替えられるといわれました。でも何に？　自分にはわからないと私が認めたので，彼は一覧表で可能なものを調べました。結局私が彼に，そのリストにある**どの**学科も学ぼうと思うものではないその理由と，他には何にもないことを伝えたところ，彼は困ってしまいました。そこで彼は私にひとつの提案をしました。「あなたが私にした一番根拠のない言い訳は，人類学についてでした。あなたはそれが何なのかわからないといっていました。もしあなたが人類学部の講義に2週間出席し，それから私に会いに戻ってくるなら，それが役に立つかもしれません」。私はすぐに人類学の意味を調べ，それが「女性を含む人類の研究」と定義されているのを見つけました。それは見込みがありそうに思えました！

勧められた2週間が終わると，人類学の考え方に私はすっかり夢中になっていました。さまざまの点からして3年間ずっとそこに留まらなかったことを私は後悔しています。その最初の年の勉強を通して，私はとりわけ，他の人がどのように生活しているのか，そして私たちとは異なる社会がどのように構成され維持されるのかを理解しようとするとき，開かれたこころを保持するという不可欠な研究姿勢を学びました。私はそれまで，そのような考えに触れたことがありませんでした。このこころを開いた接近法について，そこで学べる「他者の他者性」について，私はさらに学びたいと思うようになりました。これが，私の精神分析へのアプローチの中心テーマとなっていきました。

その最初の年の間に，残りの2年間で神学第2部を専攻しようと決めました。これは聖職者になりたいという最初の考えを試してみたかったためでもありましたが，同時に，当時大学の教会の首席司祭であったハリー・ウイリアムス[原注6]に教わるチャンスを得るためでもありました。彼は当時のケンブリッジ大学で最も気持ちを鼓舞する精神を備えた人の一人でした。

ハリー・ウイリアムスから私が学んだことの一つは，突破口としての破綻という考えでした。彼自身がとても深刻な破綻を来たし，そのために数年間心理療法を受けていたのです。彼はこの体験を，古い考え方や古いあり方，古い教義や確信から自由になる機会を与えてくれるものであり，それらを越えて人生を新しく見出し，人生に新たな意味を見出す機会を与えてくれるものと考えていました。これには私の想像力がかきたてられました。けれども，それが結局自分自身の経験になるとは思ってもいませんでした。

ケンブリッジで私は，人への思い込みが，私たちがその人に関わる関わり方にどれほど影響してしまうかに気づくようになりました。私はセントメアリー大学教会での（後にサウスワークの司教になった）メルビン・ストックウッドの説教に出席していました。そこで彼が説教するときには，"立見席のみ"で一杯になるのが常でした。私は彼の説教に大変感動しましたが，説教の仕方は嫌いでした。

メルビン・ストックウッドが会衆に向って話しかけるときにはいつでも，口の端から話すのでした。それを私は気取った態度だと思い込んで，彼に対して強い嫌悪感を抱くようになりました。なぜ彼はあんなにすばらしい説教をまったく魅力のない話し方でだめにしてしまうのだろう，と私は思っていました。しかしながら，後になって私は彼が重篤な脳卒中に罹っていたことを知りました。それ以来，彼は自分がどう見られるかを気に留めないようにすることでなんとか説教を続けられたのでした。彼は全く動かなくなった側を補って顔の反対側の筋肉を動かすことでようやく話せたのです。私はショックを受けました。私は自分の思い込みでしか見ておらず，この人を全く誤解していたのです。それは大変役に立つ学びでした。そのとき初めて，私たちみんなが自分自身のこころの中にあるその人のイメー

原注6）故 H.A.ウイリアムズ師。

ジによって他人と関わっていることに私は気づきました。後になって，精神分析家が"対象関係"ということで意味しているものがこれなのだと知りました。

12. 何をすべきか？

学位を取得してケンブリッジ大学を卒業しましたが，何の計画も私はもっていませんでした。おそらく聖職者にはならないだろうということがわかっているだけでした。人生で何かをしようという考えを持っていませんでしたので，私は1年を過ごせる方法を探していました。その頃幸運にも，シェフィールドで聖職者になるための訓練を受けている按手者のために特別に設けられたプログラムのことを耳にしました。それは聖職者に任命される最後の段階に進む前に，産業共同体のなかで働き学ぶ機会を与えようとするものでした。そこで私は数人の人たちと一緒になりましたが，みな按手礼に臨む前の神学校での訓練の途中でした。私は自分の将来については何もはっきりとはしていませんでしたが，彼らとは私の神学の学位で結びつきがありました。

シェフィールドでの1年のうち最初の半年を，鉄鋼と鉄鋼磁石を作る工場で過ごしました。私はレンガ職人見習いとして雇われ，必要なときにはレンガを運び，レンガ職人として実際に働かないときには，必要とあれば他のあらゆる重労働に従事しました。この工場では，"ビルディングギャング"として知られている人たちと一緒に仕事をしなければなりませんでした。彼らは基礎工事から築き，多くの仕事をこなさなければなりませんでした。すなわち基礎を掘り，新しい大型計量台のためにトンネルを掘り，練ったコンクリートを連なった手押し車の中に放り込み（一つのシャベルで一人が1時間に5トンという割合で，私もその一人でした），そしてレンガを（回転させないで）30フィート投げ上げられるようにならなければなりませんでした。投げたレンガは受け取られ，レンガ職人が使う足場の上に山積みされました。

地下で大型計量台のためのトンネルを掘りながら，私は一人のアイルランド人と親しく働いていました。彼は私のことをパットと呼ぶのが好きで

した（普段そのように呼ばれるのが嫌いだったにもかかわらず，私はそれを許していました）。彼はあるとき，二人とも腹ばいになって穴掘りをしている途中で見上げて，泥まみれの真黒い顔で私にいいました：「こんなときこそ，お前の父さんがお前と会わなきゃなあ，パット！」。この大酒のみのアイルランド人と一緒に両手をモグラのように使ってトンネルに沿って土をすくい出して穴を下っていく息子と会うのは，父親には確かにショックなことだったでしょう。

シェフィールドの残りの半年は，五人の按手者と私たちの霊的指導者で司祭であるカリスマ的なキャノン・ローランド・ウォールズと一緒に過ごしました。この時期に，自分は聖職者になりそうもないなといくらかわかってきました。そのかわり，人事管理訓練のために帝国化学インダストリーズ社の面接に応募しました。応募書類の中で私は「人事」のつづりを間違っていました。私は不採用でした。その後私は内務省の保護観察官になるための訓練に応募しました。そのためには社会学の学位を取らなければなりませんでしたが，それを私はオックスフォード大学のバーネットハウスで学びました。

13. 破 綻

バーネットハウスの課程を過ごしているうちに，私の人生は崩れはじめ，私はほとんど眠れなくなってしまっていました。（初稿を書いたとき，ここで細部に触れるつもりはありませんでした。しかし，いくらか説明した方が憶測を制限できるだろうとの考えに説得されました）。二つのことで私は混乱していました。その人と人生を築いてきて，結婚したいとこころに決めていた人が死に至る病気に罹ってしまったのです。しばらくして，彼女は私の友人と結婚する決心をしました。私は彼女を失っただけでなく，彼女と最期まで一緒にいることで彼女の死になんとか対処できそうに思えた唯一の方法も失ってしまったのです[訳注6]。

訳注6）パーソナル・コミュニケーションによると，ケースメントはこの女性の母親から彼女が致死的病に侵され，その死が近いことを知らされたのですが，彼女自身はそれを知らなかったとのことです。

第 2 章　方向感覚の出現　*43*

　そういうわけで，私は眠れなくなってしまっていました。1 週間後，私はかかりつけの一般開業医に援助を求め，私は地方の精神病院を紹介されました。そこで眠れるように助けてくれるだろうと彼はいいました。保護観察局での最初の実習配属に行く前に立ちなおるのに 10 日間ありました。その病院の院長は，私費病棟で 1 週間過ごすように提案してくれ，私はそこで必要なだけの十分な睡眠をとることができるはずでした。それがもう一度自分で立ちなおるには十分なはずでした。理想的な解決策に思えました。

　私は打ち合わせどおり金曜の夜に到着しましたが，誰も私の入院を知りませんでした。私に来るようにいった院長は週末で不在でした。私は疲れ果ててほとんど全く眠れなくなる寸前でした。私はひどく失望し，ほとんど虚脱しかけていると感じていて，この新しい危機に対処できるような気持ちではありませんでした。当面の間その病院の救急病棟に入院することに同意する以外に，選択肢はありませんでした。入院担当医と会うことができたのは，たった 10 分でした。

その後の回想

　もしひどく落胆して，これまでの経過をもう一度話せないくらいに私がなっていなければ，入院を引き受けてくれた精神科医にもっと長く時間を取ってもらえただろうと思います。2 日前に私は，院長と話せるだけ話していました。

　すでに落胆を経験しているその真っ只中での，この更なる失望は，あまりにも大きなものでした。この病院で起きていること自体がさらなる外傷でした。しかし後になってこの経験が，臨床の仕事の中で患者の外傷を反復してしまう危険に注意を払うことにしっかり目を向けさせてくれました。

　私はそれ以来，外傷を「一人ではどうにも扱えないもの」と考えるようになりました。私は病院の中で耐えられないほどまったく孤独で，誰一人頼れる人がいませんでした。患者と私たちとの分析的作業の中で，早期の外傷が再体験されるようになり，患者たちが早期の外傷体験に直

面し，それをやり通そうとし始めるのなら，私たちにできるのはただ彼らとともにいようと願うことだけです。けれども彼らは，きちんと働く（そして愛情が感じられる）私たちとの関係によって，可能なかぎり十分に抱えられることを本当に必要としています。さらに，火傷の患者（B夫人）[原注7]との間で描き出したように，外傷のこの経験を私たちとの分析作業のなかでやり遂げることができるには，私たちが彼らを分析的に抱えることを彼らが信じはじめる必要があります。

　私に提示した準備を忘れていた院長に，私はとても腹を立てていました。実際彼ともう一度話す機会が来るまで誰とも話さなかったほど，私は怒っていました。しかし，あの金曜の夜と土曜の間ずっとまったく黙ったままであったにもかかわらず，日曜には私は最初のショックから立ち直り，病棟の他の患者に興味を抱くほどになっていました。その中の幾人かは，私が学科課程の中で学んだ診断を実例として示していました。少なくとも一人の患者は精神病でしたし，もう一人は躁うつ病で，ある人は禁断療法を受けている間にてんかん発作を起こすアルコール依存症であり，そして一人は睡眠療法を受けている重いうつ病でした。この最後の患者は，一番新しい外傷体験から長期の休養を取らせるために，1日のうち数時間を除いてずっと眠らされていました。

　月曜の朝，私は病棟を回診してきた院長に会い，彼が約束していた部屋のことを尋ねました。彼は私に，私費病棟に行くのは許可できないとだけ告げました。彼は「君は転棟するにはまだ病気だ」といったのです。その決定が何のためなのか，私にはわかりませんでしたが，後になって看護師が教えてくれたのには，私が土曜日に1日ずっとしゃべらなかったからでした。たとえそうであったにせよ，なぜ自分が急性期病棟にいるのかわからないまま，私は週末の休みを静かに過ごしました。その病棟での奇妙な生活は尋常とはいえないものでしたが，しかし啓発してくれるものでもありました。しばしば騒がしく，ときには全くショッキングなものでしたが。

　　原注7）『患者から学ぶ』（1985，第7章；1991，第7章）。さらに『あやまちから学ぶ』（2002，第7章）で論じられています。私は本書ではBさんとの作業について述べていませんが，それが私が広く知られるようになった臨床上の仕事ですので，ここで触れています。

最初の週の週末に，月曜からの実習配属のために病院を出て行く準備をしているとき，車を安全に運転するには身体から薬物が抜けるための時間が必要だと私は思いました。しかし，そのことを看護スタッフに言ったとき，まだ退院を許可されていないと私は告げられました。そのときはじめて，私は内務省での自分の訓練がさし止められていることがわかったのです。私にその件について一言もなしに，ましてや私がそれをいいと思うかどうかの何の話し合いも私とはまったくなく，そうされていたのです。

　その病院の誰もわざわざ明らかにしようとしないし，私に話す時間を与えてくれなかったのは，私が私生活での蓄積した外傷からのショック状態にあるという事実でした。これらの経験に対処するのに私には時間が必要でした。加えて，そういったことを受け入れる手助けをしてくれる誰かとじっくり話す機会が必要でしたし，なぜ私がそれらの経験によってそんなにも当惑してしまったのかを理解する手助けをしてくれる人を求めていました。

　奇妙なことに院長は，（最初のコンサルテーションで）私が過ごしてきたもろもろのことを知っていたにもかかわらず，私の治療には，そうした知識が全く反映されていませんでした。そうではなくて，私はあたかも内因性のうつ病にかかっており，あきらかに薬物療法以外に何も必要ではないかのように扱われていました。ですから，ほとんどの時間私は薬づけにされてほとんど歩くこともできず，病棟でずっとただの「寝たきり患者」のままでした。

　しかもその上，私は投与された薬にアレルギーを起こし，そのために全身が湿疹で腫れあがり，どうかなってしまいそうでした。私は寝ている間に掻いてしまわないように，ベッドの頭に自分の両手をくくらなければなりませんでした。というのも，目がさめてみると，自分の爪で体を掻いて出血しているのにたびたび気がついたからです。しまいに解毒軟膏が与えられ，よく効いたのですが週末になくなってしまいました。そのとき私は，月曜までは処方できないと告げられました。この耐え難いアレルギー反応に対処する当直医師を呼んでほしいという私の嘆願は一顧だにされませんでした。愚かにも，しかし絶望のなかで，私は病院に持ち込んでいたピリトンに手を出したのです。以前に花粉症のために処方されていたもので，

私はこれで湿疹が治まるのではないかと思ったのです。

どのみち私の人生はもうだめなのだと，すでに死にたい気持ちになっていました。こんなにも深刻な不眠を引き起こした，それまで私の身に降りかかった出来事だけではなく，今や内務省での訓練もさし止められてしまったのです。さらに，私はまるで何の権利も持たず，自分のこころも持たないかのように扱われていました。その上，このどうにもできない痒みのために，私は全く気が狂いそうでした。その夜，やがてこのいらだちが治まるのではないかと願いながら，私はピリトンを飲み続け，しだいにその量が増えていきました。突然，何もかもがどうでもいいことに思えてきました。終いに，もし私が死ねば，それは病院にとって当然の報いを与えるだろうと私は考えました。それで私は，ほぼいっぱい入っていた一ビン全部を飲んでしまったのです。

これは私の過ちでした。私をその病棟に入れておこうとしたもともとの理由が何であれ，その病棟に私を留めるのを正当化する理由として，そのときから院長は私の自殺企図を利用できるようになったのです。私は窮地に陥ってしまい，自分の権利もわからなくなっていました。病院の内でも外でも誰も私のために闘ってくれたり，私にどんな権利があるのか見つけ出す労を取ろうとはしませんでした。人生が事実上終わってしまったように思えました。

この長い絶望の時期に，彼もまた破綻の時期を通り抜けてきていたことを知っていた以前の指導教官ハリー・ウイリアムスに私は手紙を書きました。私は今でも彼からの返事を覚えています。手紙には「聖なる金曜日の経験は長い間続くでしょう。そしてそれは永遠に続くように感じられるかもしれません。でも，パトリック，私を信じなさい。やがてあなたはこれを生き抜いてあなた自身の復活の日にたどりつくでしょう。事態はかわっていくでしょう。」[訳注7]と書かれていました。彼は正しかったのです。

病院に滞在した終わり頃になって初めて，私はなぜ自分が最初に予定されていた私費病棟に入れなかったのかわかりました。スペイン人の男性看護師が私に話しておかなければいけないことがあるといって，ふたりだけ

訳注7) 聖なる金曜日 Good Friday は復活祭の前の金曜日で，キリストのはりつけを記念する日。復活の日 Easter Day は死後三日目に復活したとされ，それを記念する日。

で話ができるように私を周りに誰もいない脇のほうへ連れて行きました。彼は，決して私がその病棟に行けるはずがなかったのだといいました。院長は過ちを認めきれないことで有名なのだと説明してくれました。院長は，私に提案していた私費病棟が改装中であることを忘れていたのです。でも彼はそのことを私に対して認めようとはしませんでした。

　院長はその気持ちがあるなら私に謝罪したでしょう。彼は，入院ではなく，眠れるように投薬するとか，もっと適切な病棟にいくという選択を提案できたでしょう。そうではなくて，「病状が悪くて私費病棟には移せない」と，私への対応を正当化するために私の怒りに満ちた沈黙を利用したのです。自分の過ちを隠し通すために，内務省に，私があきらかに病状が悪くて訓練を続けることはできないと彼は伝えたのです。ただ過ちを認めきれないことから，すべてがエスカレートしていったのです。この経験から，過ちをおかすこと，過ちを認める必要性，過ちから学ぶことに私が関心を抱くようになったのは当然のことなのです。

　その看護師が院長について私に教えてくれたことは，後になって他の観察から確証されました。例えば，入院が終わろうとするある時期に，他の患者たちが看護婦長に宛てて書いた手紙を持ってきました。患者はみなそれへの署名を求められていました。患者たちは，この病棟のデイ・ルームを改装してもっと明るくしてくれるよう要望していました。暗緑色に塗られていたので，外では太陽が輝いているときですら窓からの光はほとんど吸収されてしまい，人工灯がなければ本さえ読めなかったのです。この手紙は「こんな環境では，だれでもうつ病になってしまう」と書かれて終わっていました。

　あの看護師が私に話してくれて以来，私は元気になってきていたので，私もこの手紙に署名しました。しかし，その頁の下のほうには余白がなかったので，残された唯一の余白であった署名リストの一番上に名前を書き，「あなたのひどいうつ病患者，パトリック・ケースメント」と書き加えました。その結末は驚くべきものでした。院長は怒鳴り散らしながら病棟にやってきて，（私の名前がリストの一番はじめにあったので）私がこれをはじめたのだと考えて，まずはじめに私に言いました：「私の内装の選択に文句は言わせない」。それから彼は病棟全体に向っていいました：「この

病棟の患者全部に強制的に作業療法を行なうよう命じます。そうすれば，あなたたちにはこんな批判的な文書を書く時間もなくなるでしょう。」

　私がそれまでに個人的に目にしたその病棟での作業療法は，オックスフォード大学修士（と同時に，この病棟の患者でした）が隅に腰かけて二つのバナナの房のように太い指で葦を使って籠を作ろうと奮闘しているのを見かけたことがあるだけでした。この作業は明らかに彼にはぴったりのOTとして処方されていました！　その頃，作業療法士がどこかでもっと創造的な仕事をしているという話はまったく耳にしませんでした。この新しい命令に対する患者たちの反応は，どんなことがあっても籠造りには送り込まれないとの満場一致の申し立てをしようというものでした。私はまだ寝たままでしたから，患者たちが実際これにどう対処したのかは知りません。でも，彼らは院長がこの命令を撤回するまで「ストに入る」と聞きました。

　最後にこの院長のことについて耳にしたのは，私が退院後しばらくしてからでした。私は自分がいたところを友人に見せようと戻ったのですが，そこで知り合いになっていたスタッフの一人と会ったのです。その院長は，私がいなくなった後すぐに破綻をきたし，それから回復せずにやめたとのことでした。私はこの知らせに驚きませんでした。

　この病院でのもう一つの奇怪な経験は，自分が誰かの研究プロジェクトのために使われたことです。それは体型が変わると気分も変わるということを証明しようとするもののようでした。体型については勉強していましたから，自分が最初は「細長型」とみなされる外胚葉型に分類されていたのを私はわかっていました。そこで病院は，入院中ずっと3カ月以上私を寝かせるために投薬するだけでなく，私に余計に食事を摂るようにといってきました。私がようやくその病院を退院したとき，ひどく体重が増え，内胚葉型と呼ばれる全く違った体型になっていました。その体型は「太って陽気」だと考えられていました。しかし，この体型の変化は，落ち込みと，人生の価値についてくよくよと考えるのを止めてくれるようなものでは全くありませんでした。私は陽気になどなっていませんでした。

　退院した後，私は——私にとって初めての経験でしたが——心理療法を提案されました。私は既に沈黙技法について知っていました。それは，患者が最初に話したことが最も重要なことだという考えに基づいて理論化さ

れたものでした。ロボットといるような，そういう沈黙で私は対処されました。(後になってこの治療者は分析家である，そういう類の分析家であるということがわかりました)。このゲームをするのを私は拒否しました。私の状況はあまりにもひどいものだったので，ゲームなどやっていられないと思ったのです。

私はいまだに病院に対してものすごく腹を立てており，彼らが私の人生をだめにしたと感じていました。この治療者は病院のスタッフでしたので，沈黙の間中私の怒りは彼女に向けられていました。その間お互いに一言も発しなかった3回の完全な沈黙のセッションの後，とうとう私は彼女に，これは全く時間の浪費としか思えないといいました。「これ」によって私は，どこにも行きつかない彼女と私の間の行き詰まりをいったつもりでした。彼女は私の言葉を字義通りに受け取り，同意して私を解放してくれました。彼女は，私がまだ何らかの手助けを得たいと願っているのかどうか尋ねもしませんでしたし，なぜ時間の浪費だと思ったのかを聞きもしませんでした。私がなぜ病院にやってきたのか，あるいはなぜ彼女に会うことに同意したのか質問することすらありませんでした。

自殺してしまうことが彼らに対する当然の報いだと感じながら，私はその病院を後にしました。人生をほとんど耐えられないものにしてしまう以外に，何がなされたのでしょうか？　しかし私は，患者を扱うもっと良いやり方があるに違いないと考え始めていました。入院している17週の間に，私が医師といることが許されたのは合計15分間でした。到着したときの10分と，退院時の5分です。それ以外は，いつも研修医たちと一緒に病棟回診に回ってきたときだけ，院長から話しかけられました。すっかり絶望して自殺しそうな患者がそれ以上話し合ったり尋ねられることもなく退院させられるという見解は，まったく異常なものに思えました。私は，もっとよいものを見つけようとこころに決めました。

この後，訓練を再開するのに私が適しているかどうかを見るため，当時内務省の相談役でユング派分析家であった故ステュウート・プリンス医師と会うよう指示されました。面接の最後に彼は，何が起こっていたのか，病院から受け取った経過報告書ではなくて，**私の説明の方を信じたい**と言いました。私が内務省の訓練を再開すべきでない理由を彼は見出しません

でした。

14. 他者の他者性

内務省の資格のためにまだ勉強していたとき，他者の"他者性"について大切なことを学ぶ機会がありました。私は，自分の家族とは全然違った家族と知りあいになりました。この家庭の子どもたちが，幼い頃から両親から干渉や支配されずに自分で人生の決定を下す自由が与えられていることに，私は羨望を感じるようになりました。これは私が自分の家族にそうあってほしいと強く望んでいたものに思えました。しかし驚いたことに，娘たちの1人が破綻を来たして精神病院に入院したのです。

精神病院での生活の経験があったので，勧められて私は彼女を訪ねました。そこで，この若い女性を治療している芸術療法士を紹介されました。「彼女の絵を見せてもらっていいですか？」と尋ねて私がみたのは，一枚一枚の絵の真ん中にごちゃまぜの塊があって，そこから──描かれたすべての絵に──縁へと伸びた二つの平行な線があるものでした。その芸術療法士は，その患者が時期尚早に母親から分離され，情緒的な備えができる前に独立させられてしまい，そのために彼女は失われたへその緒をもう一度見つけ出そうとしているようだと教えてくれました。

その通りなのかどうかは，私にはわかりません。しかしその考えこそが，私にとって意外な新発見でした。そのときまで私は，母親からの分離をいつか達成するには，私たちはみなへその緒のまとわりつくような抱擁から自分の道を闘い取らなければならないのだと素朴に考えていました。しかし，ここには全く逆の問題を抱えている人がいるように思えました。分離のために闘うどころか，彼女は母親からの分離にもう一度折り合いをつけるために母親ともう一度結びつこうとしているようでした。

これによって私は，単純に他の人の"身になってみる"ことはできないことを知っておく大切さに気づきはじめました。というのもそうすることによって，私たちはまったく間違って受け取ってしまうだろうからです。どのような状況であれ，私たちはあたかも自分たちが相手の身になっているかのように他人を読んでしまうでしょう。しかし，それぞれの人がその

人自身の生活史や感性を持っていて，そのほとんどは私たち自身がどうであるとかどうであったかということとはまったく異なっているでしょう。これこそが，私に患者との試みの同一化という考えを発展させました。その際，何であれ**私たち**ではなく，**その人物**がどのように経験しているかを想像するよう，私たちは試みるのです。これらは二つのまったく異なる経験であり，私たちが患者を理解しようとする際の重要な点です。私たちは絶えず他者の他者性に直面しています。しかしたいてい私たちは，私たちに求められているほどには達成できていません。

　それから幸いにも私は，自分の家庭とはまったく違った家庭に育った女性と結婚しました。彼女の家族はみな人間らしい人たちで，私の背景にずっとあった特徴である体面に誰もこだわっていませんでした。本当に自分らしくある人と一緒にいるというこのめぐり合わせは，自分のなかにより真実のものを見つけ出そうとする私の旅路を続けていく助けとなってくれました。長い間それは，私の中ではほとんど失われてきたものだったのです。そしてずっと反抗して手に負えなくなるように振舞い，抜け出そうと試み，他の人に合わせたり受け入れられようとずっと気を回している人たちの中ですら，真正であろうとする道を見つけようとしてきたのでした。厄介だと思われたのも当然でした。

　こうしてこの奇妙な遠回りをして，私は保護観察官になりました。保護観察局での３年間の仕事の後，私は（FWAとして知られている）ロンドン家族福祉協会の家族ケースワーカーとしてロンドンのイーストエンド^{訳注8)}を担当する事務所の仕事に変わりました。

　ここでの時期に，心理療法家になる訓練を私は始めました。これからの章では，ソーシャルワークの仕事を述べようと思いますが，その中から私は，後の精神分析での理解に連なる更なるヒントを見出しました。

15. 精神分析の訓練

　私が訓練を目的として心理療法や，後の精神分析に入ったのではないこ

　訳注8) ロンドンのシティ（経済・商業の中心地区）の東側にある工業地帯で貧困者の居住区。

とを，私はいつも，特別配当だと思ってきました。私は自分がそれを必要としていたので心理療法に入ったのです。私の人生はまだ混乱し，壊れやすい状態でした。その後私は，心理療法家としての欺瞞の感覚を取り扱うために精神分析に入りました。

最終的にロンドン精神分析インスティテュートに訓練を申し込んだとき，私はクリフォード・ヨークとイソベル・メンズィス（後にイソベル・メンズィス・リス）の面接を受けました。私は，精神分析への関心が精神病院での経験から生起していることをふたりそれぞれに対して強調しました。私は自分にとって最悪のものと思っていることを彼らにわかってもらう必要がありました。もし訓練に受け入れられるなら，彼らに何も隠し立てがないことを私は知っておきたかったのです。彼らが期待しているものであろうとすることによってではなく，自分自身として受け入れられることを私は求めていました。

後になって精神分析家の資格を得たとき，私はステュワート・プリンス医師に精神病院で巻き込まれたごたごたから脱出する手助けに感謝する手紙を書き，その後心理療法家，それから精神分析家として訓練を受けてきたことを伝えました。彼は大いに喜んでくれて，それを祝って私を夕食に招待したいと返事をくれました。そのとき彼は，私の過去と現在そして未来のために乾杯してくれました。数年後，彼が心臓発作で亡くなったとき，私は未亡人に手紙を書きましたが，彼女は，亡くなったとき彼が，私の最初の本を車の中に置いていたことを教えてくれました。彼はユング派の雑誌に書評を書こうとして読んでいたのでした。

16. ここまでの旅路についての回想

私の人生の進み方は，私の家族が好むようなまっすぐなものでは決してありませんでした。あたかもたくさんの回り道をして，迷いあぐねているか袋小路に入り込んでいるかのようでした。けれども振り返ってみると，旅路の一つひとつの段階が，結局は私が到着することになる場所へと私を導く上で大切な役割を果たしていたのだと思います。

私は，他の人たちのようにあれという多くの圧力を経験してきました。

しばしば反抗的になるのと同じように，従順であろうとしてもいました。それでも私は，自分の中の反逆者との接点を完全には失ってしまいませんでしたし，そのおかげで追従の中にすっかり埋没もしませんでした。この旅路の途中で，私は自分自身の声に気づきはじめました。さらに「一般に認められている真実」や教義からなる束縛された世界に捕らわれたままでいるよりも，他者の他者性に気づきそれを尊重しながら，人生に対して開かれたこころで接近することに私ははるかに魅了されていました。

　自分自身の声の発見に平行して，私は公の場所で話せるようになっていました。それまで私はあがって麻痺してしまい，大勢の人々の前で話すことができませんでした。大学での5年間，講義のとき質問すらできませんでした。この束縛はおもに，私が自分の声を見つけ始めるまで自分の声で話すことができなかったからだろうと思います。

　精神分析家としての訓練を終えても私の歩みは続き，さらにこうしたことがらの多くを，とりわけ私の臨床の仕事において探究していくよう私を導いてくれました。この旅路を通して見出したものは何であれ，教えることや書くことによって私は他の人たちと分かち合うようにしてきました。けれどもこの途上で，私は私の古い考えの多くを捨てなければなりませんでした。これこそがハリー・ウイリアムスが，避けられない聖なる金曜日として私が（私にとって）みていたもののむこうにある復活の日という私への手紙を書いたときに考えていたものでした。今私は，確かさがいざというときに役に立たないことを認識してはじめて，確実さという脆い安心のむこうにあるものを私たちは見い出せると信じています。おそらくそのときはじめて，私たちは既知のものや馴染んでいるものの向こうにあるものを自由に探求できるようになるのです。

補　遺

　私が入院患者として扱われていた（3カ月以上の）期間，私はとても多量の投薬を受けていたので，家族が見舞いに来てくれたのを，ほとんど印象に残したり覚えたりできませんでした。それがいっそう当時の私の孤独感や見捨てられた感覚をあおったのでした。不幸にも，両親は辛いことは

話さないのが一番いいと信じていたため，（母の流産がそうであったように）あの病院に私が入院していたことはその後まるでなかったかのように扱われていたので，相当な年月が経つまで，両親が実際には定期的に私に会いに来てくれていたことを私は知りませんでした。それこそ後になって心理療法や精神分析に入ってからようやく，誰かに対して十分こころを開き，何であれ直面すべきことを直視するという私が必要としていた自由を私は見出し始めたのでした。

第3章
理論のための場所を見つけること

> どうどうめぐりをするようになっているので,たとえ,厳密にはまっすぐ進んでいなかったとしても,少なくとも私はどうどうめぐりはしていなかったはずで,それだけでもたいしたものだった。
>
> (Beckett, *Molloy* 1976: 85)[原注1]

はじめに

　さまざまな訓練コースからソーシャルワークに進み,後には心理療法そして精神分析へと進んでいったとき,私は自分が学んだ理論を例証しているように思えるたくさんの臨床場面に出会いました。しかしそれでも私は,それらの理論をあてはめる方法を探し出さなければなりませんでした。たびたび私は,理論を無理に当てはめ,適合しているかのようにしておきたい誘惑にかられました。

　誰しもが,真実を感知する内的感覚によって導かれるのではなく,理論によって動かされる方へと陥ってしまいがちです。もちろん私たちは,以下に述べる例にみる私のようにおかしなふうにならないよう努力しています。しかし,精神分析においてすらも,臨床家が自信過剰で理論をあてはめようとして,違った形でおかしなことになってしまいかねないのです。分析家は自分の理解する技量に自信があるかもしれませんが,その一方で,患者はまだ理解されたとは感じていないかもしれないのです。

原注1) この引用の文脈に関しては,第6章を参照。

1．訓練から理論を直接応用すること

　保護観察官研修生としてはじめて法廷報告をするよう依頼されたときのことを，私は決して忘れないでしょう。スーパーヴァイザーと一緒に私が法廷で勤務していたその日，一人の男（ここでは，ジョン・マクミランと呼びます）が，多くの違法行為の最新のものに対してまさに判決を下されるところでした。今回は，ささいな窃盗で告発されていました。被告席に立って，彼は判事に向かって叫びました：「俺にチャンスを与えてくれ，だんな。俺はこれまで執行猶予をもらったことがないんだ。」判事は法廷報告を準備するための時間を考慮して，彼を２週間の拘留としました。私のスーパーヴァイザーは，そのケースを保護観察官研修生の初回ケースとして私に割り当てました。

　ジョンの詳細な情報とこれまでの有罪判決を私は与えられました。そのときジョンは54歳で，これまでに47の犯罪に対して判決を受けており，そのすべてのリストが提供されました。最初の犯罪では毛布を盗んでおり，一番新しいものは「12シリング6ペンス相当のマンホールの蓋を盗んだ」というものでした。心理学といくらかの基礎的な精神分析理論の講義を含む大学の社会学コースを終えた直後でしたので，私はこれらの犯罪が象徴していそうなものについて考えてみました。クライエントに会ったとき，これを探究してみようと私は決心しました。私はスーパーヴァイザーからジョンが拘留されているペントンビル刑務所に入るための文書をもらいました。スーパーヴァイザーは次のように書いていました。

　　この文書の持参人は，私がスーパーヴァイズしている保護観察官研修生のパトリック・ケースメントです。現在ペントンビル刑務所に拘留されているジョン・マクミランについて報告するよう依頼されています。

　刑務所正門の刑務官は，この文書を一瞥していいました。「ケースメントだって？　君の家族のひとりを絞首刑にしたぞ。入りな。もうひとり分が間違いなく空いているよ」[原注2)]

第3章 理論のための場所を見つけること

　私はジョン・マクミランが拘留されている独房に案内されました。独房の外には看守が一人いて、イーグルという子ども向けの漫画のページを騒がしくめくっていました。私がジョンと一緒にいる間ずっと扉は開け放たれていました。そのため、囚人に話したいと私がこころの中で思っていたことを批判的に聞かれている気がひどくして、私の初めての社会的調査を行なうことは一層難しくなっていました。

　不思議にも、刑務所当局はジョンが脱走を試みるかもしれないと考えていました——よりによって彼が！　そのため彼は「気づかれないで脱走することを難しくするために」ズボンを取り上げられていました。それで、奇妙にもパンツ姿で私の前に座っているこの男と私は面接しなければなりませんでした。いくつかの前置きの後に、私はこの囚人の「心理学的プロファイリング」を作り上げるという壮大な考えに取り組みました。自分のテーマを胸に秘めながら、彼に言いました。「あなたは最初の犯罪で毛布を盗んでいますね。そのときあなたは、毛布が必要だったのですか？」最初の犯罪が母性愛剥奪体験を示唆しているかもしれないので、私の感触では、このように尋ねるよう訓練によってあらかじめ教え込まれていました。彼はおそらく家庭で情緒的な暖かさや安心を欠いていたのです。ジョンは私の探究に対して、それにふさわしい軽蔑をもって答えました。「ばかなことをいわないでくれ、だんな。俺はそれを112ポンドで売っていたんだ。」私はすぐに、この男の心理学的プロファイリングを作るという考えをあきらめました。

　ジョンが刑の宣告を受けることになっていた法廷尋問の前に、私は自分がおこなう勧告について話し合うために判事のところへいきました。彼の名前はマッゲリゴットで、その名前は次のような事のために私の記憶の中に焼きついています。(私が生まれて初めて話さなければならなかった)この判事に対して自分の恥ずかしさを隠すために法廷用語を使おうとして、私は言いました：「あなたは、あなたが2週間前に再拘留とした男に関して私の報告が用意できたらあなたにみせるようにと言われました。その男を救いようのない悪党だと覚えておられるかもしれません」。彼は応えま

原注2) 彼は私の遠い親戚のロジャー・ケースメント卿のことをいっていたのですが、彼は反逆罪で1916年にペントンビル刑務所で絞首刑になっていました。

した：「そうかもしれないが，彼の名前は何だったかな？」。私は慌てふためいて，「マッゲリゴット。いや，失礼しました。違います。彼の名前は**マクミラン**です」。幸いにもこの判事は，私のこの言い間違いを無礼というよりも滑稽と受け止めてくれました。

それから私は，ジョン・マクミランの経歴を調べ，最近35年間で刑務所を出てもっとも長く過ごしたのは2週間であると説明しました。「そうか，もしわれわれが彼をもっと長く刑務所から出せたなら，それはいくらかの進歩ということになるのだろうね。」マッゲリゴット判事は2年間の保護観察の指示を出し，ジョンに私が決めた頻度で私に定期的な報告をするよう要求しました。

最初の3週間，私が要求するといつでも彼は報告してきました。それから彼は，教会の屋根から大量のトタン板を盗んだかどで再び警察に逮捕されたのでした。彼はこのトタン板をオールド・ストリートに沿って引きずり，観察局の前を通り過ぎましたが誰も気づかず，下級司法法廷の前を通り過ぎても誰も気づかず，警察署のドアの前まで来て彼は倒れこんだのです——それ以上先に進めなくなって。警察がようやくメッセージを受け取ったのです。そこで彼は，これまでの過ぎた歳月のなかで彼が知る唯一の安全な場所である刑務所に連れ戻してほしいと懇願したのです。2週間以上彼は外にいましたが，これは進歩だったのでしょうか？

結びつきを**作り出すこと**によって理論をあてはめようとするのではなく，人生と理論のあいだに結びつきを**見出すこと**が大事なのだと気づくようになるまで，長い道のりが私にはありました。しかしこの経験によって，患者から聞いたことにあまりにも安易に理論をあてはめることに対する**警告**として，理論のこの誤った使用を思い起こすとよいのだと私は気づきました。

2．理論のもう一つのばかげた使用

数年後，私がソーシャルワーカー長になった頃，マネージャーと部局の運営について相談しました。そこで私は，彼がクライン派の理論から深く影響を受けていると気づくことになりました。私は，私の要求を支持する

事実や数字を示して，実際的な助力を必要としている運営上の事柄を説明していきました。マネージャーは，私が概略を説明したその問題の実際的な解決に同意するかわりに，解釈してきました。「あなたは自分の不能さを投影している」と。彼がどうして**そう**思ったのかわからなかったので，私は異議を唱えました。「どこからそうなるの」。彼は答えました。「私の指がうずいているからだ」（間）「私にはいつもわかるんだ。私が指のうずきを感じるとき，相手の人間は自分の不能さを投影しているんだよ。」

私は自分の現実的な要求がこのような陳腐な仕方でお払い箱にされたことに激怒し，それ以上誠実に答える気をなくしてしまいました。私は答えました。「ほう，それはとてもおもしろい。私は自分が今感じている**私の**指のうずきは，この椅子の硬い肘掛にひじを置いているからだと思っていた。だけど，あなたがいうように，あなたがあなたの不能さを**私に**投影しているんだろうね」。このやり取りの結末では，結局，この問題の実際的な解決のための私の要求が認められたのですが，そこに至るまでが大仕事でした。

このやり取りのおかげで，機械的にあてはめられる理論に対しては疑念を抱くことが有益だとわかりました。もう一つの結果として，**投影同一化**（Klein 1946）という概念の使用については，それを使うことによってはじめて私が経験していたことを理解できるようになった患者と一緒にやっていくまで，私は用心深くなりました。私が以前に提示した症例ですが，私は自分の中に泣きたい感じを抱いていましたが，それはまったく明らかに，二人の子どもを失った母親に属するものでした（Casement 1985: 77-80, 1991: 68-72）[原注3]。彼女は，自分自身の感情をまったく表さずに，ただその苦痛に満ちた死を詳しく私に語っていきました。そのとき私は，彼女が感じるには耐えがたいものを無意識のうちに私に感じさせようとしていると理解するようになりました。それは，一つにはその苦しみを取り除くためでしたが，しかし同時に，自分のあまりにも苦痛な感情への援助を得ようとして，それを伝えるためでもあったのです。

投影同一化という考えを実際的で有益な概念として私が受け入れられる

原注3）私は第7章でこの問題に戻ります。

ようになるまでには長い時間がかかりました。しかし，他人の権威に基づいて機械的にそれを用いるのではなく，臨床的に意義のあるものとして理解するに到ったという点で，待つだけの価値が私にはありました。

3．言葉を越えた苦しみ

ある男性が初めて私に会いにきたとき，語られないコミュニケーションのもう一つの例に私は出会いました。彼は言いました「私が幼い頃にとてもひどい環境による妨害を受けてきたとわからないなら，私を理解する糸口さえつかめないでしょう。」

この男性が私に伝えようとしていたのは，**彼が 2 歳のときに母親が亡くなった**ということでした。けれども彼が大げさな話し振りで伝えていたのは，母親の死にまつわる彼の感情がいまだにあまりにも苦痛に満ちているので，経験に近い言葉にできないということでした。彼が，少なくともその喪失の事実について私に知らせることができたのは，ただ専門用語によってのみでしたが，それは言葉で言い表そうとしているものとはかけ離れたものでした。

その外傷的な死という生活史上の事実は，遠い過去のものとして語られていました。対照的に，それにかかわる彼の感情はまだあまりにも大きすぎて，いまだこころに抱けないでいました。彼はウィニコットが「破綻の怖れ（1970）」で述べているような類の人だと私は思います。ある種の経験があまりにも過大すぎて，乳幼児のこころには包み込めない人たちなのです。外傷の詳細はそのときこころに記録されているのですが，一方で感情は，当時はあまりに耐えがたすぎたそれを後になって受け入れられるようになるまで凍結されたままなのです。

4．コミュニケーションとしての振る舞い

精神分析に興味を持ち始めるずっと前から，振る舞いによるコミュニケーションが大切であると私は気づいていました。これにはとりわけ，非行少年との仕事が関係していました。というのも，この少年たちはしばしばウィ

ニコットが非行予備軍とみなした範疇にあったからです。ウィニコットは想像力豊かな洞察によって，振る舞いを通してそれまで決して充足されなかったある特別なニーズを伝えている若者がいることを認識していました。ときとして非行予備軍の少年が盗みを通して無意識的かつ象徴的に伝えながら，どのようにして失われたものを捜し求めていくのかを示しました (Winnicott 1958: 10)。失われたものは，ときには親密な愛情の領域であったり，さらには，親からのほどよい承認でした。あるいは，失われてしまっていたほどよい断固とした態度やコンテインメントという保護だったようでした[原注4]。死後に刊行された論文「希望の徴としての非行」の中でウィニコットは書いています。

　希望を感じるその瞬間に，その子は手を伸ばして，ものを盗むのです。これは衝迫的な行為であるため，その子はどうして自分がそうするのかわからないのです。その子たちはしばしば，なぜだかわからないでそうしようとする衝迫を持っているために，気が狂っていると感じるのです。
(Winnicott 1967: 93)

5．症例サム

　私がまだ保護観察官だったころ，これからサムと呼ぶ一人の少年の社会審理を依頼されました。私がはじめて会ったとき，彼は12歳でした。サムは牛乳配達人からお金を盗ったために有罪判決を受け，再拘留され審理のために保釈中でした。記録から私は，サムがおよそ1年前に同じように起訴されていたことを知りました。そのとき彼は，二度と罪を犯さないことを誓約させられていました。私は以前の報告をした保護観察官が，小遣いについて質問していたのに気づきました。彼は記録していました。「小遣い，1日に6ペンス。」（それは今日の通貨で50ペンスぐらいでしょう）
　両親と会ったとき，サムが12歳から約6歳までの四人兄弟の長男であることを知りました。この審理の間私は，1日に6ペンスのままなのかと問いながら，結局は小遣いの問題に戻っていきました。「そうです。子ど

原注4）第5章でこの課題に戻ります。

もたちはみな同じだけ手にするのです。私は小遣いについて決まりをつくっているのです。子どもたちはそれをその日に使ってしまわなければなりません。貯めてはいけないのです。」これはいささか奇妙なことに思えたので，私は尋ねました。父親は，子どもたちは決して小遣いを貯めてはいけないのだと答えました。「あなたは，子どもたちが何にそれを使ったのか，まったく知らないのですね。」父親は，子どもたちが貧しい家庭の子であると思われたくないとの思いで，自分の決まりを合理化しようともしました。他の子どもたちが放課後にお菓子やアイスクリームを買っているときに，自分の子どもたちもまったく同じようにやらせたいと彼は望んでいたのです。

　父親は，貧しいと見られることへの懸念を説明しました。数年前にひどい交通事故による身体障害を父親は負っていました。それ以来，家庭への入金は不足していました。もしどの子かが何かのためにお金が必要であれば，ただ求めさえすればいいのだ，とも私にいいました。父親が同意さえすれば，子どもたちはお金をもらえるのでした。ところがサムは父親に隠れて，母の日に母親へのプレゼントを買うために小遣いを貯めていたのでした。この父親はそれを「詐欺」だとみなし，激怒しました。父親にお金をもらうのではなく自分のお金で払える母親へのプレゼントを見つけることがサムにとってどんなに大切なのかが，父親はわかりませんでした。父親は，ただサムが父親の許しなしにコントロールを外れて行動したとしかみていませんでした。

　ここでのコントロールの程度に，私は悩みました。サムはこの家庭の四人の子どもの一人でした。サムや他の子どもたちが，こんなにも窮屈な状況でどうやって成長していけるでしょうか？　このとき私は，父親が子どもたちの年齢に応じた程度のもっと適切な自立を許容できるように援助されるよう，この家庭を定期的に訪問する理由があればいいのではないかと考えました。そこで，私はサムに保護観察に置かれるべきだとの勧告を出したのですが，そのおかげで私は保護観察局でサムだけと会い，同じようにこの家庭を定期的に訪問する権利を得ました。これに父親は激怒しました。サムはほんの数シリングを盗んだだけでした。どうしてわざわざ私が保護観察するのでしょう！　それでも，裁判所への私の勧告に対する父親

からの異議申し立ての試みにもかかわらず，サムは保護観察下に置かれることになりました。私は毎週サム一人と会うようにし，家庭にもかなり定期的に訪問するようにしました。

およそ6カ月後，サムは再びお金を，今度は学校の給食費を盗んだかどで告発されて裁判所に戻ってきました。私は両親に会いにすぐさま出向いていきました。サムの父親は我を忘れていました。前日サムは裁判所に呼び出されただけでなく，今や家庭からも逃げ出していました。父親は法廷聴聞の後何が起こったのかを私に話しました。彼は「話をする」ために四人の子どもたちを呼び集め，「この家には泥棒のいる場所はない」と言ったと報告しました。翌朝，サムはどこにも見当たりませんでした。しかしテーブルの上に次のような書置きがありました。「父さん，あなたは正しい。この家には僕のいる場所はないんだ」。

次の法廷聴聞までの2週間の間，サムは保釈中でしたから，私は数回家庭訪問をしました。そのとき，この最後の盗みの前に仕事をさせてほしいといってサムが両親を困らせていたことがわかりました。サムは「正面に大きなバスケットの付いた自転車に乗った」配達少年になりたかったのです。[原注5] 同年代の少年たちによっては，許しをもらって小売店から配達するこのような仕事をしているのを知っていました。けれども父親は，サムが自転車に乗ることを絶対許可しないと主張しました。自転車はあまりに危険だという考えからでした。サムは自力で友達の自転車に乗れるようになりましたが，彼が自転車に乗るのは許されそうにありませんでした。

これほどに保護しようとするのは，父親自身の事故に対する不安の反映のようでした。彼は道路の状況をかえりみずあまりにも車のスピードを出しすぎたのでした。車はコントロールを失い，他の車に衝突してしまいました。彼はそれと同じようなことが再び起こるのではないかと考えているようでした。サムはまさにそのときの彼と同じように不注意かもしれず，だからサムがそのような危険を冒すことを彼は許せませんでした。

再拘留の2週目に，私はサムの父親にもう一度会いました。サムはまだ現われませんでした。父親は心配そうにサムがどこにいると思うかと私に

[原注5] このことの男根的な象徴に私は気づいていましたが，それを父親に解釈するだけの理由がないと思いました。

尋ねました。私は答えました。

　私が知っているあなたの息子は，あなたを裁判所のトラブルに巻き込もうとはしないだろうと思います。サムは，あなたが自分の保釈のためにお金を支払っていることを知っているし，次の聴聞で裁判所に出廷しなかったらあなたが支払えないようなたくさんのお金をあなたが支払わなければならなくなるとわかっています。そうではなくて，サムはあなたに何かをわかってほしいと思っているのでしょう。サムはあなたの「この家には泥棒のいる場所はない」という言葉を文字どおりに受け取っただけでなく，自分を違った風にあなたに見せようとしているのでしょう。

　私はさらに続けました。サムは，お父さんが自分のお金の責任を取らせないようにしてきたと感じているかもしれません。彼が貯めることを禁じられていたお小遣いのように——父親のコントロールの延長としてお金を持つのではなく，本当に自分自身のものである自分で稼いだお金を持つことが彼にはふさわしいのかもしれません。

　私はまた，サムがどこにいるのか知らないが，おそらく父親に，自分がこの2週間自力でやれるということを証明してみせようとしているのではないかといいました。私はまだ，保釈中の再拘留に命じられる裁判所出頭を彼が実行すると信じていました。父親は，どうやってサムが自分でやれていると私が思うのかと尋ねました。もっとお金を盗まなければ，彼にはお金がないのです。私は，サムがお金を盗みたいと思っているとは思わないと答えました。サムにとってもっと大事なことは，サムが自分で稼ぐことだし，それこそが自分の達成になるだろうと私は思っていました。私の推測では，サムはどこか寝るところを見つけるだろうと伝えました。許可してほしかった「正面に大きなバスケットの付いた自転車」に乗ってお金を稼ぐことを許してくれるような誰かをこの間に見つけているかもしれないと私は思いました。父親はそんなことはまったくあり得ないと思っていました。

　それから私は保護観察局に戻る前にさらに家庭訪問を続けました。私が

第3章 理論のための場所を見つけること　65

戻ると，心配そうに上級の保護観察官が迎えてくれました。彼女は，彼女に会いたいというサムの父親の要求を受けた直後でした。父親は，私が「サムをかくまっている」と確信していると言って，私に対する激しい不満を訴えていました。私にはどうしたらそのような考えになるのかわかりませんでした。しかし，私がサムをかくまっているに違いないことを「証明している」と父親がいう，サムの書いたメモを父親が事務所に持ってきたことを私は告げられました。そのメモは，私が父親と一緒にいたそのすぐ後に郵便で届けられたものでした。サムは書いていました「父さん，心配しないで。僕は大丈夫。僕は配達の仕事を見つけたから，食べ物を買えるんだ。金曜には法廷にいくから。」

　幸いなことに，私の上役は私がどうしてそのような推測に至ったのかを理解してくれました。いまだにもっと幼い子どものように保護されるのではなく，年相応に扱われたいと望んでいることをサムが父親に示そうとするのはまったくもっともなことでした。また，それまで認められなかったお金に対する自主性を認めてほしがっているようでした。実際サムは裁判所に現われました。保護観察は延長され，私は見守り続けました。サムは自転車を持つことを許され，いなくなっていた間に自分で見つけた仕事を続けました。

　FWAで働くことになったために保護観察局を離れる直前，私は最後にサムの父親に会いに行きました。父親はとても自信に満ちていました。サムは今では自分の自転車を持っていましたが，まさにその日，はじめてパンクさせてしまいました。父親はつけ加えました。「サムのために私はパンクを修理できたし，長い時間もかからなかったでしょう。でも私は，サムに自分でやらせます。」その結果，サムはパンクした車輪をどうやって取り外すのかわからずに，自転車全部をばらばらに分解してしまいました。午後いっぱいかかりましたが，でも最後にサムは，自転車の部分全体を理解し，それがどうやって作動しているのかを知ったのです。

　父親はこの新しいステップを，サムが多くのことを自分でやってよいと許されたことで獲得した恩恵であり，父親自身の発見として捉えていました。父親がそのように捉えられるよう私が手助けしてきたことは，彼からも私からも決して触れられませんでした。しかし私は，父親がパンク修理

のエピソードを説明するのを，私たちがサムの求めているものを理解し，どうやったらふたりがもっとよく出会えるのかがわかるために費やしてきた時間に対し，父親なりのやり方で「ありがとう」と言っているのだと思って私は聞いていました。

詰まるところ，サムの盗みは，父親の彼に対する欠落していた信頼を彼が独力で手に入れようとする無意識の試みであったように思えます。この求めているものが認められ，かなえられた後には，サムは非行少年でありつづけようとはしませんでした。私は，内心サムは再犯しないだろうという自信を抱きながら，別れました。

この話は，コミュニケーションは振る舞いのなかにあり——理解のための鍵である——ことを示すたくさんの話の内のほんの一つに過ぎません。そこでは若い犯罪者たちは，認められたい苦悩やかなえられたいニーズを無意識に捜し求めており，それらを行為を通して象徴的に表現しているのです。このコミュニケーションが適切に受け取られ理解されたとき，もはやこのような振る舞いを続ける必要はなくなり，しばしば不要のものとなっていきました。

6．暴力的な振る舞いを通してのコミュニケーション

他の少年たちと一緒に自動車販売ショールームの駐車場で数千ポンドの損害を起こした一人の少年に関するもうひとつの保護観察審理を受け持ちました。その少年たちは鍵のかかった駐車場に入り込み，何列にも並べられた新車を見つけました。車のドアには鍵がかかっておらず，エンジンキーは差し込まれたままでした。少年たちはこれらの車を乗り回し，どんどん向こう見ずになって，まるで移動遊園地の敷地にいるかのように他の車にぶつけました。その損害はすさまじいものでした。

両親と会いましたが，私には父親の気の弱そうな大人しさが印象的でした。彼は温和で男性的というよりもむしろ女性的であり，明らかに攻撃性を欠いていました——あたかも彼自身が攻撃性を恐れているかのようでした。両親はどうして息子がそんなことに巻き込まれてしまったのか理解できず，途方にくれていました。この少年はいつも大人しく，決してけんか

に巻き込まれたりせず，いつも人には優しく，学校の粗野な荒くれ連中と一緒になることなど決してなかったと私は聞かされました。

このような莫大な損失を伴う猛々しい振る舞いがなぜ勃発したのか，私にはまだ分かりませんでした。そこで，もっとよく理解したいと願って，私は保護観察命令を出すよう勧めて，この少年とその家庭についてよく知るための時間を取ろうとしました。

この息子の保護観察期間を通して，両親のことが私にもっとよくわかってきました。私は父親がグルカ人であることを知りました[訳注1]。実際父親はまだ自分のグルカナイフを持っていて，戦争中によくそうしていたように，時々それを磨いていました。そのナイフはジャングルで道を切り開くためのものであると同様に，殺すためのものでした。それを私に見せてから，父親はそれを家の中に置いておくのが不安になっていました。「それを安心して置ける場所を見つけますから，私が持って行っていいですか？」。父親は，以前は決して想像することすらできなかった計り知れない損失，殺人すらもやってしまうかもしれないという，今では新しい視点で自分の子どもを見ていました。

この少年は攻撃性についての著明なスプリットを抱えた家庭の中で育ったのだと，私は感じはじめていました。父親は，かつてはグルカナイフに強く同一化し，まったくそのように生きてきましたが，もはや自分自身の攻撃性にしり込みしているようでした。今ではあらゆる攻撃性を危険なものとみなしていました。同時に，彼がナイフを磨き続ける行為は，攻撃性とつながりを持ち続ける方法のように思えました。この家庭の雰囲気は，すべての攻撃性がタブーになっている家庭のものでした。

息子は，彼が父親の中に感じとってはいたけれども，普段はあのナイフのように厳重にしまい込まれている興奮をともなった攻撃性を行動に表したのではないかと私は思いました。たしかに，他の子たちと連れ立って，少年は鍵のかかった門扉を乗り越えていき，興奮に身震いさせながら，破壊的な自分を見出したのでした。父親と息子はどちらもが抱えている攻撃性について，それが爆発するまで否認や抑圧されるのではなく，取り扱え

訳注1) グルカ人はインド・ネパールに住む勇猛な種族。イギリス軍・インド軍のグルカ兵として戦争を闘った。

るものとなり安全な限度の中に保たれるとわかるための援助を必要としていると私は思いました。

7．私自身の攻撃性と攻撃性への怖れに折り合いをつけていくさらなる必要性

　この保護観察例には面白い続きがあって，それについて私は振り返っては学び続けてきました。父親はそのグルカナイフを持っていって安全な場所を見つけてくれるよう私に頼んだのですが，そのとき私もそれをどうしたらよいかわかりませんでした。長い間私はそれを車のドアポケットに置いていましたが，もし警察官がそれを見つけたら，凶器を所持している罪に問われかねないことに気がつきました。そこで私は，それを自分の賃貸アパートにもって行き，洋服ダンスの一番上の手の届かないところに置きました。（私はこのナイフが父親に対して，のちには私に対して表すようになったものから距離をとっていました。）後になってその住居を引き払うとき，私はナイフをあたかも忘れていたかのように，そこに置いていこうとしました。しかし家主の女性がそれに気づき，私にそれを持っていくようにといいました。こうして私はそのナイフをもう一度持つはめになったのですが，それでもそれを自分の周りに置いておきたくはありませんでしたし，それをどうしたらよいのかわかりませんでした。

　その頃私が面接室を借りていた同僚のユング派分析家にこのナイフの話をしました。なんと彼はナイフを収集しており，こうして最後にそのグルカナイフは彼のものとなったのでした——明らかにその当時の私とよりも，彼の攻撃性との方がナイフはやすらいでいました。

8．面接室の中のナイフ

　数年経った頃，私はある心理療法家訓練生のスーパーヴィジョンをしていましたが，スーパーヴィジョン症例との治療途中で彼女は妊娠しました。彼女の患者は子どもでしたが，彼は母親に次にできる子どもに対してひどく嫉妬深くなっており，自分がまだとても幼いのに，次の子どもに自分が取って代わられると経験していました。ある日この患者はナイフを持って

面接にやってきました。この子は治療者にとても腹を立てており，お腹を突き刺したいし，赤ん坊が死んでしまえばいいと思っているといいました。その訓練生がこの内容をスーパーヴィジョンの中で報告したとき，彼女がそのとき感じたものに匹敵する恐ろしいショックを私は感じました。

　もちろんこの治療者は大変な脅威を感じました。直面したショックから十分回復したので，彼女はそのセッションを彼女に対する彼の怒りを認めるために用いました。というのは，彼女の妊娠後期に引き続いて起こるであろう，その子との治療の中断があったからです。彼女はその患者に，そのナイフを持っていると安心できるのか，あるいは本当にそれを使おうと思っていたのかを尋ねました。ナイフを使わないとの確信は彼にはありませんでした。そこで彼女はいいました。「あなたが私に，そのナイフを渡してくれるほうがいいみたい」。その患者は同意し，彼女と患者は，彼女の赤ん坊を殺したいという彼の空想について，それがまさに文字通りナイフを用いてエナクトされることなしに，作業を続けることが容易になりました。

　患者はコンテインされやすくなりました。彼は，自分の殺意の感情について話すこころの準備ができていると思える人物を見つけたのです。しかし，たとえそれらの感情は今では隠されているか否認されてはいるにしても，依然として彼女と共に部屋の中にあるこれらの感情と，この訓練生がどの程度まで関わり続けるつもりがあるのか私にはわかりませんでした。私は，何年も前の私にとって困難であったあの出来事を思い返しながら，そのナイフはどうなったのですかと彼女に尋ねました。訓練生は答えました，「台所でとても役に立っています。とってもいいナイフです」。

　その現実のナイフは安全なところに置かれてはいるが，その治療の一部とみなされ続けるべきで，いまだに面接室の中かあるいは少なくともそこに属する治療者のこころの中で治療と関係しており，そこでは治療者の赤ん坊に対する患者の敵意をより直接的に象徴していると私は思いました。そのナイフが役に立つキッチンナイフにかえられたことは，彼女の赤ん坊が脅かされたときに彼女が面接室で経験した恐ろしい光景から距離をとるのに役立ったことでしょう。しかし引き続き私は，その患者が彼女に手渡したナイフによっていまだ表されている，患者と彼女自身の間で続いてい

る心的現実に彼女が携わるのを助けるために私ができることをしました。その子は，取って代わられるという自身のこころの痛みとそれに対する怒りについて作業するために，彼女を必要としていました。結局，彼女はこの難しいケースをとても上手くやり終えました。

9．取り扱いのための洞察

家族ソーシャルワーカーとして働いていたとき，独身女性のAさんに会うよう私は依頼されました。当時Aさんはたくさんの医学上の問題を抱えていました。彼女にはひどい糖尿病がありました。また脊椎の奇形である脊柱側湾症のためにしょっちゅう，自分ではインシュリン注射ができないと彼女は感じていましたが，それなしでは昏睡に陥ってしまうかもしれませんでした。そういうとき，注射を打ってくれるよう要求して，彼女は近所の病院に行くのでした。そこでもし誰かが，自分で注射ができないという彼女の言葉を信じようとしないと，彼女は「あんたは，私を殺したいのかい？」とわめきはじめるのでした。しばしば，この振る舞いのために彼女は，訪れたどの病院でも精神科の誰かに診てもらうという結果になってしまいました。そこでは，どの場合でも当然のことながら，彼女は妄想性障害と診断されていました。

Aさんは，とても不安な幼少期を過ごしました。不安の強い母親の最初の子どもとして生まれましたが，母親は彼女を出産した後ひどいうつ状態になっていました。Aさんが1歳になってすぐに母親はまた妊娠したので，この不安の強い子どもにとってますますかかわれなくなってしまいました。ケース記録によると，母親はこの妊娠中に階段から落ちてしまい，そのためAさんはこれまで以上にしがみつくようになったのでした。母親は子どもの出産で亡くなってしまい，赤ん坊も死んでしまいました。

この生育歴を私は次のように読み取りました。Aさんは家族のいろいろな発言から，自分が母親の死に責任があると信じるようになっていったのでしょう。彼女には，母親の死の原因となったのは自分の母親への依存の強烈さであるように思われていたようでしたし，また自分の嫉妬が赤ん坊を殺してしまったと思われたようでした。まるで誰ひとりとして，一つ

の関係の中ではそのすべての重みに耐えて生き残ることができないかのように，彼女は今ではたくさんの人に依存を向けています。多くの人に向けられた依存にともなって，彼女は喪失に対するある種の保証を作り上げていました。ある人たちは離れていくかもしれないし，一人や二人はやがて死んでしまうかもしれません。しかし彼女の依存がこのように広がっているかぎりは，いつも代わりに誰かがいるのです。

　この定式化はこのケースの取り扱いに関して意味のあることでした。ただ私は，このことをＡさんには解釈しないと堅く決心しました。彼女はすでに，自分が母親を殺したと感じるようにされていました。私はファイルから，初めの頃のこういった解釈がただＡさんの耐えられない罪悪感を増しただけであったのを知っていましたし，それはあたかも前任のソーシャルワーカーが，自分が母親の死の原因であるという彼女自身の確信を裏づけてきたかのようでした。そこで私は，彼女の今も続いているドラマに相当に巻き込まれている人たちでケースカンファレンスの開催を呼びかけました。

　数年の間にＡさんは，たくさんの問題の諸側面を各々が取り扱おうとする 12 名ないしそれ以上のソーシャルワーカーや，それとほぼ同数の医師や精神科医からなるネットワークを築き上げていました。彼女のドラマは雪だるま式に膨れあがり，多数の病院で「分厚いファイル」のケースになっていて，たいへん時間が費やされ莫大なお金がかかっていました。

　ケースカンファレンスで私は，即座の配慮が求められるような医療上の状況だけが取り扱われているが，その週に各人のところに持ち込まれたいかなる「危機」であっても私のところへ伝えるよう他のみんなに勧めながら，自分がＡさんの世話の主席ワーカーとして用いられるよう提案しました。私が訪問したとき彼女が危機に陥っていないかどうか，毎週月曜の午後 2 時にＡさんを訪問することを約束しました（何年たっても，いまだにこの訪問の時間を私は覚えています）。こうして私は，その週の間に報告されたすべての問題に目を通し，それぞれの背後にあるコミュニケーションが何かを理解しようとしました。

　私がＡさんと会っていた 2 年の間に，それまで相当な配慮を求めてきた他の人たちへの彼女の要求は目だって減少していきました。私との定期

的な接触によって彼女はコンテインされるようになっていったのです。彼女はまた自分の要求を，それが私を破壊したり追い払ってしまわずに，結局のところ一人の人物に集中させられるということがわかってきました。

しかしながら，Aさんは上手に高いレベルのドラマを演じ続けていました。例えば，あるときいつもの訪問で私が到着すると，彼女の住居のドア一面にA4サイズの紙が貼られていました。そのドアはバルコニーに面していて，彼女の部屋の端にある階段に向かって歩いている人みんなに見えました。巨大な字で彼女は書いていました。

立ち入り禁止
みんな私を見捨ててしまった
（ケースメントさんを除いて）
自殺する以外に私がここから抜け出す道はない

私に宛てた但し書きはとても小さな文字で書かれていました。月曜午後2時のこの張り紙の意味は，極めて明瞭でした。「**立ち入り禁止**」は明らかに私に宛てたもので，「**入りなさい**」を意味していました。私は管理人にドアを開けてもらいましたが，そのドア越しにAさんが現われて叫びました。「あんたは，私を安らかに死なせることすらできないのかい？」

その前の10分間に，Aさんがオーブンの表示灯を消す方法を見つけようとしていたのが，私にわかりました。彼女がガス中毒を起こそうとする度に，そのオーブンに灯が入るのでした。彼女は，望むように自殺を試みられませんでした[原注6]。Aさんは，私が来るとわかっていました。私が外に留まっていないだろうし，私が中に入っていくだろうこともわかっていました。それから今回の自殺のまねごとにつながった最近の危機について考える時間を私たちが過ごすだろうことも彼女はわかっていたのです。

別の区に住む友人の近くに引っ越すというAさんの計画に私は反対しませんでしたが，後になって私は悔やみました。この引越しが，問題を誰か他の人に肩代わりさせて，私を楽にさせようとすることだと私は気づ

原注6) これは北海天然ガスの導入前で，（石炭から作られた：訳者追加）ガスが致命的なものであった頃のことです。

ていました。そのとき，この2年の間に達成されたものはほとんどすべて失われ，私との作業をはじめる前にそうであったように，彼女は新しい区でコンテインされなくなってしまいました。彼女の引越し計画に私が不本意ながらも同意したことで，母親にとって重荷になっており，だから誰に対しても重荷になっているという長年自分自身に対して彼女が抱いている考えを強化したのだと私は考えました。しばらくの間私は彼女を，私にとって重荷にならせないように気をつけていました。しかし結局，私にとっていない方がほっとする重荷になり始めていたのでした。

この経験のおかげで，分析作業の中で私たちが被りやすい攻撃や要求を生き残るためになすいかなることについても，私はとても注意深くなりました。とりわけ患者が，自分たちが誰に対しても重荷になっているという内的な確信に動かされて私たちを試しているときにです。必要なときには生き残るための支援や手助けを得るためのコンサルテーションを探しながら，私はいつも患者と一緒に「最後まで見届ける」ようにこころがけています。

ある症例で，どのように扱われるかをいとわないで私が患者（Y夫人）にとって利用できるものであろうとし続けることが，ひょっとすると私に対するサディズムのような振る舞いに向かわせたのかもしれないと私は考えるようになりました[原注7]。このことに対して自分がどこまで許容する備えがあるのか，明確な限界を設定しておくことが重要であると私は思いました。結局私は，私がもはや患者を手助けできないように思えるというYさん自身の考えを受け入れました。そして，利用できるものであり続けられないと彼女に伝えました。ずっと後になって，この患者は私に次のようなことを教えてくれました。私が彼女に会うのをやめたとき，彼女がどんなに傷ついたにせよ，その後，決して越えさせようとしない一線を私が引くことを自分が求めていたことに彼女は気づくようになりました。そのよ

原注7）Y夫人はこの素材の出版に同意して，次の有益なコメントをしてくれました。「あなたに激しく怒っていたとき，私は子どもでした（私は普段の状況ではかんしゃくを起こしません）。私はそれまで決して許されなかった激しい怒りを表していました。私が気づかなかったのは，それが子どもの激しい怒りのようだということでした。しかしそれが大人によって表現されると，ものすごい強さになります。子どもたちが両親に対して激しく怒るとしても，サディスティックではありません。人がそれを楽しんでいるときにだけ，それはサディズムなのだと私は思います。」

うな終結が必要だったと，今では彼女はわかっていました[原注8]。

10. 大切な審理の中でのキーポイントをとらえ損なうこと

　FWAの私の部局の長となると，私はケースワークスタッフや幾人かの研修生の指導責任者となりました。あるとき，14歳になる息子にかかわる助言を求めてきた不安の強い母親について私は聞きました。近所のある人は，毎日学校への行き帰りに彼女が息子の手を握って道を渡るので，母親が「息子を赤ん坊のままにしている」と彼女に言っていました。さらには，彼女が着く前に息子がどこかに行ってしまわないように，待って迎えていました。この母親は，この保護は必要なものだ，なぜなら道路は危険だから，と確信していました。ケースワーカー研修生への彼女の質問は次のようなものでした：「私が正しいのですか，それとも近所の人が正しいのですか？」その研修中の女性は慎重にかかわり助言を与えませんでしたが，彼女はこの質問によって持ち出された問題点をあまり理解していませんでした。研修生は「このことについて翌週もっとお話したいと思います」といって終わりました。

　スーパーヴィジョンのとき，私は懸念を表しました。ここでこの力動は何を示しているようですか？　そう，道路は危険です――もし人がその危険にうまく対処することをまだ学んでいないなら，なおさら危険です。それで，もしこの母親が近所の人がくれた助言の通りにしたらどうでしょう？

　明らかに母親は，息子が自分でその機能を発達させる手助けをするのではなく，安全のために彼の「目と耳」であり続けることでこの息子を幼児化しています。この少年が道路に対する自分の感覚を発達させる前に，もし彼女がこの保護を引っこめてしまったら，少年は大変な危険にさらされるでしょう。また私たちは母親の息子に対する過保護には，息子に対するアンビバレンスが示されているかもしれない可能性に気づいておく必要があったのです。彼女はこの依存的な子どもに対する自分の敵意の一部を彼女の周りの世界に投影しているのかもしれませんから，往来そのものの危

　原注8）私は第10章でこの話題に戻ります。

険に加えて，車はそのような投影を担っているとみなせます。そのため，もし彼女が時期尚早にその保護を引っ込めてしまうなら，息子に対する攻撃性が彼女のために往来の交通によって実演されるのを許してしまうかもしれません。ゆえに，息子が自分だけで通うのを許される前に，母親が息子に道路に対する十分な感覚を教えなければならないという目の前の課題をこの研修生とクライエントは慎重に検討しなければならないと私は助言しました。

不幸なことに，私たちにはもう機会がありませんでした。そのクライエントはまだ助言を求めていたのですが，与えられた唯一の助言——近所の人の助言——を受け入れたのです。自分自身の判断に逆らって，息子に自分で学校に行って戻ってくるように言いました。**まさにその初日**，息子は車に轢かれたのでした。彼は危うく死にかけました。

私たちはいつも，私たちに語られたもの，あるいは尋ねられたことそのままの表面的なものを越えて耳を傾けなければなりません。そこにはしばしば，たとえ隠されているにせよ，表現されているものとは別のコミュニケーションが存在するのです。

11. さらなる教訓

私が以前働いていた観察局でのことですが，ある研修生が，訪問を依頼してきた抑うつ状態の女性のところに立ち寄りました。予定の時間にドアは開いていましたが，彼女がドアをノックしても返事がありませんでした。そこでその研修生は大声で呼びかけましたが，それでも返事はありませんでした。招かれてもいないのに入っていってはいけないと彼女は考え，約束が守られなかったことについて手紙を書こうと考えながら立ち去りました。しかしながら手紙が出される前に，数時間後にこのクライエントが死んでいるのが見つかったという知らせが観察局に届いたのです。彼女は，予定された訪問の直前に大量服薬したようでした。この件に関して私たちは，彼女が正しく行動したことを確信しながら，その研修生を支えようと苦労しました。しかし別の機会に，私たちは彼らがほのめかしているかもしれないサインを読み取れるだけの備えをもっとしておく必要があると私

は思いました。後に心理療法家として働き出したとき，幸いにも私はそのことから学ぶ機会を得ました。

12. 患者が到着するのを待つこと[原注9]

これから述べようとするのは，患者を待つ時間を私がいつもどのように過ごしているかということではありません。そうではなくて，分析や心理療法での困難なときに待ち時間を私が普通どのように過ごしているのかということです。患者が遅れているとき，もしあえて何かに私の注意を向けようとするのでなければ，私はいつもその遅刻をこころに留め，それについて考えますが，しかし患者と会ったときに必ずしも私の考えを述べたりはしません。私はその不在をこころに置き続け，それについて思案するでしょう。けれどもその遅刻がその患者らしからぬことであったら，この遅刻によって何がコミュニケートされているかにもっと絞って私は耳を傾けました。

週1回の患者が現われなかったときの，ある特別な例がこころに浮かびます。いつも彼女は時間通りか早めにやってきました。セッション開始から5分過ぎたところで，私は不安を感じはじめました。私のこころは，この患者が精神病院から私のところに紹介されてきた1年前に戻っていました。彼女は自殺企図の後に退院していました。それから私は，先週彼女が，私との作業をはじめて以来これまでにないほど落ち込んでいたことを思い起こしました。

10分が過ぎたところで，何かひどく悪いことが起こっているという感じを私は抱きはじめました。彼女が一人で暮らしているアパートに電話しようかと思いました。もちろん彼女はここへ来る途中で，ひょっとしたら公共交通機関のために遅れているのかもしれません。そうならば，私が電話しても誰も出ないだけで，それは問題ないでしょう。しかし，彼女がまだ自宅にいるなら，私が電話をかけたことで無理やり侵入されたように彼女は感じるかもしれません。私はジレンマを感じていました。しかし，自

原注9) この例は「患者と患者の間」(Casement 2002b) からのものです。

殺の危険を賭するよりも電話をかけたほうがいいと決心しました。

　私がかけると，電話はずっと話し中でした。そこで私は電話交換に頼んでこれが「通話中」なのかそうでないのか，調べてもらいました。電話機はフックから外れており，誰も話していないという報告でした。それで私は電話技師に頼んで患者の電話につないでもらいました。(当時はそういうことができたのです)。それから私は，大きな声で彼女の名前を呼びました。しばらくそうしても返事がなかったので，私はかかりつけ医 GP に電話を入れ，自殺の可能性があると思うと伝えました。彼はただちに患者の住居に向かい，立ち入るための助けを得た後，相当な量の過量服薬で意識を失っている患者を発見しました。この例では，患者の不在に耳を傾けることが，明らかに彼女の生命を救う助けとなりました。彼女のいつもとは違う不在にはとても深刻なコミュニケーションがありましたし，私の「患者なしにセッションを始めること」が，これを拾い上げる助けとなったのでした。

　それ以来，患者がやってこないときには，その不在との関連で，考えや感情やイメージなど，こころに浮かぶことには何でも注意を払いながら，私はたびたび面接室にすわっていました。これはしばしば，患者からの語られないコミュニケーションに耳を傾けることに注意を払うすぐれた手助けとなりました。

13. 共謀への誘惑

　まだ FWA にいた頃，私たちの仕事のやり方についてもっと学びたいという関心を持って私たちのところを訪れてくる人たちがいました。そうした訪問のあるとき，スタッフの一人が，私がそれまで耳にしなかった，彼女が会っているあるカップルとの仕事を持ってきて，ライブのスーパーヴィジョンを催すことにしました。

　私は，同僚が夫と妻が合同面接に来る夫婦療法を行なっていたのを知っていました。その後，夫が来なくなってしまいました。しばらくの間，私の同僚はその夫婦との約束を守って，気が進まないながらも妻とだけ会い，二人が一緒にやってくるのを何が妨げているのか話しあいましょうと，二

人で戻ってくるように励ます手紙を書いていました。数回の予約が取り消された後，同僚は，妻がケースワーカーからの特別の手助けをとりわけ今必要としていると言っている以上，妻一人と会うしかないと感じていました。

そのスーパーヴィジョンで提示された面接の間中，妻は同僚に対して離婚申請のために手助けしてほしいというプレッシャーをかけ続けました。妻は，結婚についてはあきらめており，今では夫と別れることを望んでいるのだと言っていました。それで，彼女の状況を同僚はとても詳しく知っているのだから，離婚についての証言をしてくれたら，夫に対する申し立てを手助けすることになると妻は言うのでした。同僚はこれに同意したでしょうか？　彼女は，次の週にもう一度会いましょうといって抵抗できました。こうして同僚は私に，どうすべきかを尋ねているのでした。

この発表を聞いていて，多くのことがいつもと違っているのが私に明らかになってきました。クライエントに対してどうすべきかを私が同僚に助言することはほとんどあり得ないことだと彼女はわかっているにもかかわらず，それでも彼女は私にそれを尋ねていました。クライエントも，ケースワーカーは通常助言をしないということを知っていました。それでは，いったい何が起こっていたのでしょうか？

私たちがこの事態を見ていくにつれて，夫婦と治療契約がなされているにもかかわらず，妻のために証言してくれるよう，私の同僚に共謀するよう妻がプレッシャーをかけていたことが明らかになってきました。さらに，なぜ妻は自分の申し立てに援助を得る必要があったのでしょうか？　彼女は自分ひとりで権利を十分擁護できる知的な女性でした。それではなぜ，あたかもこのことを自分ひとりではやっていけないかのように彼女は振る舞っているのでしょうか？

徐々に私たちは，このケースワーカーへのプレッシャーは，妻が結婚に対して煮え切らないままでいることに動機づけられているようだと考えるようになりました。本当に彼女が主張しているほど一途に離婚手続きを進めようと彼女はしていたのでしょうか？　おそらく，結婚を終わらせることに対する自分の不安を鎮めようとして，ケースワーカーに結婚に反対する彼女の味方をしてほしかったのでしょう。たぶん彼女は結婚を終わらせ

たいと全面的には望んでいなかったのでした。あたかもすべてが終わってしまったかのように振る舞ってはいますが，この妻は結婚をめぐる困難さについてまだ手助けを求めているのだということを私たちは理解できました[原注10]。

　この検討の後，私の同僚は結婚を維持する側にもっとはっきり立てると感じました。おそらく彼女は知らず知らずのうちに妻の味方をするようになってしまい，それが夫によって気づかれたのでしょう。このことが，彼が欠席によって伝えようとしてきたものの一部だったのでしょう。彼よりも妻の方がもっと気持ちよく聞いてもらえるのであれば，彼が合同面接に来ることに何の利点があったでしょうか？

　そのケースワーカーは，味方に付けようとするプレッシャーに抵抗しながら，クライエントである両者に来てほしいという彼女の願いをもう一度書いてこの夫婦に手紙を出しました。そうしたところ夫は，この結婚についての作業でもう一度自分のことを考えてもらえていると感じ始め，面接に戻ってきました。このカップルは，二人の間のこの困難な局面を切り抜けて結婚を続けました。

　もし妻の振る舞いや夫の欠席に暗に示されていたコミュニケーションに私たちが耳を傾けなかったなら，私たちはここでの手がかりを見失ってしまっていたでしょう。このコミュニケーションは，スーパーヴィジョンにおいてケースワーカーと私自身がかかわったパラレルプロセスにも写し出されていたようでした。妻の側のことだけでなく，この夫婦にもう一度私たちの注意が十分に焦点づけられてはじめて，この結婚カウンセリングがもう一度実り豊かなものとなりはじめたのです。

14．現在の中の過去を知ること

　家族療法について文献を読むだけでなく，やってみる時期が来ているの

原注10）離婚についてのそのような話を，結婚にかかわる「自殺の脅し」の類のものだと，私はときどき考えます。あたかも，結婚のなかに表現されているひとつの見解があるかのようで，それは，物事がそうあるように進められないというものです。もし物事を好転できないなら，結婚は終わってしまわなければなりません――もし誰かが物事が変わるように助けてくれるやり方をみつけてくれないときには。

ではないかと私がケースワークスタッフに勧めたときのことを思い出します。なんといっても，私たちは家族とともに作業する専用の部局で働いていたのです。それは，家族療法を幾人かの人たちが試みはじめていた揺籃期のことでした。私の部局の誰もそこまではやっておらず，まだこの種の治療を提供するのにみあった家族が見つからないとの理由で，遅れをずっと合理化していたのでした。

　ケースワークスタッフをスーパーヴァイズしていたとき，一緒に見てくれと叫んでいるように見えるある家族に私は出会いました。私は，母親のケースワーカーと十代の娘をみているケースワーカーの両者をスーパーヴァイズしていました。そういうわけで私は，この家族に，心理学の訓練を受けたずっと年上の娘と，ある大学で教授職についていてほとんど不在の父親がいることを知りました。

　ここには共有された問題があると私に気づかせてくれたのは，過去数年間，この家族がほとんど同じ屋根の下にいないということでした。通常，不在なのは父親でした。しかし父親が戻ってくるといつも，娘たちのいずれかあるいは二人ともが，彼が出て行くまで家にいませんでした。ここで何が起こっているのでしょう？　なぜ彼らは一緒にいることができないのでしょう？

　この家族四人との探索的な話し合いに向けて私たちが働くことを私は提案しました。しかしその前に私は，父親と年長の娘に私が個別に会うことを申し出ました。それはその話し合いに先立って家族の各々がすでに知っている人がいるほうがよいと考えたからでした。父親に会うと，自分は家族とのこの探索的な話し合いに来たくはなかったが，「ただ敵意に満ちた証人として」しぶしぶ同意したのだと私に言いました。彼がこのことで何を表現しているのか，私にはわかりませんでしたし，彼は説明もしませんでした。彼は，年長の娘のせいで「心理学にはまったくうんざりして」いるので，それで私たちの「心理学的なたわごと」には我慢ならないと言いました。そのときは「解釈なし」でなければならない，そうでなければ自分はこの話し合いから退席して戻らないだろうと彼は主張しました。

　結局私たちは父親のスケジュールに合わせて，金曜の午後遅くにこの家族と会いました。私たちはみな不安で，加えて言うと私は，誰も解釈して

はいけないという父親の要求で手を縛られているように感じていました。そこでは父親は妻を攻撃しはじめ，ついには彼女が泣きはじめました。終いに妻は泣きながら「問題は，あなたが私たちの娘のどちらも望んでいないっていうことなんです——この子たちが生まれたその日から」とようやく言いました。父親は叫んで言い返しました：「訂正だ。この子たちがお腹にできたその日から」。

このとき，この父親が子どもを望んでいなかったことを私たちは知りました。その夫婦は子どもができるまで5年間一緒に過ごし，母親が子どもが欲しくてたまらなかったという事実以外はうまくいっていたように思えました。とうとう母親は，ピルを飲んでいないのにまだ飲んでいる振りをして，夫をだまして妊娠したのです。彼女は二度目の妊娠も同じようにしました。ですから父親が，子どもに腹を立てたのは子どもたちがお腹にできたときからだと訂正したのは正しかったのです。

このやり取りの後，父親は妻と同じように子どもたちを泣かせ，このときまで私の同僚は二人とも何もできなくなって黙り込んでしまいました。私もまた，自分は何のためにこの探索的な話し合いを設定したのだろうと思いはじめました。この段階では，それは救いがたい大失敗のようでした。決して一緒にはいられないという家族の確信をあおることにならないよう，私は次のように言って終わりにしました。

　　私たちみんなが，この話し合いが苦痛に満ちたものだと感じていると思います。しかし，このままにしておくのは大変間違いだと私は思います。そこで，今日のようにみんなが一緒にもう一度話し合うよう計画しようではありませんか。それまでは，あなた方の各々が担当のソーシャルワーカーと会われるのが役立ちそうです。

父親は，少なくとも自分はもう来られないだろうと言いました。彼は月曜の朝早くに戻る予定で，確かにこのような話し合いのためにもう一度ロンドンへ出てくるつもりはありませんでした。そこで私は父親に，月曜の朝の列車に間に合うためには，私たちがいつ話し合いを持ったらよいかと尋ねました。父親は，早い列車に乗るためには集まるのが午前7時30分

より遅くてはならないと言いました。(彼はこの部局が午前9時から午後5時半までであることを知っていました)。私は,その午前7時30分に私たちが集まれるよう,部局を早く開けましょうと言いました。

　この外傷的な出会いから家に帰る道すがら,私はこの父親への二側面の反応を考え直していました。私には二人の娘がいますが,この男性は何があって,娘のいる父親が手に入れられる豊かな経験の機会から顔をそむけているのだろうと私は考えました。しかしそれよりも,娘のどちらもまったく望んでいなかったと激しく言って私たちの目の前で子どもたちを攻撃した彼に対する怒りを,私はとても強く感じていました。どうしてこうなってしまったのでしょう?

　週末の間このストレスに満ちた経験を忘れようと,私はこの父親の妻や子どもたちとの関係を,少なくともしばらくの間説明してくれるように思える架空のシナリオを作り上げました。

　その月曜日,父親は時間どおりに話し合いにやってきました。あの話し合いで父親が言ったことに私は大変腹を立てて金曜に帰ったこと,そのために彼に対して怒ったままでいるよりも何が起こったのかをわかる方法として,彼についての話を作り上げる必要があったことから,私は話し始めました。それから私は,このことについて話すための解釈や心理学的なものはどんなものも許容しないと彼が私に言ったことで,さらに難問を抱えてしまったと彼に説明しました。

　それから私は言いました。

　あなたについて,あなたの子ども時代について,何も知らなくてよかったと思います。というのは,最もよくないのは,あなたの生活史にかかわる事柄を私がわかっているかのようにあろうとすることだと私は思うからです。そこで,あなたについて何も知らないままで,週末の間あなたに腹を立てないで過ごせるように私が作り上げたお話をあなたにお伝えしたいと思います。あなたにお話したいと思っていますが,私が間違っているところを教えてください。

　ここまでは父親は私を邪魔しませんでした。それに勇気づけられて,私

は続けました。

　私が作り上げたお話では，あなたはお母さんの最初の子どもだったと想像しています。あなたのお母さんは，あなたが生まれた後あまりにも早く妊娠したのではないかと私は思います。それで，（このお話の中では）あなたはお母さんをほんとうに自分のものにする前に，お母さんを失いはじめたのではないかと私は思います。

父親はまだ黙ったままでしたので，私は続けました。

　この架空のお話に何か真実なものがあるならば，あなたが結婚したときに起こったことは，あなたのお母さんはそうではなかったようですが，あなたのためだけにいてくれる女性とようやくあなたが一緒にいれたということだったのではないかと私は思います。そしてしばらくの間，あなたはほんとうにあなたのためだけに彼女を手にしていたのです。けれどもあなたの妻が，あなたからようやく妊娠を手に入れたとき，あなたはその妊娠を本当に自分の子どもだとは経験しなかったのでしょう。そうではなく，あなたはあたかも赤ん坊のために自分の母親を再び失うかのように，これを母親の妊娠の繰り返しとして経験したのではないかと思います。

　ここまでの間，父親の口は開きかけ，しばらくの間まったく話さないままでした。しばらくして彼は言いました，「どうして，あなたは知っているんだ？」。それから続けて彼は，私が言ったことはすべてほんとうだと言いました。彼の母親は彼がほんの2カ月のときに妊娠し，11カ月のときに最初の妹を生んだのです。その後18カ月の頃2番目の妹が生まれました。ですから，彼が娘の誕生を，まるで娘たちが妹たちと同じように，彼にとってほんとうに大切な唯一の女性を彼から「盗んだ」かのように経験したのはほんとうだったのです。
　その月曜日の朝の残った時間，私たちはさらに深めていきました。それからこの父親は，私たちに妻や娘たちも一緒にさらに数回の話し合いを持っ

てくれるよう頼み，私たちはそうしました。数回の話し合いの後，この四人は，まるではじめてのように，家族となったのでした。彼らはお互いに所属しあっていると感じはじめ，一緒にいることを楽しみはじめました。その後この父親は，任意寄附制機関であるFWAに多額の寄付をしてくれました。彼の家族がこの経験からとても大きなものを得られたので，他の人たちもここでの仕事からいいものを得る手助けをしたいと彼は言っていました。

これらすべては，私たちが目撃したこの父親の妻と娘への攻撃という光景にかき立てられたあの感情から生じてきたのです。私の最初の反応は，この父親への怒りに満ちた批判に捕らわれていましたが，ひとたび起こっていることへの分析的な好奇心を取り戻すと，私たちの前で実演されていたものに対する私の反応に私はさらに耳を傾けはじめたのでした。

15. 理解の限界をみつけること

この最後の経験が私に与えた影響はとても大きなものでした。とりわけ，理解されたいとのニードを見失っていると，私たちは他者に対して批判的になりがちであるとのことに気づくのを助けてくれました。それから後，心理療法家としての私の新しい臨床の仕事において，そして続けていたソーシャルワーカーとしての仕事において，私はしばしば，そうでなければ批判したくなったであろう人たちを，彼らの扱いにくい振る舞いの背後に何があるのか知りたいという私の分析的な好奇心を取り戻すことを通して，理解する上での窮地を乗り越えることができました。しかし，いつもこのようにできるわけではありません。

この章を終える前に，Cさんと呼ぶことにする男性との経験を分かち合いたいと思います。どんな特定のアプローチも，それがどんなに他のところでは役に立つとわかっていても，まるですべてのケースに当てはまるかのように用いることはできないのだということを私が学ばなければならなかったのは，まさに彼を見ているときでした。

ソーシャルワーカーという立場で私は，本当にひどいと思う結婚をしているある家族をみていました。妻は，数人の小さな子どもを苦労して世話

をしながら，いつもお金にひどく困っていました。夫は，実生活でも経済的にもまったく妻を助けていないようでした。私には夫がとても金持ちであることがわかってきましたが，彼は妻がお金に困っているままにしていました。彼は自分の株と，どうやってお金をもうけるかに夢中になっていましたが，まったく自己中心的で自分以外はまったく誰も気にかけていないようでした。

　この男性の利己主義に驚きながら，しかしそれを理解したいと思い，私は彼の振る舞いを説明するその手がかりとなる何らかのものがないかと，彼の幼少期を検索してみました。しかしどんなに手がかりを探しても，これに光をあててくれるようなものは何も見つかりませんでした。

　ある日，私がこの家庭を訪ねていると，Cさんは彼の周りにむかって怒鳴り散らしていましたが，その一方，子どものことや家事で過労になっている妻の手助けになるようなことはまったく何もしませんでした。このとき彼は，かなりの額のお金を儲ける人生に一度のチャンスを逃してしまったといって，彼の株式仲買人に対するうっぷんを晴らしていました。彼は，株価が急落する前に株を売る最適の瞬間を逃してしまったのです。このことを私に話すとき，彼は興奮のあまり入れ歯をひざの上に落としてしまったほどでした。この時点で私の分析的な好奇心は枯渇してしまいました。私には，この男がまったくの見下げ果てた人物だとわかりました。私は待ちきれずにその家を後にし，もう二度と彼に会わなくてもいいように願いました。

　Cさんの奥さんが，何度も夫について同じような感情を私に表していましたので，私は自分が彼に対して同じように反応していることに驚きませんでした。そうではありましたが，私はまだ理解できるかもしれないと考えながら，ここでの力動について，そしてそれらが示していることについて思いをめぐらしていました。

　次にこの家庭を訪問する予定日の前に，私はCさんが株式市場で機会を逃したあのことでひどく興奮し続けているという伝言を受け取りました。しかしもう一度株式仲買人に怒鳴ったとき，彼は心臓発作で倒れ，死んでしまったのです。今や私は，まったく異なった治療的な任務に就いたのでした。夫がいなければと公言していた願いがかなってしまったように見え

る今，Cさんの奥さんはどうしているのでしょう？　私はできるだけ早く彼女のところに訪問に行きました。驚いたことに，彼女はCさんの死にまったく取り乱していませんでした。まるで神が彼女のために取り計らってくれたかのように彼女は感じていました。とうとう，このひどい男から解放されたのです。彼女はまた，夫が死んでしまった今がもっと大事にしてもらえそうでした。この家族は，初めて夫のお金を使えるようでした。

　それでも私は，この奥さんがうつ状態になるのではないか，おそらくはメランコリー型のうつ病になるのではないか，そうでなければ夫の死に対して罪悪感を抱くかもしれないと心配していました。しかしその後の数カ月，何度か訪問しても，彼女はこのひどい夫から解放されてすっかり変わってしまったままでした。子どもたちまでもが今では，家庭内の絶え間ない戦いや緊張がもはやなくなってしまったことで幸せになっているようでした。私は，この女性の回復がどう続いたかわかるほど長くこの家族をみられませんでした。しかしこの経験は，理論を普遍的なやり方であてはめることに対してもっと慎重に考えるようにしてくれました。おそらく人によっては，理論がそうだと教えてくれるようには実際には反応しないのでしょう。

　ここで描かれていることの多くは，ソーシャルワーカーやカウンセラーにとって，より直接に価値をもつでしょうが，理論の適用ということや，振る舞いがコミュニケートしてくるものについて耳を傾けるということは，心理療法や精神分析においてもまた問題の中心であると私は信じています。

第4章
「いいえ」と言うことを学ぶ

> 誰かがあなたを強いて1マイル行かせようとするなら，
> その人と共に2マイル行きなさい
> 　　　　　　　　　　　（マタイによる福音書 5章41節）

はじめに

　ソーシャルワークだけでなく心理療法や精神分析においても，繰り返し出会った私の問題の一つは，時間を惜しみなく与えようとする願望や，自分が責任を負っている人のために喜んで何かしようとすることに関係していました。しかし，私はこれがまったくの愛他主義から生じていると装うつもりはありません。

　援助職にある私たちの多くは，自分よりも不幸な人たちによりよい経験を提供したいという願望によって動機づけられているように私は思います。しかしまたこれは，好かれたいという私たちの願望や，人に与えることによって幸せな気持ちになるという喜びとも関係しているでしょう。私たちがなす多くのことの中に私利私欲が含まれています。歳月を経て，ソーシャルワークだけでなく，おそらく心理療法や精神分析においても私たちの多くにとってのアキレス腱は，「よりよい親」であろうとする願望に見出されると私は信じるようになりました。また，いまだに「修正感情体験」が臨床実践における導きの光となっている分析の学派もあります。

　治療経験をもたらすことを目指すこのスタイルの分析や心理療法の問題は，患者が「よい経験」によってよくなっているようだと示唆する証拠が与えられることです。患者はより自信に満ち，自分のよい面をもっとみるようになり，さまざまに力を発揮しているとみえるかもしれません。その

とき分析家や心理療法家は，このようなスタイルの作業から生じたと思われる恩恵を喜ぶでしょうし，ある種の恩恵がはっきり形をなすことは否定できません。しかし視点を変えてみると，そのような変化がどれほど根本的で，どれほど長続きするものかが問われなければなりません。

必要なときに限界を設定することを学びながら，クライエントや後には患者たちとの作業の中で「いいえ」と言うことの重要性を私が学ぶには長い時間が必要でした。けれどもそのほうが，ソーシャルワークでしばしば起きやすい他者のためにし過ぎることや，分析家や心理療法家によってあからさまに世話されるのが患者に恩恵となると考えることよりも，もっと生産的であることが多いのです。

私は，多くの人たちと同じように，好かれたいと望んでいます。ですから同じ問題を抱えていると思われた私の最初の心理療法家から，この問題を克服する手助けが得られませんでした。このような問題を抱えていない分析家との分析に入っていったときに初めてこれを乗り越えて，私は自分の道を見出しはじめました。

1．カリスマ的な「治癒」の魔力

私はたしかに，自分が尊敬する人たちとの関係での経験から，何らかの形で恩恵を得ていました。同じように，兵役についているときやシェフィールドでレンガ職人として働いていた頃，私から好かれていると感じると，彼らはもっと喜んで私と一緒に，あるいは私のために働いてくれました。また，特別な関係にあるという経験は，この特別な注意を受け取っている人に価値をもたらすでしょう。しかしまずもってこれでは，その人の内的世界や，自己イメージと自己評価の基本的なレベルは変化しません。

2．交流による自己評価

保護観察官をしていた頃，交流によって，新しい誰かから彼らがそれまで扱われていたよりももっとよい扱いを受けることによって変わりうるという考えに，私はまだ引きつけられていました。今では，そのような変化

がおそらくは，心理療法や精神分析で可能となるような類の変化に比べてどんなに表面的なものか，わかるようになりました。「さらにもう一マイル行く」ことは，「患者とともに最後まで見届ける」ことであり，何らかの表面的なよりよい経験を提供しようとすることではなく，患者とともに最悪のときを切り抜け，患者の内的世界で最悪のものを表すように用いられるにまかせることなのだろうと私はわかってきました。

最初の分析トレーニングのケースで，「交流による自己評価」という問題が私には見えてきました。この患者は貧しい労働者階級の出身で，自己評価に関する深刻な問題を抱えている人でした。彼女は大学教授と結婚し，しばらくの間は彼とのつながりによって高められたように感じていました。彼女は「大学教授の妻」になったのでした。しかし，次第に彼女は，自分が他の人からよく扱われているように思えるのは，この反射された栄光のおかげにすぎないと思うようになり，一方自分のなかでは，この新しい評価が自分にはまったく属していないと感じていました。彼女は夫よりも劣っていると感じ，いまだに自分を取るに足りない者のように感じていました。

この患者は夫のもとを去り，浴室修理にやって来た配管工と家庭を築きました。今では彼こそが，大学教授の妻とのつながりによって高められていると感じており，こうして彼女は彼よりも勝っていると感じられたのでした。彼女は自分がひとかどの者であると感じはじめていました。しかし他者との交流，あるいは他者との対比による以前の価値感覚に比べて，彼女が自分自身の中に価値を見出すようになるまでには，彼女の本当の自己の感覚に向けてなさなければならない多くの作業がありました。

初めの頃，交流による癒しという考えを私がなかなか超えられなかった様子を描き出すいくつかの例があります。ジェームスは，重大な犯罪のために保護観察下に置かれており，そのため少なくとも２年間は刑務所に送られるかもしれませんでした。彼はこの保護観察期間中にいくらかの進歩をしめし，妻と子どもに対して以前よりも真剣に責任を果たすようになっていました。そうしたときに，保護観察下に置かれるようになったことに比べると小さな罪を彼は犯しました。今度はタバコの自販機からお金を盗んだのです。彼はミッドランド地方[訳注1]の町で拘留されていました。

私はジェームスが許されて，彼の示していた進歩が続けられるべきだと

思いましたが，もともとの犯罪のために彼は刑を宣告されており，刑務所に送られるかもしれませんでした。それが保護観察命令の条件でした。そこで私は自分で報告をするために，追加の公聴会に出席することにしました。法廷に出席するつもりだったので，私は報告書を送りませんでした。ところがあいにく，公聴会の前日に受けた歯科処置がまずい結果になってしまいました。抜歯がうまくいかず，歯根が洞腔に入ってしまったのです。私は，この歯根を除去するために直ちに歯科病院へくようにいわれました。しかし，そうすると私は公聴会に出席できなくなりますが，それはジェームスにとって災難となるでしょう。

　私は歯科処置を延期し，翌朝の公聴会に出るため，前夜にミッドランド地方に車を運転していきました。しかし，翌日顎の傷が化膿して私は大変な痛みを感じていました。明らかに私は見るからに病気で，ジェームスはそれに気づきました。そこで私は何が起こったのか説明しました。それから私は，法廷で自分の報告を支持する個人的見解を述べ，ジェームスは保護観察を続けることが許されました。私はロンドンに戻るとすぐ入院し，翌日手術を受けました。

　麻酔からさめると私は，ジェームスが私のベッドの足元に座っているのに気づきました。彼は保護観察局に電話して私の容態を聞いたのです。私が病院にいると聞くと，彼はどの病院か教えてくれと言い張りました。病院に着くと，彼は私に会いたいなら面会時間まで待つようにという看護スタッフを無視し，病棟への道を自分で見つけてそこに座り，私が意識を回復するまで立ち去るのを拒み続けたのでした。彼は，彼が刑務所に送られないように私がそんなにも遠い距離をきてくれたことに，「ありがとう」を言いにきたのでした。

　私がこの例を挙げたのは，この経験がジェームスにとって大切なものであったように思うし，そうであったと私は思っているからです。彼は，真剣に受け止められるという新しい感覚を得て，明らかにそれから恩恵を得ていました。しかし，それは私がそこから学べる有用なモデルではありませんでした。私たちが彼らのためにできるこうした特別なやり方によって，

訳注1）ミッドランド地方とは，イングランド中央部の諸州の総称。

彼らに何か大切なことを伝えられると私は感じはじめていました。たとえそれがほんとうかもしれないにしても，この経験がほんとうにどこまで到達するのかという問題が残ります。

　私たちが明らかに配慮あるやり方で行動するとき，私たちは例外とみなされているようです。「他の人とは違う」，非行少年たちがしばしば深い不信と反感を抱く権力を振りかざすもっとありふれた人たちとは違っている，と。権威がほとんど疑いでしか見られない彼らの**内的**世界で，どれほどの変化があるでしょうか？　私たちが提供するよい経験は，他の人が世界を見る普通のやり方からいともたやすく排除され，彼らが普通に知っている世界とほんとうにはつながっていないとみなされます。この種の問題に関して，私たちには学ぶべき多くのことがあると私は思っています。

3．敵意にかかわる

　ロバートは，私が保護観察官の頃にみたもう一人の人物で，保護観察命令の条件を守れなければ，彼もまた刑務所に送られる怖れがありました。彼は私に会いに来なくなっていましたが，それは命令違反でした。さらに，私に通知しないで住所を変えてしまいましたが，それも命令違反でした。そのため私は，彼を法廷に連れ戻すための令状を依頼しなければなりませんでしたし，保護観察命令の継続を法廷に要請する何の理由もありませんでした。こうして彼は最初の犯罪に対して刑を宣告され，6カ月間刑務所に送られました。

　裁判官が刑を宣告したとき，ロバートは被告席に立って憎悪に満ちた眼差しで私をにらみつけ，私に向って吐き捨てるようにいいました。「待っていろ。俺が出てきたらお前を殺してやるぞ」。これで法廷は大騒ぎになり，この脅迫を直ちに取り上げて，脅迫というさらなる罪で彼を告発すべきかどうか，書記が裁判官と相談しました。そうする代わりに裁判官は私に，もしこの男がさらに私を脅したら，直ちにそれを報告するように告げました。

　おそらくロバートは，彼に対してもはや職務上の責任を負わなくなるや否や，私が彼との関係をきっぱり絶つと思ったと私は思います。しかし，

私はそのままにしないで，彼に手紙を書きました。私は伝えました：「あなたが私に大変怒っているのはわかっています。それで，私は刑務所に行ってあなたに会う手はずを整えているところです。そこで私たちは差し向かいで，このことについて話し合いましょう。」私が刑務所にいくと，門のところで刑務官が私を待っていました。彼は私のことをロバートから聞いていました。結局，私が単独で彼に会うことは許されませんでした。彼は私を襲ってくるかもしれませんでした。私を殺すと脅したこの男と会っている間，私にはボディガードが付いて独房の中に立っていました。

ロバートは，私が彼に会いに来たことに驚いていました。そう，彼はものすごく怒っていましたが，私が自分の職務を果たしたことをわかっていました。それに，彼は自分がこのような事態を引き起こしたこともわかっていました。彼が理解できなかったのは，私がわざわざ労を取って彼に会いに来たことでした。それは私の職務の一部ではありませんでしたし，彼があのように脅迫した後で，一体何のために彼に会いに来たりなどするでしょうか？ 最後に，ロバートは私が会いに来たことをこころから感謝しました。この訪問で何かが確かに達成されたように思えました。しかしながら，やはり，それはどのくらい長続きするのでしょうか？ 私にはわかりません。

4．「いいえ」ということ

「いいえ」ということから生じるポジティブなものを私が理解するようになった最初は，コベントリーで保護観察官研修生だった頃です。クライエントに会う前に，私には自分が引き受けるケースのファイルを読むための時間が十分ありました。そのうちの一人が，さしあたりビルと呼ぶ人物でした。彼は12カ月ほど前に保護観察下におかれ，あともう1年ありました。その間，彼は数回自分の保護観察官と会い，家賃のためにお金がいると要求していました。必要だとのさまざまな言い訳を彼はしていました。その度ごとに保護観察官は，この男が立ち退きになるのを望まなかったので，ちょうど1週間分の家賃を彼に手渡していました。その度ごとにそれが最後のはずでしたが，それでは彼がさらにお金を求めて現われるのをや

めさせることはできませんでした。

　私は，ビルがきっと私にも同じことをしてくるだろうと思いました。そこで彼に会ったとき最初にやることは，このお金の無心の経緯を見直すことだと私はこころに決めていました。それが，彼が自分のお金をもっと計画的に使う手助けになっていない点を私は指摘しようとしました。実際，繰り返し家賃を手渡すことは，あたかもいつでも安易な解決策があると彼に思わせているかのようでした。私は彼に，もし彼が再びなすに任せてお金を使い果たしてしまうなら，自分で切り抜ける道を見つけなければならないだろうと警告することにしました。当時コベントリーにはたくさんの仕事があって，彼は仕事を得ることだってできたのです。

　私の計画は十分道理にかなったものに思えました。私は，その翌日いつものようにお金の無心にひょっこりと現われたビルに対して迎合しませんでした。友人からお金を借りていたが，その友人が急に彼にお金を返してくれといってきたと彼は主張しました。友人にお金を返したので，今では彼は家賃を支払えませんでした。「もう一度，俺を窮地から救い出してくれよ。そうしてくれないと下宿を失ってしまう。」

　私は，それまでの保護観察官がビルに許容していた安易な解決を繰り返さないという決断に断固としてこだわりました。他の人たちは家賃を払うために働いていて，それは彼にもできることだと私は指摘しました。いつでも借金を引き受けてくれる誰か他の人がいるような印象を彼が持っているようにみえたので，私は彼にそれ以上お金を与えませんでした。私はつけ加えて伝えました。

　　あなたが今よりもっと自分の人生を考えようとするなら，あなたは自分自身の行動に対して責任をもつことを学ばなければなりません。今度，この問題からあなたを抜け出させるのは，**あなた**なのです。そうしたら次のときには，あなたがなすに任せてもう一度同じような問題にはまってしまう前に，考え直してみるでしょう。

　ビルは激怒しました。彼は私に向って，保護観察官として私が彼を見捨てていると叫びました。私は彼を助けることになっていました。私は彼の

ために彼の問題を解決しなければなりませんでした。私は彼がさらに犯罪を犯さないように守ることになっていました。今や，もし彼が家賃を払うためにお金を盗むと，裁判官に私が彼にそうさせたのだと彼は言うでしょう。私は，彼が必要なときに家賃を出すことを拒んだのです。私は保護観察官として役立たずでした。彼は，裁判官がこのことを聞いているか確かめようとするでしょう。

　ビルは怒って事務所を飛び出しましたが，それが私の最初のケースでした。私は何をしたのでしょうか？　私がしようとしていることを彼に警告もしないで，強硬な措置をとったのは私が間違っていたのでしょうか？　彼は次に何をするでしょう？　彼から再び連絡があったのは，2週間後でした。ビルは私に会いに戻ってきましたが，それはもっぱら私がどれほど役立たずかをもう一度私に言うためでした。彼は言いました。

　　お前は俺を助けるために何もしてくれなかった。俺は，俺が言ったように宿を失った。俺は友達の部屋の床に寝なければならない。それに，ちゃんとした住所もないので給付金ももらえない。職に就いても，新しい下宿の部屋代を払うために丸々1週間働かなければならない。お前は俺のために何にもしてくれない。

　後になって振り返って，ビルはこのときのやり取りに触れることができました。もし私が再び彼に「甘いお金」を出すことに同意していたら，間違いなく仕事を見つけようと決して腰をあげなかっただろうと彼は言いました。今では彼は職を得て，自分で家賃を支払って部屋に住み，数年間に手にしたよりもっと多くの自分で使えるお金を手にしていました。「俺はあんたに感謝すべきなんだよな。ほんとうに」と彼は言いました。少しばかり決まりの悪い微笑を浮かべながら。

　きっぱりとした態度をとり，怒りを引き受けてそれを最後まで見届け，その結果について十分配慮するというこの経験は，断固とした態度をとる必要のあった別の機会に私を助けてくれました。他にも同じようなことをしなければならない機会がたくさんあり，私はこのより困難な道をとることを決して後悔しませんでした。こうして初めて変化が可能となりますが，

一方，過去の安易な道はしばしば，先に進もうとする動機を奪いました。

5．それは誰の問題なのか？

しばらくして，まだ保護観察官をしていた頃，私はあるクライエントが気がかりで眠れなくなってしまいました。私は彼のために住居を数回見つけてあげたのですが，その度に彼は大家とごたごたを起こしてしまい，その結果立ち退き通知を受けていました。少なくとも3回このようなことが起こり，そして今では，私が住居をもう一度見つけてやらなければならず，そうでなければ彼はホームレスになってしまうだろうと告げられていました。

必要なときには下宿を見つける手助けをすることが保護観察官の職責の一つであることは理解していました。しかしこれは容易ではなく，特にこのような人を借家人にする危険を冒す心構えのある大家を見つけるのは難しいことでした。すでに知っている有力な縁故を使い果たしてしまった今，私はどこをあてにすればよいのでしょう？

自分が感じている不安について考えていくと，保護観察中のその男はおそらく自分のベッドでぐっすりと寝ているのに，一方私は彼のことで悩んで起きていることに思い当たりました。これは誰の問題なのでしょう？そのとき私は，このような状況で自分が無能だという感覚を奥底で感じているのに気づきました。もはや私はこの男を彼自身から守り続けるわけにはいきませんでした。明らかに私は，自分ができないことに直面させられたときの不安を感じていました。この男に自分の責任で住居を探すよう直面させなければいけないと，私にはわかりはじめていました。もし私が依然としてこれまでのようにしようとするなら，自分で作ったごたごたからこの男を抜け出させるために，私にはない時間を浪費することになるでしょう。一方彼は，もし必要なら次の部屋を見つけるために1日中時間をかけられるのです。

ひとたび，これは私の問題である必要はないのであって，そもそもこの問題を生み出したこの男に差し戻してよいのだと気がつくと，私は眠れるようになりました。そこでその翌日，私はこの男に，自分で部屋を見つけなければならないし，そうすれば今度はその部屋を失わないようにもっと

注意深くなるだろうとはっきり説明しました。彼は次の部屋を見つけるのに2日間大変な思いをしましたが，それからは，大家によって決められた条件を守ろうともっと注意深くなりました。彼は，私が彼を担当している間ずっとその部屋にいました。

6．結婚における倒錯的な力を認識すること

ソーシャルワーカーとして働いているとき，私はスミス夫妻と呼ぶ夫婦と会うよう依頼されました。彼らは，結婚生活が難しくなったので援助を求めていました。その地域に好ましい事務スペースがなかったので，夫婦の家庭で彼らに会うよう私は頼まれましたが，それはソーシャルワークの仕事ではよくあることでした。これは，実際やってみると好都合でした。

その夫婦との時間はまったく普通に，三つの椅子がバランスの取れた三角形に置かれて始まりました。しかし時間がたつと，その夫婦はしだいにいらいらし始め興奮してきました。彼らは私から自分たちの椅子を遠ざけて，終いに夫が妻に向って立ち上がり，身振り手振りを交えて大声で叫んでいる一方，私はまったく無視されていました。この夫婦は，私に介入する余地を残しませんでした。最後は結局，離れてすわっているこの新しい距離で起こっている行動のまったく外側に取り残された私の位置から，叫んでいる彼らに向って，私は手を上げてとても大きな声で言いました。

　　私がまだここにいる間，あなたたちが残りの時間を役立たせようと思っているのかどうか，私にはわかりません。あなたたちがそうしようとするにせよ，しないにせよ，私は残りの10分間ここにいますが，その後は立ち去ります，そのことを知っておいてください。

その夫婦は私の存在を無視し続け，そこで時間の終わりに私は次のように言いました。

　　私には，あなたたちの間で起こっていることについて，あなたたちが私に援助してほしいと思っているのか確信が持てません。それで，次の

時間の提案をしないでおこうと私は思います。でも，もしあなたたちが結婚についてほんとうに助けを求めているとわかるところまでたどり着いたなら，事務所に連絡してください，そうすれば私は時間を提供しましょう。それをあなた方に残しておきます。じゃあ，失礼します。さようなら。

　この夫婦がほんとうには援助を求めてはいないという印象を私は抱きました。むしろ，彼らは結婚の持つ倒錯した力——実際ある通りにそれがあるのであって，誰もそれを少しでも変える助けなどできはしないという意味の強さ——を見せつけていたのだと思います。多分彼らはこのように生活し続けるでしょうし，援助を求めたが何の役にも立たなかったと彼らはおそらく自慢すらするでしょう。

　これにはおもしろい後日談があります。次の年，私はたまたま地方ソーシャルワーカーという役目で同じ地区にいましたが，あるとき私はこの夫婦と会うように依頼された，その地域で働いている人と話をしました。私は，私がここで述べたことのあらましを述べて，そこのある人を助けようとした私の経験を手短に説明しました。このソーシャルワーカーは，もしかするとそれはスミスという夫婦ではないかと私に尋ねました。

　このソーシャルワーカーはスミス夫妻にこれまで6カ月間会っており，私がした以上のことは達成されていないことが明らかになりました。彼は，彼らが「彼らの関係のあり方を見せつけている」のであって，そこには，誰かがそれを助けられるものならやってみろと挑んでいるような，倒錯した力があるという感覚を認識できていませんでした。けれども私がこのように彼らの関係を説明するのを聞いて，このソーシャルワーカーは私が言おうとしていることを正しく理解できたと感じました。私が会っていたのをあらかじめ知っていたらよかったのにと彼は思いました。人によっては，援助や変化をほんとうには望んでいないように思えます。

7．限界を設定すること：成長への信頼

　この章の主題ととても明確に関わっているので，私はすでに発表されて

いる二つの例をここに含めています。ここでの主要な論点は，二つのまったく異なる世話することです。すべてをここちよい状態に保ち可能な限り葛藤のないようにすることで，誰かに対する愛情を証明しようとするときに見せる，不安で自信のない世話の仕方があります。他方，葛藤をしっかり抱えながら世話をするときに見せる，まったく異なる世話の仕方があります。彼らが不当な要求に対して「いいえ」と言えるとき，（すでにその例が示されていますが）たとえこの「いいえ」が，怒りや憎しみや世話されないことへの非難に出会うにせよ，言えるときのようにです。

最初の例は，「心理療法的なアプローチを併合した治療的な読書」とでも呼べそうな，私に依頼された子どもとの作業からのものです。その女の子は，その子の母親の分析家から私に紹介されてきました。私はこの子どもとの作業を 2 冊目の著書の「その子どもが導いてくれる」（Casement 1990; 1991）という章で述べています。ここでは，私の作業のうちこの章の主題と関連した部分のみを述べたいと思います。ジョイには，兄と弟がいました。私がジョイに会い始めたとき，彼女は 6 歳半でした。紹介してきた分析家から，母親にはジョイを娘として受け入れるのがとても困難に感じられていると私は聞かされていました。その母親は二人の男の子に対してはおおっぴらに愛情を示していますが，ジョイに対しては冷たく拒否的だと述べられていました。私はまた，ジョイが母親に対して憎しみを向けているとき，母親がこの子に対して憎しみを感じるようにさせられることに耐えられないのだとも聞きました[原注1)]。そのため，適切に限界を設定したり，母親がジョイに「いいえ」と言ったときに起こるかんしゃくに対して「そこに」いるかわりに，母親は彼女を甘やかしていました。ジョイは自分が望むことは何でもしていいし，自分のほしいものは何でも手に入れてよいのでした。彼女はひどく「甘やかされた子ども」になってしまっていました。

原注1）ウィニコットは，ときとして母親が自分の子どもを憎むのは正常なことであるとはっきり確信していました。彼はこれについて次のように言っています：「母親は，自分の赤ん坊を憎むことに，何も行動に移さないで，耐えられなければなりません。彼女はそれを赤ん坊に表現してはなりません。……母親の最も非凡なところは，自分の赤ん坊によってひどく傷つけられるという能力であり，子どもにお返しをしないでひどく憎むという能力です。さらには，後になってやって来るかもしれないし，来ないかもしれない報酬を待つという能力です。」(1947: 202)

当然ながらジョイとの作業の中で，彼女は相当激しく私を試し，私に対してもひどく要求がましくなりました。私が「いいえ」というと，彼女は怒りました。実際，時々とても腹を立てて，私を蹴ったり，噛んだり引っかいたりしようとしました。

　幸いにもジョイに対して断固とした態度をとる許しを私は母親から得ていましたので，母親はジョイが泣き叫ぶのを耳にする心構えができていました。そしてジョイはときどき泣き叫びました。（私はこの家庭の中にしつらえられた部屋で彼女に会っていました）。そうしたために数回，私は怒り狂うジョイを彼女が静まるまで抱きしめなければなりませんでした。

　ジョイが私を蹴ったり噛みついたり引っかいたりできないようなやり方で彼女を抱きしめられることを私は発見しました。そのようなとき，彼女は叫びました：「離して，離して！」。そのたびに，私はそれに穏やかに答えていいました：「あなたが自分で自分を抱えられるとは，私はまだ思わないよ。だから，あなたが自分を抱える気持ちになるまで，私はあなたを抱きしめています」。私が彼女に会った最初の数カ月間にそれが数回起こったのですが，こういうことが起こるといつでもジョイは叫びました，「離して，離して」。しかし，そのたびに硬い気持ちは薄らいでいました。そのようなときに私は彼女に言いました：「あなたは今，自分を抱える気持ちになっているようだね。でもそうでないなら，そのとき私は，あなたをもう一度抱きしめます。」

　この後，ジョイは穏やかになり，この経過を私たちがやりとおすたびに，彼女は協力的になり創造的なことをしはじめました。これを数回やりとおしたあと，彼女は私との間で新しい種類の安心を見出しはじめていました。何であれ彼女の母親がどうにもできなかった彼女の中のコントロールできないように見えていたものを，私が何とか**できる**と彼女は感じていました。こうして彼女は，彼女が自分自身を抱える助けになるものを，私が彼女を抱えることからとり入れられたのでした。彼女の自己観が変わりはじめていました。そして，それとともに振る舞いも変わっていったのです。

コメント

　この例は私が精神分析的な働き方について訓練を始める前の時期から取られており，そのとき私は治療者としてではなく矯正をもたらす教師として機能することが求められていたことを私はここではっきりと説明しておくほうがよいでしょう。必要と思われるときに，教師によって子どもがこのように身体的に抱きかかえられることは，疑念を抱かれるというよりもむしろ適切であると認められていた時期からのものでもあります。このケースの要点は，コンテインメントには限界設定が不可欠となる時期があるということです。これは精神分析においても真実です。しかし分析作業では，身体的な方法に訴えるのではなく，言葉を通して，セッションにおける私たちの態度や存在の質を通して患者をコンテインメントするやり方を私たちは見出さなければなりません。

　ここでのもう一つの例は，この章に用いているタイトルと同名の論文からのものです（Casement 1969）。
　まだ FWA にいた頃，私はたくさんの危なっかしい養育例に出会いました。たとえば，（ここでは，リタと呼びます）安心感のない母親は，子どもたちが欲しがるものをほとんどすべて与えることで，子どもの要求をかわそうとしていました。たとえ経済的な余裕がなくても，子どもたちへの愛情を示そうとして，高価な贈り物を買い与えようとしました。家賃やその他の必要な出費のためにお金が必要であっても，贈り物のためにお金を使ってしまうのでした。その結果彼女は大変な借金を背負い，家賃の滞納のために今にでも立ち退かなければならなくなってしまっていました。
　この家族がホームレスにならないですむように取り図るための訪問を私は依頼されました。そういうわけで，私はリタの借金を解決しなければなりませんでした。結局，私は慈善事業から小額の補助金を得ることができ，それで彼女が負債のいくらかを返済し，毎週の支払いで彼女が自分で借金の残りを処理できるようにしました。このようにして状況は安定し，しばらくの間，この母親は借金しないで暮らし，借金は減っていきました。

けれども，リタにはとても安易にみえるやり方で借金の手当てがなされたために，彼女はもっとお金を浪費する誘惑に駆られてしまいました。彼女は，自分が計画している追加分の出費を私に伝えましたが，それはとても大切なので，私が慈善事業からお金を取ってこなければいけない，さもなければ自分はどうにもならない借金をさらに背負ってしまうと言い張りました。しかし私は断固とした態度で，もし彼女が計画しているようなやり方で再び借金を背負うなら，それは自分で処理しなければならないとはっきり言いました。私は二度と安易なやり方を彼女に与えませんでした。

次にリタを訪問したとき，彼女はただちに私に挑んできました。私が言ったにもかかわらず，彼女は予定していたようにお金を使ってしまい，この追加の出費のために借金をしていました。彼女は，だから私が彼女のためにそのお金を手に入れなければならないし，そうしなければ彼女はきっとどうしても支払っていけそうにない多大な借金を負ってしまうだろうと言いました。彼女と子どもたちは再びホームレスになる危険に陥るでしょうし，もし立ち退きにあうなら，それは私の落ち度になるでしょう。私は，彼女に対する私の姿勢を明確に示したことを思い起こさせました。彼女はこの新しい負債を自分で処理しなければなりません。ただ私は，彼女のソーシャルワーカーとして今までどおり彼女を訪問すると確約しました。

ここでリタは激しく怒りました——私に向って物を投げつけてきました。実際には何も私には当たりませんでしたが，靴や手当たり次第のものがみな，私の頭越しに飛んでいきました。それは，このあまりに恵まれない母親と私との関係の大きな危機でした。そこで私は冷静さを保ちながら，彼女が私に対してどんなに腹を立てても私は考えを変えるつもりはないと簡潔に繰り返しました。しかし，これから先は彼女にとって難しくなってくるだろう，とりわけ今彼女は処理しなければならないこの新しい借金を背負っているのだから，それを私はわかっているので，すでに伝えたように彼女を訪問し続けると私は伝えました。

数カ月後私はリタの，子どもたちとの「どんな代価を支払っても平和」を得ようとする古い習慣が変わってきたのに気づきました。彼女はもはや，子どもたちが彼女を困らせたときに黙らせるやり方としてお菓子やアイスクリームを買い与えたりしませんでした。クリスマスも来ましたが，彼女

がいつもやっていたように過剰に買いすぎることもなく過ぎていきました。今回彼女は，これまでいつもそうしていたようなぜいたくなプレゼントではなく，子どもたちに彼女が買える範囲内のものを与えただけでした。彼女はこの年初めのぜいたくな浪費による借金をすべて，どうにかして清算しました。

　リタは自分の達成を誇りに思い，彼女がこの年の間にどうやってお金をやりくりしたのかを私に話してくれました。彼女は，新しい借金を手当てするために私にもっとお金をとってくるようにと要求したとき，私が彼女に対して「いいえ」と言ったことを思い出していました。彼女は加えて言いました：

　　あなたがお金を出さないと言い張ったとき，私はあなたにとても腹を立てていたわ。あなたに物を投げたりもしたし。でも，それでもあなたは，私に会いにきてくれた。そのすべてのおかげで，私はあなたが本当に気にかけてくれているとわかったの。

　彼女は続けて言いました。そのおかげで，彼女は今や子どもたちに「いいえ」と言えるのだとわかった，ちょうど彼女が私に対してしたように子どもたちが彼女に向って叫び，大嫌いだと言ったときですら。ちょっと間を置いて，彼女は言いました。

　　愛するということがどういうことなのか，私には新しい感覚があります。それは，そういう悪いときがないように子どもたちにいつも屈服するのではなくて，子どもたちとの困難なときに耐えられえることを意味しているんだわ。

　彼女は次のように言って終えました：「私は今，子どもたちが求めているのはアイスクリームやお菓子ではなく，そういった愛なのだとわかりました。」

　FWA を去る前にリタに「さようなら」を言いにいったとき，彼女はあのときに触れて言いました：

私が叫んでものを投げたとき，あなたが私に屈服していたら，それは助けにならなかったということをあなたに知っておいてほしい。**もしそうだったら，私はあなたが言ったことを何も信じることができなかったでしょう。**そうではなく，あなたは言ったことを守ってくれた。それで私はあなたがしてくれたことに感謝しているんです。

リタはとても洞察に富んだ人でした。事態が困難で子どもを愛する自分の能力を信じられないときに子どもたちにぜいたくさせようとお金を費していた，と彼女は気づけたのでした。患者の両親がそうであったと思えるよりもよい母親や父親であろうとして――とりわけ私たちがよい人で面倒見がよいと見られたいとの誘惑にはまり込まないとき，そこには患者が私たちに向ける怒りに対してそこに留まるという真の世話が求められていることに私たちも気がつくのです。

第5章
憎しみとコンテインメント[原注1]

1．憎しみということで，私が何を意味しているのか？

　憎しみは普通，強烈な嫌悪を意味しています。家に押し入ってきてめちゃくちゃにした見知らぬ人物を憎むのは理にかなっているでしょう。子どもが，その色が嫌だからといってほうれん草を憎むのは分別を欠いていましょう。信頼していた相手から失望させられたことを憎んだり——信頼に値しなかった相手からだまされたことで自己嫌悪に陥るときのように，それはとても複雑なものでもあるでしょう。

　私たちが感じる憎しみは，一瞬の憎悪から人生にわたって，あるいは世代を超えてずっと続くような憎悪まで，広がりをもっています。短い憎しみの瞬間というのは，子どもが自分の思い通りにならないときがそうでしょう。継続的な憎しみというのは，大切な関係を脅かす敵対者に対して感じるものでしょう。特定の集団に対して，あるいは特定の国や民族に対して抱くような継続的な，通常不合理な憎悪というものもあるでしょう。

　私たちは，**あまりに自分たちに似ている**からという理由で，ある人々を憎むかもしれませんが，それは私たちが唯一無二なものと見られたいと願っているときに，彼らが私たちから注目を奪い取ってしまうからでしょう。同様に，私たちは，自分たちとは**似ていない**という理由で他の人々を憎むかもしれませんが，それは，その人たちのパーソナルなやり方や習慣が私たちとは異質で——私たちがちゃんとしたやり方やあり方だと見なしているその感覚を大きく揺さぶるからです。私たちの中に見たくないものをそ

　原注1) この論文の初版は，ウクライナ，キエフでの第11回東ヨーロッパ精神分析サマースクール，2004年6月に向けて書かれました。

の人たちの中に見るゆえに，とりわけその人たちを私たちは憎むのでしょう。

2．コンテインメントで私が何を意味しているのか？

　私たちは子どもの頃に，自分の中ではどうにも扱えないものをどうにかしてくれる重要な他者，とりわけ両親のような他者がいることに気づく必要があります。この扱えないもののなかには，私たちの怒りや破壊性や憎しみが含まれています。もし両親がこのコンテインメントを提供できないなら，私たちはおそらくそれを他の人々に求めるでしょう。求めているこのコンテインメントを他の人々に見出せなければ，私たちは，誰にとってもあまりに荷が重過ぎる何かが自分の中にあると信じて大きくなるでしょう。

　他の人々に好ましいほどの信頼できるコンテインメントを見つけられない場合への反応として，子どもが発展させる二つの特別なやり方があります。ある子どもは，制御力をなくし始め，しだいに誰にとっても手に負えなくなっていくでしょう。ここで無意識に求められているのは，いまだに見出されていない確固としたコンテインメントであり，やがては事足りるものとなり，それまでは誰にもどうにも扱えないと思われていたものをどうにかしてくれるようなコンテインメントです。そのような子どもは，必要としているものを見つけ出すことに今なお無意識的に希望を抱いているとウィニコットは考えました。

　他の人にはどうにも扱えないと思われるものをコンテインする責任を，その子だけで負うべきだと感じるようになった結果として，偽りの自己の発展へと子どもが進んでいくなら，異なった結果が生じてきます。ここで「偽りの自己」と言っているものは，安心感のない子どもによってときに発展させられる社会的な仮面であって，その背後にほんとうに考え感じているものを隠すようになります。もっと自発的に扱い難くなる代わりに，その子どもは人に合わせたり，人に気にいられているのか心配するようになり，そのようにして不自然なよい子になります。このような子どもは，こころの最深層で他の人々に求めているものを見出す希望を捨て去ってし

まっているように見えます。そういう子どもたちは，自分たちの中にあって両親にはあまりに荷が重いと感じられるすべてのものから，常に保護されていないと両親は生き残れないのではないかと心配になってくるものです。そこで子どもはそのこころの中で，子どもの世話をしているようにみえる両親の「世話をして」いるのです。

3．コンテインメントと憎しみ

子どもたちが憎しみを感じるとき，憎しみはしばしば，たいていの大人が感じるよりももっと全体的で具体的に経験されます。子どもたちは，全き愛と全き憎しみとの間を揺れ動きがちです。これは，私たち大人が冷静に「アンビバレンス」と呼ぶものです。しかし子どもというものは，これに対して冷静ではいられません。幼い子どもはしばしば，この二つのこころの状態を分けておく必要を感じます。なぜなら，同じ人に対して感じられる，そのような対立する感情の間の葛藤に対処できないからです。

大部分は，子どもの憎しみがどのように理解され，どのように受け取られるかにかかっています。母親にとってほんとうに困難なことの一つは，よい母親であろうと現実に最善を尽くしているときに，憎まれ，あたかも悪い母親であるかのように扱われていると気づくことです。たとえばジョイ[原注2]とのように，子どもが自分の好きにしようと我を張っているときに，「いいえ」と言う場合を心得ている親が必要なのです。しかし，ほしいものを手に入れられない子どもは，断固とした態度を取ろうとする親の試みを打ち砕こうと，しばしばかんしゃくを起こします。さらに泣き叫ぶなら，両親は屈服するかもしれません。

そのようなかんしゃくを起こすという振る舞いが，要求しているものを手に入れる機会を増やすために，しばしば親を嫌な気分にさせることを目的としているのは明らかです。ですからそのようなとき，とりわけ母親があたかも子どもを愛していないかのように感じさせられているときに，母親が子どもへの自分の愛情を保持し続けるにははるかに大きな自信が必要

原注2）第4章

です。子どものかんしゃくに屈服したいとの誘惑に母親が駆られるのは，しばしば，愛情にあふれているようにみられたい，あるいは愛情にあふれていると感じたいからなのです。ところが一方，内心では母親は，自分のなかであれ子どものなかであれ，憎しみの感覚を排除したいという願望に突き動かされているのかもしれません――リタの場合[原注3]のように。

　両親や養育者が子どものかんしゃくにあまりに容易に屈服してしまうと，それはその子どもにとってただのうわべだけの勝利になってしまうでしょう。そのような子どもは，彼らが愛されていることの一種の証として，繰り返し我を張ることに頼るようになるでしょう。しかし，これは決してうまくいきません。というのも，それはもっと深く愛される経験や，憎まれることに耐えられる親から愛されるという経験の代用にはならないからです。しばしば，かんしゃくや厄介な振る舞いという形を取って無意識に探し求められているのは，親が限界を設定できるときのこのきっぱりとした態度とコンテインメントなのです。

　不幸なことに，この必要なコンテインメントを見つけだす代わりに，子どもは自分の振る舞いの中に親が対処できない何かがあるという感覚を増大させるかもしれません。その子の中でコントロールできない「怪物」のように感じ始めているものを親が引き受け，コンテインするのを手助けしようとするのではなく，親が子どもの要求に屈服して金銭でこれから逃れようとしているのかもしれません。そのような子どもはもっと深く愛される感覚を奪われており，そして断固としてはいるが心配りのあるコンテインメントに伴う安心感を奪われているのです。そのとき，親にとってすらもあまりに荷が重くて取り扱えないと思われる自分の中の悪いもの，おそらくは自分の怒りや憎しみが，ほんとうに存在していると感じられるでしょう。

4．関連する理論

　ここでは，憎しみとコンテインメントといった問題に関係している臨床

[原注3] 第4章

作業にとりわけ有益だと感じたいくつかの概念を提示します。私はここで，ウィニコットをかなり引用していきますが，それは私が彼の理論を臨床の仕事に当てはめようとしているからではありません。むしろ患者についていくなかで，私は何度もウィニコットへと連れ戻されました。同様な事態は，ビオンのいくつかの著作に関してもしばしば当てはまりました。

　はじめに，**反社会的傾向**（第1章を参照）というウィニコットの概念に戻りたいと思います。彼は，それを盗みとの関連で見るのと同様に，破壊性との関連で見ていました。この破壊性によって，子どもは失われたもの――すなわち，それまでの表現しても安全であることとは違った，生き生きとあることを受け入れられるコンテインメント――を捜し求めているのかもしれないのです。

　これらの非行寸前の振る舞いについて重要なのは，無意識的な探求を理解できる誰か，すなわち，ウィニコットが「希望の瞬間」（1956:309）と呼んでいるものと出会うことのできる誰かがいなければならないということです。ここに意図されているのは，子どもによっては（第3章のサムのように），厄介な振る舞いに表現されている無意識的な探求，この振る舞いが理解され，さらにはそれが表現しているニードをかなえられる誰かがいるかもしれないという無意識的な希望，を認識できる誰かを見出さなければならないとのことなのです。

　この希望の瞬間がかなえられるなら，厄介で，憎しみにすら満ちている振る舞いに表現されているニードに注意が注がれるようになり，そのために，厄介な振る舞いは徐々に不要になり始めるでしょう。これは，ずっと見失われていて，無意識的に捜し求められていたコンテインメントが，今見出されているからなのです。

　しかしながら，この希望の瞬間がかなえられないなら，厄介な振る舞いがエスカレートし，ますます問題になっていきます。そこでは無意識的な探求は，家庭の外の他者，教師さらには警察官さえも巻き込みはじめるのです。しかし家庭の外のこの世界は，非行寸前の子どもを見捨てたといって乱暴に対処されるのを知ることになるかもしれませんし，この振る舞いはほんとうの非行やときには深刻な犯罪へと発展するかもしれません。究極のコンテインメントは，それがようやく見出されたとしても，結局のと

ころ人とのかかわりの中というよりも，病院や刑務所といった施設に見出されるかもしれません。

ウィニコットはまた，大きくなった子ども，とりわけ思春期の子どもは，両親や他の大人との**正面からのぶつかり合い**を探しださなければならないということにも気づかせてくれます。彼は次のように言っています：「正面からのぶつかり合いは，報復のない，復讐心のない，しかしそれ自体の強さを持ったコンテインメントの一部です」（1971: 150）もし，親が成長している子どもの求めに応える責任を放棄するなら，その子は偽りの成熟に到達すると彼は警告しています。成熟した大人になるかわりに，思春期の子どもは，みんながその子に道を譲るような暴君になる危険があるのです。

論文「対象の使用」（1971）でウィニコットは，**破壊性の潜在的な創造的側面**についてさらに書いています。そこでは，子どもが空想[原注4]のなかで，こころの中の対象を「破壊する」ありさまについて述べています。そのとき求められているのは，その破壊を生き残ることができる外的な対象（すなわち現実の親や現実の分析家）なのです。こうして，子どもや患者が空想の中で，親や分析家にとってあまりに荷が重くて耐えられないように思われたすべてのものからそれらの人を守ろうとして親や分析家に賦与してきたような強さではなく，自分自身の強さを持っている親や分析家が見出されるのです。

しかし読者によっては，この文脈では「対象」という言葉が奇妙であると感じられるかもしれません。分析家が患者の「内的対象」について話すとき，それによって，ある人物が他者，あるいは実にあらゆるものについて抱いているであろう空想的な見解を言っているのです。このこころの中の対象には質が付与されるのですが，それは，他の人物がどのようにあるかを私たちが想像するそのあり方が反映されます。この人々に私たちは，これらの通常は語られることのない仮説の観点に立ってかかわります——私がちょうど，第2章でメルビン・ストックウッドについてそうしたよう

原注4) Isaacs（1948）のいう無意識的空想 unconscious phantasy と，意識的なイメージという印象のあるファンタジー fantasy を区別するために，私はこの綴り（phantasy: 訳者追加）をずっと使っています。

に。しかし人物によっては，いつもどこかでこれとは異なっています。論文「逆転移のなかの憎しみ」でウィニコットは次のように述べています。

> 分析家は，おそらくはかなり長い期間，彼がやっていることを患者が理解することを期待しないで，重い負担に耐えることを覚悟していなければならない。そうするためには，彼は自分の怖れや憎しみに容易に気がつかなければならない。彼は，まだ生まれていないかあるいは生まれたばかりの乳児の母親というポジションにいるのである。最終的には彼は患者に，患者のために彼がずっとどのようであったかを告げられるはずなのだが，しかし分析は，決してそこまで到達しないだろう。
>
> (Winnicott 1947: 198)

私はまた，ビオンの**コンテインメント**についての記述が面接室ではとても役に立つとわかりました。「思索についての理論」(1962)[訳注1]で彼は，乳児のこころの苦痛な状態を母親が自らの中に取り込めることが大切であると明示しました。母親は，乳児が耐えられないものに触れ続けることに耐えられる必要があるのです。そうして，乳児は最終的に——それに触れ続け，それに耐えられる母親によってもっと取り扱いやすくされた——このこころの怯えた状態を受け取りなおすのです。

ビオンはまた，**コンテインの失敗**について議論しています。もし母親が乳児の耐えられないこころの状態に触れ続けられないか，あるいはそれに触れたときに彼女もまたそれに耐えられないなら，そのとき乳児は取り扱いやすくされたこころのこの状態を受け取りなおすことにはなりません。その代わりに，同様にそれに耐えられない母親によって，乳児の経験はますますひどいものになってしまいます。そのとき乳児は「言いようのない激しい怖れ」nameless dread (Bion 1962) を経験してしまうのです。この激しい怖れは，おそらくはある日，名づけられるかもしれませんが，しかしそれは，他の誰かがそれに触れておくことに耐えられたときだけなのです。

患者たちは稀でなく，この**言いようのない激しい怖れ**というものを分析

訳注1) メラニー・クライントゥデイ② 松木邦裕監訳 岩崎学術出版社 1993

関係に持ち込んできます。そのとき患者は，コミュニケートされているもののインパクトに分析家が耐えられ，それと本当に触れておれることを求めています。しかし分析家によるこのコンテインメントが実在のものであって単なる想像ではない，と安心して信じられるように患者が思えるには長い時間が必要かもしれません。

5．ある臨床例

　D氏の母親は40代半ばで彼を身ごもりましたが，彼は予定していなかった妊娠によるたった一人の子どもでした。母親は子どもを望んでおらず，自分の仕事に熱中して全精力を注いでいました。父親はそのときすでにアルコール嗜癖で，子どもの世話をする母親の支えになることなどめったにありませんでした。患者が十代の頃，父親は亡くなりました。

　D氏は母親に，どんなことであろうとも要求することを怖れて大きくなりました。しかし，ときどきそれでも彼は思い切って自分の苦しみを母親のところへ持っていったのですが，母親はそのもっとも自然な要求にすら耐えられないようにしばしば感じました。その結果，D氏は自分が母親に対してあまりに荷が重くなっていると感じるようになりました。そこで彼は母親を，自分が感じているものから，とりわけ彼の差し迫った要求から守ろうとしました。彼はよく母親を憎みましたが，しかし愛しているようにみせかけていました。同じように彼は，母親が彼を愛しているふりをしているように感じましたが，その一方で，母親が彼をほんとうは憎んでいると感じたのでした。彼が生まれてこなければよかったと母親は願っていたと彼は想像するようになりました。

　彼自身の憎しみと，当然母親のものと彼が思っているものによる恐るべき成り行きを避けるためにD氏は，たとえそれが表面的で偽りのものに感じられたにしても，いい子で役に立つ子であることを身につけました。D氏は要求することを怖れるようになりました。彼はまた，他人に対して批判的であることを怖れ，とりわけ自分の怒りを怖れていました。彼にはそれは死を招くと感じられるようになりました。

　これに関して私は，D氏が4歳の頃の重要な鍵となる思い出を聞きまし

た。両親が喧嘩をしているとき，彼らをとても激しく憎んだのを彼は覚えていました。そんなあるとき，両親が彼とは別の部屋で喧嘩していて，その騒動があまりにもひどく聞こえたので，両親がお互いに殺しあっているのではないかと彼は考えました。そしてその喧嘩が突然止まったとき，その後に死んだような沈黙が続きました。両親が喧嘩している間彼は両親をあまりに激しく憎んだので，自分が両親を殺してしまったのだと彼は即座に考えました。パニックになって，彼は助けを求めて隣家に走っていき，両親が二人とも死んでしまったと言いました。家の中で起こったことに他人を巻き込んだと両親からひどく罰せられたのを，彼は覚えていました。

この分析で長い間，毎日面接室に入ってくるとき，D氏は私の顔を強迫的に絶えずモニターしていました。彼はまた面接のあいだ中，私の「気分」がどうかを示すあらゆるサインを求めて，注意深く私の声に聞き入っていました。すぐに明らかになったのですが，彼はほとんどいつも，私が彼を批判したり，拒絶したり，我慢がならず腹を立てるだろうなどと思っていたのでした。どんなに温かく私が彼を思っていても（もっとも私はそれを彼に話して安心させることには十分注意を払っていましたが），私が彼に対して好意を向けることがありうるとは彼は決して考えませんでした。

この分析の3年目のある日，D氏は面接の中で突然私に対して感情を爆発させ，私に向って（あるいは私に対して）驚くほど新しい話し方を始めました。

　私は，分析家としてあなたがまったくの役立たずだとわかりました。私はこの分析から全く何も得ていません。全く時間を無駄にしてしまいました。あなたは分析家のクズです，少なくとも私にとっては。他の人には役に立っているのかもしれませんが，あなたは私にとっては何の役にも立っていません。

D氏はそのセッションのほとんどの時間をこのように続けました。彼はそれまでこんな風に私に話したことはありませんでしたし，そんな風に彼が誰かに話したと聞いたこともありませんでした。

こころの中でのスーパーヴィジョンの過程で，私は（逆転移のなかの）

二つのまったく異なる反応に気がつきました。私はＤ氏の発言を私への大変痛烈な攻撃として聞き，すぐに自分がひどく侮辱されていると感じているのに気づきました。私はまた，私の分析家としての自意識をそんなにもひどく攻撃してくる人物を憎んでいるとも気づいていたようです。しかしそれと平行して，私は臨床的には見通しにつながる感覚も感じていました。この患者はこれまでの人生のほとんどを，偽りの自己を通して人々とかかわることに費やしてきたのです。彼は今，はるかに本物に感じられる自分の中のどこかから話しているようでした。おそらくはこれが突破口の始まりになるでしょう。

私はこのセッションの残りのほとんどの時間黙ったままで，この攻撃をそのまま受けとめ，自分を弁護しないように気をつけました。終了の少し前，私は彼に言いました：

　　あなたが話されていることを，私はとても真剣に受けとめなければなりません。あなたが言われるようなやり方で，私があなたを失望させてきたのでしょう。ですから私はそのことについて，とても慎重に考えなければなりません。しかし同時に，お母さん，あるいは私が知る限り誰に対しても，これまであなたが話せると思わなかったと私が思うような仕方で，あなたが私に話していることに私は気づかざるをえません。

Ｄ氏は，しばらくの間黙ったままでしたが，それから答えました：「ええ，その通りです。」

次のセッションでＤ氏は，彼がしたような話し方で私に話すのを私が許容してくれたとき，大変な安堵を感じたと言いました。私がそれを受け取れて，崩れることも仕返しすることもないと彼は想像できませんでした。父親は崩れてしまいました。母親は仕返しをしたのでした。

今度は，この分析の次の年からの二つのセッションの一部を述べましょう。これらのセッションは，木曜と金曜に私が不在となる週のものです。これらのセッションの顕在内容は，私が「水漏れのする配水管」と呼んでいるテーマを巡っていました。

ひとつのセッションでＤ氏は，始まりのしばらくの沈黙の後，住まいに

関して抱えている積年の問題を私に話し始めました。水漏れする配水管があって，そのために彼は夜中に目が覚めてしまうのですが，何も手が打たれていませんでした。不幸にも家主は遠く離れたところに住んでいるため，彼は自分でその問題を確かめていませんでした。それについて患者からただ聞くだけでした。

　とうとうその問題が対処されるかのように思われました。週末までに配管工がやってきて点検する予定でしたが，配水管はいまだに水漏れしたままでした。配管工が金曜に来られなかったのではないか，あるいは，やってきたがどこに問題があるのかわからなかったのではないか，彼には何もわかりませんでした。はめ殺しの窓があって，もし配管工がその窓からのぞこうとしてもできないとD氏はわかっていました。そのとき配管工は，どこに問題があるのか——あるいは，いまだに問題があることがわからなかったでしょう。

　D氏は家主と連絡を取り，家主は配管工にもう一度来るようにいっておくと言いました。それから患者は沈黙し，明らかに私が何か言うのを待っていました。この沈黙の間，もしこの話に，彼の外界での最近の問題の単なる説明という以上のものがあるならば，D氏は分析での何をほのめかしているのだろうと私は考えました。そこで私は，彼が話したことの中心テーマについて，私が「焦点を絞らないプレイバック」と考えているものをやってみようとして，次のように言いました：

　　しょっちゅう故障していて，今でも対応される必要があり，それについて何も——有効なことは何も——なされていない，そういう何かを巡ってのテーマがここにはあるようです。

　それは私には，彼が言ったことに対するややへたな応答に思えました。ところがD氏がかなりの熱意を持ってそれに応じたので，私は驚き，ショックすら受けました。「ええ」と彼ははっきり答えました。「それは，私があなたに理解してほしいと思っている『いいえ』にさかのぼると思います。」

　D氏は，この分析でよく戻っていた思春期後半の時期に言及しました。彼はサラと呼ぶガールフレンドと仲良くなりました。二人は結婚について

話し合っていました。それからサラは，彼が彼女と休暇に出かけられるように学位課程を修了できなかったので，彼を残して休暇に出かけてしまいました。彼女が行ってしまった間，D氏はサラに対してとても嫉妬深くなっているのに気づき，彼女が休暇で行っている所に彼女を追いかけていくよう強要されていると感じました。それからしばらくして，彼は全く新しい類の「いいえ」と彼が述べるものが，自分の内側で湧き起こってくるのを感じました。彼は，サラとは結婚できないだろうと気がつきました。彼はまたこの新しい類の「いいえ」を，彼女に自分が言わなければならないとわかっていました。けれどもその代わりに彼は，ただ関係が徐々に消滅するにまかせたのです。それ以来D氏は，こころのとても深いところで感じた「いいえ」を言えなかったのを後悔し続けていました。彼の話によると，この「こころの深いところでのいいえ」は，彼がそれまで経験したことのない仕方で，彼自身の中に真実感をもたらしました。しかし，彼はそれを言う機会を失ってしまったのです^{原注5)}。

　私たちはそれまでに，サラとの関係でのこの「いいえ」についてよく話し合っていましたし，私は，どこかその理解に近いところにたどり着いていると考えたかったのです。たとえば，おそらく以前に感じた強い嫉妬心を再び感じなくてすむよう自分を守る必要があるので，彼が嫉妬の感情に怖れを抱いていた可能性について私たちは探求しました。また別のときには，彼の他の人に対する依存の程度こそが危険なものにみえたのであって，それが嫉妬という感情をもたらしたのではないかと私は考えました。あるいはそれは，自分たちは結婚すると思うようになっていたサラからのように，他の人から規定されたくないという彼のニーズだったのでしょうか？
　あるいは，それは委ねることに対して彼が言う必要のあった「いいえ」

原注5）D氏は，この文章の出版を承認するなかで，次のような興味深い意見を述べました。「このエピソードに先立って，かなりの間，あなたに二つの「いいえ」についてわかってほしかったのを覚えています。私はあなたにこのことで私が何を言おうとしているのかをわかってほしかったし，そしてまた，あなたの助けで，それを私自身のためにもっとよくわかりたかったのです。けれども，あなたにはわからなかったし，わかろうともしていないと私は思ったので，それを言わずにこころの奥にしまい込まなければならなかったのです。あなたの「水漏れのする配水管」（そのときそれは，あなたにわかってもらえなかった，サラに対して表せなかった「いいえ」を私に思い起こさせました）についての開かれた解釈によってようやく，それをあなたに——あなたをいらつかせる危険を冒して——もう一度説明しようと試みる扉が，私のために開かれたと私は感じました」

だったのでしょうか？　等々。それは，子どもが母親に対して，そして後には父親に対して，分離していく過程で表現できる必要のある「いいえ」を含めて，多くの大事なことを表しているように思えました。しかし，ここでD氏は「扱われていない」と述べられている事柄が，この「いいえ」にまで遡ってあてはまると思うと言ったのです。

　D氏がまたこの「いいえ」に遡ると言うのを聞いて，初めのうち私は，ほとんど腹を立てていました。それについて私が理解していないことが何かあるのだろうか？　なぜ彼はいまだにそれについて話し続けているのだろうか？　しかし，私は自分の逆転移に影響されないようとても慎重でなければならないとわかっていました。D氏は続けて言いました：

　　私は，サラに自分の内側から「いいえ」と言えませんでした，なぜなら，**それが彼女を壊してしまうだろうし，そして私を独りぼっちにして恐れさせ，耐えられないほどか弱く傷つきすいものにする**，と私は感じたからです。彼女が徐々に，うまくいかないだろうというメッセージを受け取る方がはるかに安全なように思えました。けれども私は，自分の内側からこの「いいえ」を彼女に言えませんでした。そして私が自分の内側に見つけ出したこの「いいえ」が，私が思い出すことのできる唯一のリアルな経験のように感じられたのです。

　私はそのとき，D氏が最近何度かウィニコットに言及していたことを思い出していました。彼は，**ウィニコット**がほとんど誰もできないようなやり方で子どもの早期の経験を理解していると思うと述べていました。そこで私は，自分がD氏の小児期の経験をどれほどよく理解しているのだろうかと考えました。そのとき私は，D氏のサラを破壊してしまうのではないかという怖れを自分が連想しているのに気がつきました。それは，ウィニコットが，子どもの──対象が「破壊され」ても生き残るのを見出すことができるために──「対象を破壊したい」とのニーズについて書いていたことを思い起こしながらでした[原注6]。私は言いました：

原注6）私は再び『遊ぶことと現実』（Winnicott 1971）の「対象の使用」に言及しています。

第5章 憎しみとコンテインメント

　ここでの大事な鍵は，あなたがサラをあの深いところからの「いいえ」，あなたがあなた自身の内側に見出していたもので，破壊してもよかったのではないかとの考えにあると私は思います。私は，ウィニコットがそれについて語ったことを思い出します。人は，対象が破壊されても生き残っていくのを見出すために，自分のこころの中の対象を破壊できる必要があると彼は述べています。

　（私は通常は，セッションの中で分析用語や理論を用いません。しかし，私は彼がそれについて読んでいるのを知っていたので，D氏とこの論点を話すのに使えるやり方だと思いました）

　D氏は言いました：「ええ，**ほんとうにそうだと思います**」。そこで，それについてもう少し考えた後，私は答えました：

　私は，あなたがこころの中で，お母さんとお父さんのどちらも思い切って破壊してみることができなかったのだと思います。両親はあまりにも壊れやすそうで，その危険は冒せないと思われたのでしょう。両親を破壊してしまうにちがいないと思ったあなた自身の中にあるすべてのものから絶えず保護することで，はじめて両親が生き残るとあなたが感じるようになったのは，このためだと私は思います。

　D氏はこれに同意し，さらに探求していきました。父親は，彼の子ども時代を通してほとんどずっと弱りきった男のように感じられていました。母親は，報復によってようやく生き延びられているように見えたので，彼には母親の生き残りもまたとても危うく感じられていました。彼が思いきって母親に立ち向かおうとしたときや，何らかの仕方で彼女に要求を突きつけたときには，いつでも彼女が爆発的に怒ったと私はたびたび聞いていました。彼はいつも，自分が母親を支え続けなければならず，それによってようやく母親として生き延びているように見えると感じていました。実際彼は，自分が彼女にあわせること，いい子でいること，服従して逆らわないことで母親を生き延びさせてきたと確信していました。そして私が次のようにいったとき，私たちは問題の核心にさしかかっていました。

あなたがこの「いいえ」に関して，私にずっと立ち向かっていることがとても大切なのだと私は思います。あなたは，このことについて最も大切なことを私がまだ理解していないと私に指摘し続ける必要があったのだと思います。

　D氏は言いました。「その通りです。私はまだあなたがこのことを理解したとは思っていません。」私は答えました：

　そう，ほぼこれを理解したようだと示唆する私に立ち向かい，私を守らないというリスクを冒すために，あなたが私に「いいえ」という言い方を見つけ出さなければならなかったのでしょう。今明らかなのは，あなたが私に一番求めていたやり方で，私がこれを理解してこなかったとのことです。それであなたは，たとえ私が取り上げることができないのではないかと怖れたり，あなたがそれを私に話したことで何らかの仕方で，私があなたに仕返しをするのではないかと怖れていても，私にそのことをどうしても言わなければならなかったのだと思います。

　D氏は同意しました。そのセッションの少し後の方で，終わり近くに，今私たちはあなたが最初に話した考えがどれほど関連したものだったのかわかりますね，と私は述べました。私は次のようにつけ加えました：

　取り扱われておらず，いまだに注目を必要としているものが確かにありました。不在の「家主」とか「配管工」を装っていたものが傾聴されました。今私たちは，あなたが私になんとかして理解させようとしてきたこの一番中心の問題に戻ってきました。（間）幸いにも，私がもっと良く理解し始めるまで何度でも必要なだけここに引き返すときに，あなたは自分にとって危険と思われるあらゆるリスクをあえて冒してきました。

　このことをさらに探求した後にD氏は言いました：「奇妙なのですが，

今日私は，あなたが理解しはじめていると感じています」。

水曜に，私が次の2日間不在となるのでその週の最後のセッションでしたが，私たちは次のような会話に入っていきました:

D氏:「今日私は，あなたに対してとても敵意を感じています――とても怒っています。私にはなぜだかわかりません。」
ケースメント:「怒るようなたくさんのことがあります。」
D氏:「ええ。あなたはなぜ，このことをこれまでわからなかったのですか？　それにあなたはいなくなろうとしています。」
ケースメント:「私が今まさにいなくなろうとしているのは，ほんとうにとても間の悪いことだと私は思います。」
D氏:「私は母親を守らなければならなかったし，守り続けてきました。おそらく私はそうする必要はなかったのでしょう。でも，もしそれが必要でなかったのならば，全く時間と労力を無駄にしてきたのですね。」
ケースメント:「私はここに，『太陽の踊り』のような問題があると思います。」

私はここで，人類学から取ってきた比喩を用いて，以前D氏に指摘したことに言及しています。かつて南太平洋諸島に一つの原始社会があり，幾世代にもわたってその村落では，毎朝早く起きて「太陽の踊り」を踊っていました。それは，太陽がなければみんなが死んでしまうことを彼らが知ったためでした。そこで，毎朝――太陽が昇る前に――太陽の踊りを始めるのでした。それが行なわれないことはありませんでした。太陽はいつも，新しい1日のために水平線から昇りました。私はD氏が，絶えず保護しておかないと，（彼が思うには）彼の内的現実の衝撃があまりにも重荷に過ぎて他の人が生き残れないという無意識的空想を抱いているさまを指摘するための一つの方法として，この比喩を用いました。そのセッションは続きました:

ケースメント:「あなたの人生のほとんど大部分は，他の人を守るために捧げられてきました。あなたは，いつも他の人は，絶えずあなたか

らのこの保護を必要としていると見るようになりました。しかし，それが必要でなかったとしたらどうでしょう？　それはあなたを，あまりにも多くの時間と労力が浪費されたという恐ろしい感覚に直面させるだろうことが私にもわかります。」

D氏：「ええ，それで私はあなたを，ずっとあの『いいえ』から守ってきました」

ケースメント：「それで，あなたは今，もし私があなたから守られる必要がなかったとしたらどうだろうと思っておられるかもしれません。それもまた，あなたが私に対してこれまで示してきた配慮や労力すべてが無駄であったように思われるのでしょう」

このとき，そしてそのセッションの残りの間，D氏は泣いていました――この分析で初めてのことでした。終わりに，彼はようやく次のように話しました：「言葉にできません」。私は「涙はときに，言葉では言えないものを伝えてくれます」と答えました。

私たちがそのとき，このとても大切な経験を取り扱ったとは私には思えません。せいぜい，私たちはそれを今までとは違った仕方で見るようになっただけに過ぎないのでしょう。それでも少なくともD氏は，それまで私たちがしょっちゅう考えてきたことを考え直すよう私を促すやり方を見つけました。今回は，その問題が直接分析関係のなかに入ってくるのをみられる地点に私たちは到達できたのです。そのとき私は明らかに，彼の「いいえ」に直面させられる必要のある人物でした。彼はこのとき，あえて私に次のように言ったのです：「いいえ，**まだ**あなたはこのことの重要な点を見過ごしています。あなたはこの一番大切なことを理解して**いない**のです。」

しかしこの始まりとともに，D氏の中心的な関係性に立ち戻ることができましたし，両親が生き残れないとD氏が感じていた彼の「いいえ」から彼によって彼らは各々守られる必要があると思われたのはどうしてなのかを，違った風に理解することが可能になったのです。

D氏の母親と父親の両方とも，今にも死んでしまいそうに思われました。だから，子どもの中で万能的に感じられるものに対して両親が傷つきやすくみえるという，子どもにとってとても当たり前で誰もが抱く空想を，彼

第5章 憎しみとコンテインメント　*121*

があえて実際に試してみるわけにはいきませんでした。この空想が実際に試され，彼ら（あるいは他の人）が崩れたり仕返しをしたりしないで生き残っていくときだけにこそ，世界が真のものになる新たな種類のかかわりを見出すことが可能になるのです。そのとき初めて，両親（あるいは他の人）にとってあまりに荷が重過ぎると思われるものから保護されることで与えられるような強さではなく，両親は彼ら自身の強さを持っていることが見出されるのです[原注7]。

　そうしてD氏は，分析関係のなかで私を試すというこの過程にさらに入り始めました。最終的にこのこころの最も深いところでの「いいえ」の幾らかが，彼と私の関係の中に持ち込まれるようになるまで，彼は私の理解しようとする試みに対して「いいえ」と言い続けました。私が投げ込まれていた試しは，私がこのことをわかっているかどうかをみるためでした。つまり，私がそのときそれを傾聴できるかどうか，それとも，私たちが最も緊急に携わる必要のあることを私が回避し続けるのではないかということでした。今や，「水漏れのする配水管」とそれが表しているものが，とうとう適切に対応されるようになる好機が訪れたように思われました。

原注7）D氏はここに挿入する次のような有益な補足も提供してくれました。彼は言いました。「おそらく，空想の中で対象を壊す自由を感じられないことによる帰結のひとつは，ウィニコットの語る現実を子どもが見つけられないだろうということであり，それゆえウォルター・ミティ[訳注2]のように，現実よりもむしろ空想に，その後の生活の大部分を（皮肉にも）注ぎ込んでしまうだろうということです。」

訳注2）Walter Mitty ウォルター・ミティは，James Thurber が 1939 年にニューヨーカーに書いた短編「ウォルター・ミティの秘密の生活」に登場する人物です。おとなしくて妻の尻に敷かれている夫で，豪胆な外科医，英雄的な飛行士，突撃する海軍指揮官であるといった白日夢に浸ります。臆病だが，猛烈な人生を夢見る人の代名詞として有名になりました。1946 年には映画化されています。スヌーピーはウォルター・ミティ・コンプレックスを抱えた社交的なビーグル犬とされています。

第6章
サミュエル・ベケットの
母国語との関係[原注1)][訳注1)]

はじめに

　この章に再録している論文には，おもしろい発端があります。そもそもクリストファー・リックス教授の論文「ベケットと死」に刺激されたのですが，私は1980年頃に彼がこの論文を英国精神分析協会の応用部門で発表するのを耳にしました。私はそれまでベケットを全く読んだことがありませんでしたが，リックスの論文がとてもおもしろかったので，論評してみようという気になったのです。

　ベケットが英語で作品を書こうとしていた頃，彼をひどく悩ませていた執筆の停滞を乗り越えるためにはフランス語に見出した自由が必要だったとリックス教授は語りました。それを聞いて私は，英語が母国語ですから，もうひとつの言語へのこの移行は，何らかのベケットの母親との関係を反映しているのではないかと考えました。さらに，後になって明らかになるベケットのフランス語から英語への翻訳の豊穣さについて（リックスから）聞いたとき，私は，分析家が患者の夢について作業するときにしばしば見出すこととパラレルなものを感じました。それはあたかも，フランス語が**夢の原文**であったかのようでした。その後の英語への翻訳は，分析におけ

原注1）この章の初版は，国際精神分析レビュー誌（Casement 1982a）に出版され，後にP. Rudnytsky編「移行対象と可能性空間；D.W.ウィニコットの言語使用」（1993: 229-245）で再出版されました。

訳注1）サミュエル・ベケット Samuel Beckett 1906-1989 アイルランド出身のフランスの劇作家，小説家。ジェイムズ・ジョイスとの交友を持ち，戯曲『ゴドーを待ちながら』に代表される不条理劇の代表的劇作家。1969年にノーベル文学賞を得ています。

る解釈の作業にいささか似ているように思えましたし，その際，夢の顕在内容の下に偽装されている潜在内容が明らかにされたりします。リックス教授は，私が「確かに，何かに気づいている」と思うと応えてくれました。彼は私に，それについて研究してみるよう助言してくれました。

　8カ月か9カ月後に，私の名前をリックス教授から聞いたとBBC放送から電話がかかってきました。教授がベケットに関する番組を作っており，私にも助けを求めているとのことでした。私はインタビューを引き受けるべきでしょうか？　彼の論文について議論したときに述べた私の考えを探求してはどうかというリックスの助言に，私はまだ応じていませんでした。私は全く不安でした。それはまるで深い淵に飛び降りるように感じられましたが，この挑戦に私は興味をそそられました。「その番組はいつ放映される予定ですか？」と私は尋ねました。それはおよそ3カ月後でした。私はインタビューを受けることに同意し，今この章に再掲載されている論文を書くことで，この挑戦に応えたのです。私はその当時出版されていたベケットのすべての小説（そこには彼の小説『伴侶』は含まれていません）と，デイドラ・ベイル（1978）[訳注2]による伝記を読んで書きました。

　邪魔されずに自分の考えや創造性と遊べるようになる情緒的な空間を見つけることの大切さについて，ウィニコットから学んだもののいくつかを言葉にする機会を，私はこの論文を書くことによって与えられました。ベケットにはこの空間が与えられていませんでした。事実，それまでは考えられなかった考えを表現するもう一つの言語を手に入れたときにようやく，彼はこの空間を見出しはじめたように思われます。

　ベケットの著作は母親への言及に富んでおり，しかもそれらの言及の多くは軽蔑的なものです。詳細なベケット伝（1978）[原注2]のなかで，デイドラ・ベイルはベケットの母親との複雑な関係にしばしば触れていますが，この関係は彼女が死ぬまで葛藤に満ちて続いていたようです。ベケットの母親との関係と著作の中の「母親」とを，すべて直接伝記的に結びつけて考えるのはあまりに単純すぎましょう。同様に私たちが彼の著作の中に見

　訳注2）デイドラ・ベイル Deirdre Bair は米人伝記作家。ベケットの他に，ユングやボーヴォワールの伝記も書いています。ベケットの伝記は，全米図書賞を受賞しました。
　原注2）この章の日付が記されていない頁数はすべて，この伝記のものです（Bair 1978）。

出すものを，彼の母親との内的関係の表現とだけ考えるべきでもありません。

ベケットは彼の著作，とりわけフランス語の著作を「可能性を秘めた空間」（Winnicott 1971）として用いているのではないかと私たちは考えますが，その空間で彼は，文芸上の「再‐創造された」母親とともに，母親との未解決の関係のあるものを最後までプレイすることができるのです。私はここで，これらの三つの母親―関係（内的，外的，そして再‐創造された母親）の間の連結を明らかにしたいと思っているわけではありません。限られた短いこの章の中で早まった答えを出すよりも，私はベケットの原文自らに語らせ，さらなる探求を招くような問いを語らせたいと思います。私はベケットの戯曲ではなく，小説に集中して取り組んできたことを言い添えておかなければなりません。

ベケットが，文芸上の基本言語としてフランス語を採用し，用いていることの説明として，さまざまな理由が挙げられています。それは，アイルランド言語のリズムの豊かさから逃れるためであったといわれています。このことについて尋ねられたとき，ベケットはフランス語が「文体にこだわらずに」書きやすかったからだと答えたそうです（p.149）。

ハーバート・ブラウ（サンフランシスコ・アクティングワークショップの演出家）がベケットにこの二つの言語の使用について尋ね，フランス語で書いているときには自分のある部分を回避しているのではないかと示唆したとき，ベケットは，自分自身のことで自分でも嫌いないくつかのことがあって，フランス語にはうまく「薄める効果」があるのだと答えました（p.516）。

フランス語で書いているときベケットは，自分が英語出身だといういかなる痕跡も明らかにならないよう大変気を使っていました。文芸上のスタイルに関する疑問とは別に，ベケットが自分の母国語の痕跡を注意深く除去しているのは，彼が母親とのすさまじい関係から逃れる必要があったことを表しているのではないかと示唆する，伝記に引用されている証拠があります。彼は，1937年に母親と決別するまでの人生の最初の29年間を，母親の束縛から自分を解放するために費やしていました。母親は，遠くにいようと目の前にいようと，彼をほとんどずっと自分に縛りつけていまし

た。母親の影響が彼のなかにあまりに容赦なく侵入してきたので，彼は病気になってしまったようです。それがまた，彼を脅かして書けないようにしてしまったのですが，この問題をベケットは，自分の「ことばの便秘」として述べています（p.94）。彼は自分の問題を抑え込もうとしました。おそらく，忘却の中に避難所を探そうとしたのです。

　　記憶は人殺しである。だからあなたは，何かあることを考えてはいけない。そいつらがあなたに大事なものだし。あるいは，あなたはそいつらのことを考えなければならない。というのも，もしあなたがそうしないと，そいつらをあなたのこころの中に見出す危険があるからだ，少しずつ，少しずつね。つまり，あなたはそいつらのことをしばらくの間考えなければならない，かなりの間毎日，日に数回，それらがぬかるみの中に永遠に沈むまで。それが秩序なのだ。
　　　　　　　　　　　　　（放逐されたもの，『四篇の小説』に収録：33）

　もしこれがベケット自身の考え方をほのめかしているとするなら，彼は何を忘れようとしていたのでしょうか？　彼は何を避けようとしていたのでしょう？　幼い頃からベケットと母親は，仲が悪かったことを私たちは伝記から知っています。母親の支配，それも過剰に支配したいという頑なな願望は，母親に所有されたくないという彼の決意と互角なものでした（pp.194, 259ff）。大人になるまでのこのような背景のなかから，作家になりたいというベケットの唯一の野心——人生の別の使い方をまったく考慮に入れない野心——が現れてきました。しかし作家になるためには，彼には時間が必要でした。彼には息をつく場所が必要であり，気乗り薄な学芸をつかさどる女神ミューズに仕えるチャンスが必要でした（pp.159ff）。これに反して，母親は絶えず彼を服従させようとし，もし可能なら兄のように家業を継がせ，あるいは少なくとも（もし意をくじく必要があるなら）「普通の仕事」に就かせようとしました（pp.154, 157, 214）。ベケットにとってこれは，生よりもっと悪い運命[訳注3]であり，意味を欠いている場所に永遠に閉じ込められ，死を待つ——おそらくは，ゴドーを待つ，ということだったでしょう[訳注4]。

訳注3）'生よりもっと悪い運命' a fate worse than life は常套句 a fate worse than death 怖ろしくひどい経験の意をもじっています。

ベケットは1906年に生まれました。幼年時代について彼は謎のようなことを述べています。「あなたは僕が幸せな子ども時代をすごしたというかもしれません……でも僕には幸せになる才能がほとんどありませんでした……お父さんは僕をぶたなかったし，お母さんは家から出て行かなかった」(p.14)。伝記によると，彼をぶったのは母親で，家にいなかったのは父親でした（pp.15ff）。この不在というあり方には，彼の父親がこの強力な女性に立ち向かえないということが含まれていました。母親は，財布のひもをしっかりと握っておくのと同様に，怒りを爆発させる人で，子どもたちを自分の意のままに従わせようとしました（pp.137, 250）。彼が愛した父親は，母親から表向きには制限されていた額を超えて，密かに彼を経済的に援助してくれました（p.142）。しかし，平穏を保つための母親の背後でのこの密かな援助は，母親の圧倒的な影響からベケットを救い出すほどに十分ではありませんでした。

　ベケットは，こういった安寧のために高い代償を払いました。彼が病んだ心身の症状の中でも，窒息と息苦しさという身体感覚に苦しんだのです（p.136）。彼はしばしばのう胞と腫れ物のために床に就きましたが，それらは悪化の過程で彼がまだそれ以外の表現方法を知らない抑止された感情の毒をともない，開いて膿（うみ）を噴き出しました。それはまるで，彼が発見した人生の意味の唯一の種子を殺してしまうぞと脅して彼をコントロールしようとする母親の企てのようでした。なんとか生き残るために，彼は時々母親の死という考えを抱いたのかもしれません。もしそうなら彼は，小説の登場人物に自分が考えることのできない考えを話させることで，後には腫れ物よりももっとうまくこの毒を表現できるようになったのです：「私は母親を殺すために探している，私はちょっと前，生まれる前にそのことを考えていたはずだ」（名づけえぬもの: 395）。別の箇所で，彼はモロイに，母親は「もう死んでしまっていたのか……？　埋葬できるように」（Molloy: 7）（安堂信也訳『モロイ』）と希望を持ちながら疑いを抱かせています。

　1933年の父親の死後には，ベケットの兄のフランクが，母親との闘争的な関係のなかで同盟していく唯一の生き残りでした。彼を蝕みはじめた

訳注4）『ゴドーを待ちながら』Waiting for Godot　En attendant Godot (1952) はベケットの最も有名な戯曲です。

第6章 サミュエル・ベケットの母国語との関係 127

ひどい夜驚からの庇護を求めて彼がしがみつこうとしたのはフランクでした。彼は眠らないでおこうとしましたが、それは夢を見ることを怖れていたからです（pp.174-75）。彼はほとんど神経衰弱のようでした。著作活動にすらも逃げ道を見つけ出せなくなりかけていました。海外に出かけていっても、最終的にはいつも家庭に戻るだけでした。酒を飲むことは、ただ一時的な忘却を提供しただけでした。最悪の日々に、彼は誰も近づけず、自分の部屋の中で胎児の格好で丸くなり壁に顔を向けて閉じこもっていたと言われています（p.135）。

しかし、彼はトーマス・マックグレビー訳注5)との親密な文通（pp.159, 169）や、ダブリンのトリニティカレッジからの長く続いた友人の故ジョフリー・トンプソン博士（pp.169-70）と彼の悩みを長く議論することで、命綱を保っていました。

悪化していく病気から回復するために、ベケットに精神分析的な治療を受けるべきだと勧めたのは、自身も後に分析家になったジョフリー・トンプソンその人でした。結局、彼はロンドンに行き、そこでビオンの治療を受けました。ビオンは当時タビストック・クリニックで働いていました（pp.177ff）。この治療は少なくとも、ベケットが母親への激しいアンビバレントな愛着によって動けなくなっているという問題を明らかにしました。彼は、母親と一緒にいることができず、かといって長い間離れてもいられませんでした（p.202）。分析が母親へのこの病理的な愛着から彼を解放することができたとしても、ベケットに経済的な都合がつくと感じる以上に長く時間がかかったことでしょう。お金と同様に時間も、彼の緊急の問題でした。ベケットは『モロイ』で自分自身のことを話しているのでしょうか？

　　すでに自分自身で、それも昔から、私は母に向かって進んでいた、と思う、私たちの関係をもう少したしかな土台に据えるために。そして、母の家に行っても、そう、たびたびたどりついたこともあったが、そのときにも、私はなにひとつしないで別れた。もう母の家にいなくなると、私はふたたび母の家への道を、次の

訳注5) トーマス・マックグレビー Thomas McGreevy 1893-1967 詩人でありアイルランド文芸モダニズムの中心人物でした。アイルランド国立美術館の館長を10年以上勤めました。

ときこそもっとうまくやると期待しながら，たどっていた。さらにそれをあきらめ，ほかのことにかまけているような様子をしているか，何にもかまけていないときにも，実は，自分の計画に磨きをかけ，母の家への道を探っていたのだ。
　　　　　　　　　　　　　　　　　（Molloy:87）（安堂信也訳『モロイ』）

　2年後にベケットが分析を離れたとき，彼はダブリンの家に戻る予定にしており，それは彼が自身の多くの部分を母親に「負っている」からだとビオンに話しました（p.212）。母親への愛着はまだ複雑で深いままで，さらに『モロイ』のなかにその影響があるように思われます：

　　金は取り上げたが，でもそのために来たのではなかった。<u>自分の母親だから</u>。母をそれほど恨んではいない。母が私を生まないために，肝心なことだけは別にしてできるだけのことをしたのは知っている。そして，どうしてもおろすことに成功しなかったとしても，それは運命が私に糞壺とは別の穴を用意していたからだ。しかし，悪気はなかったのだから，それでいい。いや，よくはないが，<u>彼女は私の母親だが，私のためにしてくれた，母がしてくれた努力は認めている</u>。
　　　　　　　　（Molloy: 19）（安堂信也訳『モロイ』下線の一部を訳者が追加修正）

　母親のお金なしでは，ベケットはやっていくことができませんでした。一方彼は出版社からも，また同じように大衆からも，認められないままでした。最初の小説『マーフィー』は売れず，次の小説『ワット』は，出版にこぎつけるまでに44回断られました。しかし母親のお金のために，まだ母親に捕らわれたままでした。どちらにしても彼自身のアンビバレンスが彼を母親に縛りつけていました：

　　それというのも，私のうちにはいつも二人の道化がほかのにまざって住んでいたからだ。そのままそこにいることしか望まないやつと，もっと向うへ行ったら，いくらかましだろうと想像するやつと。だから，この点では，私はなにをしようと<u>決して失望はしなかった</u>。かわるがわるに，このあわれな相棒のどちらかの言いなりになって，次々に両方とも間違っていることを理解させていたのだから。
　　　　　　　　　（Molloy:48）（安堂信也訳『モロイ』下線の一部を訳者が修正）

　『モロイ』の他の箇所で，私たちは母親とのこの運命的で憎々しい結びつきの魅力に抵抗してベケットが闘ったことをさらに一瞥できるでしょう。

第 6 章　サミュエル・ベケットの母国語との関係

誰か彼を引き止められたでしょうか？

> 一人の女が，母に向かっての私の躍動を押しとどめられただろうか。たぶん。さらには，こんなめぐり会いは可能だっただろうか，つまり私と一人の女との？……たしかに，私は，さる女とはつき合った，母のことじゃあない，母とはつき合ったどころじゃあない。それに，よかったら，母のことは，この話のそとのことにしたい。　　　　　　　　　　　　　　　　（Molloy:56）（安堂信也訳『モロイ』）

何かが 1937 年の秋に起こったのですが，それについてベケットは沈黙したままです（p.262）。そのお陰で，それまで不可能に思えた母親との決別が可能になったという事実から，ことの重要性が推定されます。再び彼はフランスに行きましたが，今回はとどまるためでした。あたかも分離を求める気持ちを強固なものにするかのように，彼はフランス語に転向し，母国語を放棄しました。そのとき同時に，この新しく築かれた距離から，思いもよらない母親への愛情がほとばしる瞬間に彼は驚かざるをえませんでしたが，その愛情は，彼がこれまで自分自身にすらも隠したままにしていたものでした（pp.280. 292ff）。母親への二組の感情が出現することが可能となり，しかも同時に存在したのです。『モロイ』のなかでも私たちは気づきます：

> 私は母を，名前を使わなくてはならないときにはマグと呼んでいた。マグと呼んでいたのは，私の考えでは，なぜかは言えないが，g という文字が Ma という音節をぶちこわし，ほかのどんな文字よりもよく，いわばその上に唾を吐きかけるからだった。そして同時に私は深い，きっと口には出さない欲求を満足させていた。一人の Ma，つまりママを持ち，それを大声で人に告げたいという欲求を。というのも，マグという前には，どうしてもマといわないわけにはいかない。ところで，ダは，私の地方では，パパのことだ。
> 　　　　　　　　　　　　　　　　　　（Molloy: 17）（安堂信也訳『モロイ』）

ベケットはここで，Ma という音節と遊んでいます。母親を暗示するものを隠しておきたいという願望から，彼はここで「他のどんな文字よりもいい」からと，「g」という文字を選んでいます。それは「y」よりも断然いいのですが，それだと，名前から母親だということがすぐにわかって

しまったことでしょう。というのも彼女の名前は May だったからです。

　同じ一節で，ベケットはさらりと父親に触れていますが，それはあたかも彼を難破させると幾度も脅かしてきたセイレーンの呼び声から逃れて，ユグノー教徒の父祖の地と言語に彼が向かったことを私たちに思い起こさせるためのようです。彼はここで，父親が生前彼に与えられなかった父性的な影響を探し求めていたのでしょうか？[訳注6]

　彼のフランスへの，そしてフランス語への亡命によって，ベケットは母親の「野蛮な愛情」（p.263）からの分離と自由を達成しはじめたのですが，それは他のいかなるものにもできなかったことでした。そのとき彼は，他の試みが失敗したことに言語を通して成功したのです。

　何年もかかって直接英語で書いた最後の小説『ワット』への補遺で，ベケットは書いています：「激怒した入賞者……なんべんもアイルランドをあとにしたことがどれほど彼のためになったにせよ，結局，彼はアイルランドにずっといたままのほうがよかったのかもしれない」（Watt: 248f）（高橋康也訳『ワット』）。しかし『モロイ』のなかに次の箇所が見られます：

　　あるいはまだ埋葬はすんでいないのかもしれない。いずれにせよ，母の部屋にいるのは私だ。母の寝台で寝る。母の便器で用を足している。母の場所を取ってかわった。だんだんに母に似てくるだろう。足りないといえば，息子が一人だけ。それもどこかに一人くらいはいるかもしれない。だがそうも思えない。いたとしたらもうかなりの年，私とほとんど同じくらいだろう。（Molloy: 7—8）（安堂信也訳『モロイ』）

　ベケットではよくあることですが，著作のこの部分は，夢を構成する**非論理的な論理**で満ち溢れています。そこでもし，私たちがベケットをこの夢を見る人（そして彼は結局，その書き手であったのですが）として考えると，三部作[訳注7]の執筆の先にあったいまだに隔たった深遠を越えて，す

訳注6）セイレーン siren は，ギリシャ神話に出てくる，美声で船乗りを誘い寄せて殺したといわれるイタリアの半人半鳥の魔女で，そこから転じて，魔女，妖婦を意味します。ここではベケットの母親のことです。ユグノー教徒 Huguenot は，16–17世紀頃のフランスの新教徒のことです。

訳注7）Trilogy 三部作は，『モロイ』，『マロウンは死ぬ』，『名づけえぬもの』を指しています。

なわち絶望や死や臨終を越えて，おそらく彼のために何らかの生が存在しているだろうという無意識的な希望に私たちは気がつくでしょう。

『モロイ』を書いているとき，ベケットはすでにフランスとフランス語のなかに亡命していました。母国を去り，そして別の言語を発見することによって，作品を書くのに十分な自由を見つけたのでした。しかし奇妙なことですが，彼の人生を支配してきた母親からの息詰まる影響を彼が鎮めることができたように思えたときにようやく，一度は捨てた母国語に後になって戻ることが受け入れられました。

逆説的でもありますが，ベケットが自らを母親から分離し，十分に生き生きとしたものとして確立できたのは，彼がもう一度，自らの言語が母親の言語と類似したものであると受け入れられたときでした。私は，ここでフランス語においてすら，ベケットが彼自身の母親の息子——人生のほとんどでそのときまで彼がありえなかったあのセルフである息子——を見出すときを予見できると考えます。

作品を書けるようになるためには，ベケットには心理的な空間が必要でした。それなしには，彼の怒りがそうであったように，彼の想像力は制止されたままでした。1932年には，詩の女神ミューズが感情をほとばしらせて，詩「それらの一つが**下痢を治める**」を掘り起こせるのではないかと彼はわびしく望んでいました（p.155）。しかし怒りを発散できず，彼の内側には自由になるために彼が必要としていた空間がなかったために，彼は内にこもり，行き詰ってしまったようにみえます。『名づけえぬもの』は，自分自身について語っています。

　　おれはおそらく，一種の逆向きの螺旋のなかに巻きこまれていたんだろう，というのはつまり，その描く線はしだいに広がっていくのではなく，しだいにせばまっていき，ついにはもう，おれが占めていると考えられる空間の性質から考えて，とてもついていけないほどになってしまうだろう，という意味だ。まさにその瞬間に，これ以上進むことは実質的に不可能なのだから，おれはたぶん立ち止まらなければならないはずだった，ただし厳密に言えば，すぐさま，あるいはもっとあとで，逆の方向に動きだし，いわば堅く締めつけられたあとでネジがゆるんでいくようなことにならないともかぎらないが。

　　　　　　（The Unnamable:318–19）（安藤元雄訳『名づけえぬもの』）

彼の作品ではよくあることですが，ベケットはここで自分自身を代理人によって描写しているようです。彼は，自分の創造性のこの狭窄についてとてもよくわかっており，そこからはただ後戻りする以外に道はありませんでした。創造的な遊びのための余地がない間，彼は書けませんでした。しかも彼の天賦の才は，とりわけ言葉や言語で遊ぶこの能力にあったのです。

この創造性の領域を**発生の状況から**検証してみましょう。想像的で創造的な遊びに自由に入っていくためには，子どもには自分自身と母親との間に空間が必要であり，その空間に対して子どもは自立した主導権を持っています。ウィニコットが「母親がいるところで一人だけでいること」と述べているこの空間が与えられると，子どもはこの空間の創造的な可能性を探求し始めます。しかし，これには母親が，この遊びの領域に招かれないままに入っていくのを躊躇する繊細さを持っていることが求められます。もしすべてがうまくいくと，遊んでいる子どもはその中に自分自身の創造性の産物——自由に母親を遊びの内や外に「含める」こと——を入れることができます[原注3]。子どもは，母親の「不在」な存在，あるいは「存在」する不在を遊びの縦糸と横糸として用いることができます。意のままに母親を「創造したり」「創造しなかったり」できるのです。そしてその際，自分の遊びの王国を支配する神や王様となって遊ぶという魔術を楽しむことができるのです。後の創造性の種子が，ここで種をまかれ育成されるのです。ウィニコットは書いています：「独立した子どもや大人が創造的であることができ，全パーソナリティを用いることができるのは，遊ぶことにおいて，唯一遊ぶことの中でだけなのです。そして，個人がセルフを発見するのは創造的であることにおいてだけなのです」（1971: 54）。ですから，ここで剥奪されることは，たんなる剥奪ではなく，子どもの創造的な可能性の最も本質的なものを脅かすことなのです。ベケットにとって，そ

原注3）子どもが母親の存在を遊びの「内や外」に含めるという考えは，その響きほどには矛盾したものではありません。母親が排除される必要があるのは，母親が侵入的である場合だけです。もし母親が，子どもの遊びのそばに穏やかに存在しているなら，子どもは，母親の存在を遊びの中で用いるでしょうし，子どもが選ぶいかなるやり方ででも，母親を背景にいる存在として使うでしょう。彼はそれを不在のものとして用いることすらできるのです，それもまた遊びの一部ですから。このようにして彼は，母親を自分の遊びの「外に含める」でしょう。

れは自己の中核部分がこころの中で「死んでしまう」まで，息苦しくなり窒息することだったのです。そしてもし内的生命が死んでしまうなら，なぜ身体がそれに遅れを取るでしょう？　この光に照らしてみるなら，私たちはベケットが望みの状態としての死に没頭していたことを理解できるかもしれません。彼はこの死をほとんど垣間見てしまい，他の死に方を望んだのでした。彼はモロイに語らせています：「とうとうもうじきわたしは完全に死ぬだろう，結局のところ」(Malone Dies:179)（高橋康也訳『マロウンは死ぬ』）。

　このように子どもにとってすべてが望ましくないとき，可能性に満ちた遊びの領域が不毛で迫害的な世界になってしまっているので，彼は遊べないでしょう。この事態は，母親が余りに長く不在で，子どもがあまりに落ち込んだままにされていたり，自由に遊べないほどにこころを奪われてしまっていると起こってくるでしょう。あるいは，ベケットの経験により近く言うと，子どもがうまく利用できないほどに，その空間が支配され侵襲されているのでしょう。この脅しに直面すると，健康な子どもは自分にとって本質的な生き生きとした感覚を守ろうとして，自分の心的空間への母親の侵入に抵抗しようとするでしょう。あまり元気のない子どもは，そのような圧力に折れて条件付降伏をしてしまい，この追従のなかで自分自身の創造性の躍動を捨て去ってしまいます。これがベケットに特有のジレンマでした。彼は創造力を窒息させないために，火急に攻撃を食い止めなければなりませんでした。というのも，このような圧力に屈服することは，最悪の種類の死に屈することになったでしょうから。訪れるようには思えない，いずれの時かの死まで，「人生」をのろのろと進もうとする倒錯的な厚かましさを持った身体の中に葬られて，彼は自分自身の中で死んだものとなりはじめていました。ベケットが想定した最大の関心事のもとに行動するときに，誰が頂上に現れてくるのか，彼なのかあるいは母親の誤った決定なのか，とてもきわどいものでした：「あなたが求めるのをやめると，たちまち人生はその安物料理の残飯をあなたの咽喉（のど）もとにこれでもかと押しこみます，あなたがそれを嘔吐（もど）すと，その嘔吐したゲロをあなたの咽喉もとにこれでもかと押しこみます，あなたがそのゲロを嘔吐すと，そのゲロのゲロをあなたの咽喉もとにこれでもかと押しこみま

す，そしてついにあなたはそれが好きになってしまうっていう寸法です」(Watt: 43)（高橋康也訳『ワット』）。

　作家になる，あるいは作家であるといういかなる熱望をもあきらめてしまうこと，つまり条件付降伏することがはるかに容易だと思われたときもあったに違いありません。天賦の才という道具で遊ぶために必要な心的空間へと接近することなく，ベケットは自分自身を行き詰まりへとねじ込んでしまったように感じていました[原注4]。彼は『モロイ』で，冗談めかした非宗教的な問いとして，この不毛さの感覚についてそれとなく触れています：「創造の前には，神はなにをやらかしていたのか？」(Molloy:168)（安堂信也訳『モロイ』）。

　ベケットは，次のことを証明するために早くから著述を用いはじめていました。それは「骨折り損のくたびれもうけ」かもしれませんが，最初の小説集のタイトルに選ぶことで，これを示そうとしたのです。『蹴り損の棘もうけ More Pricks Than Kicks』。彼は人生の煉獄の経験を説明するためにこの本を用いているようです。彼がこの本のヒーローにベラックという，彼がダンテの『煉獄』からそのまま取ってきた名前を与えているのは，偶然ではありません。始まりの言葉は次のとおりです：「朝となり，ベラックは月の詠唱の最初に動けなくなってしまった。彼は泥沼にはまってしまい，後ろにも前にも動けなくなった」(More Pricks Than Kicks: 9)。

　ベケットが1934年から出版のために受理された1937年まで書き続けていた『マーフィー』では，主人公はロッキングチェアにひもで縛りつけられて始まり，そして終わるのですが，彼は揺り動かすことで自分をオルガスムスの恍惚の中に入れて，世界から逃げ出そうとします。

　　彼がこうして椅子にすわっているのも，もとはといえばそれが彼に喜びを与えるからであった！　第一にそれは肉体に喜びを与え，肉体を静める。そして次にそれは彼を精神の中に解放する。というのは，肉体が静められない限り……精神の中によみがえることができないのだから。そして精神の中での生活が彼に与える喜び，それは喜びなどという言葉では言いつくせない喜びなのだ。
　　　　　　　　　　　　　　　　(Murphy: 6)（川口喬一訳『マーフィー』）

原注4）この章の他の箇所と同様に，私はここでベケット自身の表現を用いています。

マーフィーは，狂った患者のエンドン氏のなかで，世界からの逃亡を探し求め，彼よりもはるかにうまくそれを発見したもうひとりの人物と出会います：「マーフィー氏とエンドン氏の関係はこれを要約すれば，後者が自分自身以外のものを見ることをいっさい免除されていることのなかに前者が自分自身を見るその悲嘆であるという以外にないだろう」（Murphy: 171）（川口喬一訳『マーフィー』）。彼は，エンドン氏の計り知れない狂気，誰も到達しえない——完璧な精神状態，に羨望しているのです。しかし，自分自身の正気をないものにするというわけにもいかず，マーフィーは自らを敗北者とみなして自分の部屋に戻り，最後の爆発的な忘却のなかに自らを動揺させるのです（マーフィー: 172ff）。

『ワット』はベケットの次の小説で，アイルランドを去った後の最初のもので，第二次世界大戦中にフランスで書かれました。その執筆について彼は「ただのゲーム，正気を保つための手段，腕が鈍らないための一つの方法」と述べています（p.327）。

侵襲的な関係が長く続く経験が「迫害的な対象」として内在化されていく道筋は，精神分析においてよく知られています。この内的な迫害は，屈服してしまうなら精神的な病気になるでしょうし，あるいは抵抗されたり放逐されることになります。その後のフランス語の著作のなかでベケットは，それまでの自分への侵襲に属することすべてを排除し吐き出すというこの主題をますます展開していきました。実際彼は，自分の短編小説の一つを『放逐されたもの』と命名しています。

フランスにおけるベケットの戦争への関与は，彼に内的な戦いからの安堵を与え，気晴らしと希望を提供したのかもしれません。レジスタンスに参加し，そうした別の侵入者に対処し，生き残る機会を手に入れました。この働きに対して彼は，後に＜戦功十字章＞を受けました。

彼がもっぱらフランス語で書き始めたのは，この戦争の間でした。そしてこの選ばれた言語のなかで，ベケットは彼のより深く隠された思考を浄化しはじめられたのです。このようにして彼は，身体が症候として表現していたものを著作のなかで成し遂げられるようになりました。ワットの共訳者であるL.ジャンビエールは，次のようにいっています：「『彼が押さ

え込もうとして闘っていた暗闇』が、究極的に創造的なインスピレーションの源になった」(p.351) これは、彼の著作を通して真実であると思われます。「たとえば、母だ。結局のところ、母はなんでくたばったか。まったく、考えてしまう。生き埋めにされたんだとしても不思議ではない」(Molloy:81)（安堂信也訳『モロイ』）。今やフランス語という新たな自由を手にして、ベケットはさらに希望を抱けるようになり、彼の言葉は感情の抑止されていた「膿（うみ）」を吐き出すことができました。「おれ自身はどうかといえば、ついに外へむかって激昂するだろうということだ」(The Unnamable: 352)。

彼を母親と強く結びつけて、以前は大きな損害を与えていたアンビバレンスを、ベケットは今や公にすることを許容できるようになったのでした。

> はじめの数カ月、私の巨大な歴史のうちで、どうにかがまんのできるただ一つの時期を、ちょっとばかり揺さぶりすぎて、だいなしにしたことも許している。私の例に学んで、それからは二度と繰り返さなかったか、あるいは、ほどよいときにやめたことも認めている。そしていつか私が、自分の人生の意味を探らなければならなくなったら、そうならないとはかぎらないから、そうなったら、まずこのあたりからほじくってみるだろう。(Molloy:19)〈安堂信也訳『モロイ』〉

後になって三部作では、マロウンは熱烈に死を心待ちにしているのですが、彼は言います：「先へ進む前に言っておこう、わたしはだれも許しはしない。やつらみんなに祈ってやる、こっぴどい人生と、煉獄の火と氷と」(Malone Dies: 180)（高橋康也訳『マロウンは死ぬ』）。

ベケットはこの新しい言語を使って、彼の人生の堂々巡りと、それに飲み込まれることから抜け出す可能性について、じっくりと考えることができました：

> そして、森のなかではまっすぐに歩いているつもりでも、実際にはどうどうめぐりをしているものだということを聞いたことがあった、いやむしろ、教養を身につけることが、あるいは、気晴らしをすることが、あるいは、ばかになることが、あるいは、暇つぶしをすることが有益であると考えていたころに、小耳にはさんだが、どこかで読んだことがあったので、私はついにできるかぎりどうどう

めぐりをしようと試みた。そうすればまっすぐに進めると期待してのことだ。それというのも、私は、ちょっとほねをおりさえすれば、のろまを廃業して抜け目なくなれたからだ……<u>どうどうめぐりをするようになっているので</u>、たとえ、厳密にはまっすぐ進んでいなかったとしても、少なくとも私はどうどうめぐりはしていなかったはずで、それだけでもたいしたものだった。そして、こんなふうに、毎日毎日、毎晩毎晩、続けていれば、いつかは森を抜け出られると期待していた。
(Molloy:85)（安堂信也訳『モロイ』下線部を訳者が追加修正）

例によって、ここでモロイは、母親に戻る道を見つけようとしているのです。私たちは、ベケットもまたしばしばそうしていたことを知っています。同じように、私たちは母親との彼の関係が循環しており、円を描いているという印象を受けますが、それは森がモロイにとってそうなのと同じです。そこでこれが、ベケットがこの迷路から抜け出す道を提供できるのかもしれません。どうどうめぐりをするのにできるだけのことをすることで、彼は循環しない何かを見出す希望を抱くことができたし、「そしてそれはたいしたものだった」のです。このようにして、この進んでいく円環状の道の途上で、ベケットはフランスに、そして後にはフランス語のなかに避難所を見出したのですが、それは彼が探し求めていた、やっと自分自身の中で自由に、そして著述でも自由になれる場所でした。

『名づけえぬもの』に見るほとんど死滅しかかっていることについての記述からおそらく判断するなら、ベケットは内的な破滅が近づいているととても切実に感じていたのかもしれません。

　ひょっとしておれはそいつを感じているのかもしれん、外側と内側があって、その中間におれがいる、ひょっとしておれはそうなっているのかもしれん、世界を二つに分けて、一方を外側、もう一方を内側としているもの……おれは中間にいる、おれは境の壁だ、両面があるが厚みがない、ひょっとしておれはそいつを感じているのかもしれん、おれは振動しているような気がする、おれは鼓膜だ、一方が<u>こころ</u>で、もう一方は世界だ、おれはそのどっちでもない。
(The Unnamable:386)（安藤元雄訳『名づけえぬもの』訳者が下線部を修正）

1950年にベケットの母親が死にましたが、彼は彼女ともっと友好的な関係を築くためにできるだけのことをやりました。しかしフランスに戻っ

たとき，彼は母親のものを何も持参しませんでした。彼は，さらなるきずなや結びつきをなす物によって妨げられたくないと思っていたようです(p.406)。

　私は，母親が死んだ後にはじめてベケットがフランス語の著作を，いわば英語に「戻して」翻訳しはじめたのを偶然だとは思いません。あたかも彼の母国語へのタブーが母親の死によって解かれたかのようです。翻訳という過程はいつも困難であったようで，ベケットは最初彼と一緒に仕事をしてくれる翻訳家を使っていました。後になって彼はこの手助けなしに自分の作品を翻訳し始めました。『ジ・エンド』をベケットと一緒に翻訳していたとき，シーバーはこの過程について述べています：「私たちがやり終えたのは翻訳ではなく，原著の完璧なやり直しでした。しかも，たとえそれが全く異なっていたにせよ，彼は全体としてフランス語に忠実でした。それは全く新しい創造でした」(p.438)。『モロイ』の共訳者であるボウルズは，ベケットが「ただ単に翻訳されるべきものではない；私たちは新しい本を新しい言語で書かなければならないのだ」(p.439)と強調していたのを同じように思い出しています。

　なぜ，一度は捨てた英語に戻って新しい作品を創造することにそんなにも気を使うのでしょうか？　もちろんベケットの中の文芸家が，フランス語で著述するときの逆で，英語に残っているフランス語の文体の痕跡を避けるよう配慮することを彼に求めていました。しかし，もし翻訳家のジャンビエールがほのめかしているように，フランス語では隠されていたベケットの闇の要素があったのなら，最初に英語から逃走した防衛的な側面が放棄され始めたとき，彼はこれらの闇の要素に直面しなければならなくなったのでしょう。これに関するもうひとつの手がかりは，ベケットが芸術家の友人であるピエール・シュナイダーに食ってかかったときに示されています。ベケットにとってフランス語で著述することは，回避するというよりも，実際には彼の最も深い闇の思考が位置する内的領域に向き合わずにその思考を述べようとする試みだったと彼が指摘したとき，彼は身に迫るほどの真実に接近していたのだと私は思います（p.516）。ベケットがフランス語で書き始めたとき，その通りだったでしょう。彼は，彼自身の中にあって彼を弱めているものを弱める必要があったのです。おそらく翻訳と

第6章 サミュエル・ベケットの母国語との関係 　*139*

いう作業は，この遅れていた自分自身と向き合う作業を含んでいたのです。

　フランス語と英語を比べてみると，目立つ点がいくつかあります。フランス語の著作はしばしばあたりさわりなく書かれていますが，一方それに比べて英語の著作は，新鮮さと言語の新しい生き生きとした感覚を表しており，それは原著には欠けているように思われます。ベケットは，二つの言語において違った人，あるいは違った種類の作家なのではないかと言われています。それは，フランス語の著作と英語の著作の間に経過した歳月によるものなのでしょうか？　あるいは，必ずしも時の経過によるのではなくて，書いたものについて彼が考え直したことを反映しているのでしょうか？　二つの言語に固有の差異によるものなのでしょうか？　これらすべてはありうることです。しかし，私はさらにもうひとつの可能性を探求してみたいと思います。

　すでに言及した一節に戻って，それをフランス語と比較してみましょう：「おれ自身はどうかといえば，ついに外へむかって激昂するだろうということだ。やけどしながら，もちろん彼らは再びどもりはじめることはない」(The Unnamable: 352)。フランス語では，「ただ真実が流れ出すだけで，ついにそれは私を苦しめるであろう」(Les Edition de Minuit 1953: 127) となっています。これは明らかに，そのような自己の真実のほとばしりに必然的に伴うであろう惨害を示唆しているにせよ，フランス語版には英語版の豊かな引喩が不足しています。ここで私たちは，ベケットが「外へむかって激昂するだろう」というフレーズを選んでいるのに気づきますが，それは直ちに彼が長年腫れ物に悩んでいたことと結びつきます。それから彼は「外に向って激昂する boil forth」から，「やけどする scalding」（参照 フランス語の la coulee) へとどんどん進んでいきます。しかし，ここで「scalding やけどする」と「scolding 叱責」の間の音の結びつきの遊びに気づくのは，まったくベケットらしいことでしょうし，それは，小児期のひどく叱る親からの戒めを思い出させます。この短い文章だけで，内的混乱についてこのように過剰なイメージをかきたてることができるのは，彼の翻訳に特有のことです。いつの日にかカタルシスのようにほとばしり出ることを希望半ばに待ち望んできた，長い間抑圧された感情を私たちは垣間見ているのです。それとともに，そうでなければただ無能なども

りに終わってしまうのではないかという悲観的な恐れを持って，ひどく鼻持ちならないものが成し遂げられるといういつもの疑いが警告するのに私たちは気づきます。その無能などもりは，思い切って話そうと懸命に努めているのと同じくらい激しく，阻止しようとし続けるでしょう。

　次の例の中に，これがニュアンスのある連想を持ってふくらむのを見出せます：「ああ，母はたしかに私に渡していったんだ，ちくしょう，不滅の染色体っていうくだらんものを。ほんの幼いころから，からだじゅうにできものがあったとしても，くだらん話さ！」(Molloy: 81)（安堂信也訳『モロイ』）。英語のなかに私たちは再び腫れ物への言及を見出します。一方フランス語では，ベケットは 'furoncle'（腫れ物）や 'clou'（よう）の代わりに 'pimples'（膿胞）という言葉を用いていますが，そのいずれもフランス語でのそれが，彼自身の問題を描写するのにはるかに近いものでした。これは，ベケットが自分自身から「距離を置いて」書くためにフランス語を選んでいるからで，フランス語で著述するときには自分の過去から逃げ出すという既知のニードと一致します。英語文の中に自分がもっと表れるのをベケットが許容するのは，ただ翻訳の中でのみなのです。

　私たちは，彼の「たしかに dose（訳注：dose の原意は薬の一回分の服薬量，いやなもの一回分との意も持つ）」という言葉の選択に同じような連想の豊かさを見出しますが，それはフランス語には欠けているものです。「彼女は私にとって変わることのない過去の染色体の汚物――クソッ！――のように思われた。なんと私は幼い頃から出来物で覆われていたが，なんだそれだけのことか！」(Les Editions de Minuit, 1951: 107)。英語では，ベケットが 'VD（性病 venereal disease）' に対して用いるスラングには裏に卑猥な意味をもつ両義語句の使用があり，それは彼の「シラミがたかった/お粗末な lousy（訳注：この語は英語文では，不滅の染色体の前に置かれている）」という言葉の使用でさらに支持されます。「salope」（売春婦，うすぎたない女）というほのめかしを持ったフランス語の「saloperies」には，同じような含意がありますが，ベケットは例によってそれを翻訳で拡張しています。あまりに親密になり過ぎることからくる汚染という危険の感知を認めるなら，この考えは，モロイの問題は彼の母親譲りであるという対照的な考えとの議論に託されます。このようにして，

第6章　サミュエル・ベケットの母国語との関係　141

いずれの方向にも逃げ道はないという印象を私たちは受けますが，もしあなたの母親の息子であることの運命的な影響が，やはり必然的にあなたについてまわるのであれば，接触を避けることで何が得られたのでしょうか？

　この例を終わりにする前に，よいものであるとされる薬の「服薬量dose」という言及には皮肉な含蓄があるのではないかと考えるかもしれません。ベケットの母親の彼に対する変わらぬ態度は大部分，彼のためにこころに描かれたものとして，彼に良かれと彼女によって意図されたのです。ベケットが母親の彼への打ち勝ちがたい良い意図を抱えたり，もっとはっきり言えば，それに反対する彼自身の煮えたぎる内的な憤りに満ちている腫れ物を持ったりと，それはベケットにはまったくプラスになりませんでした。

　ベケットが彼を縛りつけてきたものからの解放を本当に見出したとき，それは抑え込まれていた憤りの単なる解放以上のものでした。彼は，著作の中に新しい表現の自由を見出しています。

　　個人的には，私には墓場で拾う骨もない，私はそこで喜んで，たぶん他のどこでよりももっと喜んで散歩に出かける，散歩に出かけなければならないときには。草や腐植土の入り交ざった匂いの中ではっきりと知覚できる死体の匂い，私はそれを不快だとは思わない。　(First love: 8 cf.Les Editions de Minuit 1970: 8)

　　……一組の尊い木々，尊ぶ以上に死んでいる，ベンチの両端で。ある晴れた日に，豊かなその木の葉っぱとともに，ベンチという考えの種を誰かの空想の中に蒔いたのは，疑いもなくこれらの木々だったのだ。
　　　　　　　　(First love: 14 cf. Les Editions de Minuit 1970: 18)[原注5]

　これらの例の中に，私たちは原作にはなかった遊びごころを見出します。ここでは明らかなもののほんの一部を示したいと思います：(a) 骨捨て場の連想的な暗示と，「私には墓場で拾う骨もない」は，フランス語には全くありません：仏語文（「個人的には私には墓場で何も逆らうものはない　私は出かけなければならない時には好んでそこ（墓場）に出かけた」）：(b) '死体の匂い'につながり，他の英語の意味のなかに滑り込む「ならな

原注5）クリストファー・リックス教授のおかげで，フランス語からのベケットの翻訳のこれらの例のうち，最後の二つに注目できました。

い must」訳注8)という言葉の遊びもまた，フランス語にはありません：(c) 木々が「ある晴れた日に，豊かなその木の葉っぱとともに，ベンチという考えの種を蒔いた」とき，再び思考の新たな豊穣さがもたらされています。フランス語ではただ'(木々は)ベンチという考えを思い起こさせた'となっています。

ベケトの翻訳の中に，自己表現の能力と著述での創造的な遊びの能力が再び出現しているのを見ることができますが，それはこれまで抑制され，ほとんど破壊されかかっていたものだったと私は思います。

ベケトがこれについて，彼の書いた物の中でどのように言及しているか見てみましょう。たとえば，彼はマロウンに死について，少なくとも彼に遊ぶ機会を与えるものとして考えさせています：「今度こそは遊戯（ゲーム）だ，この遊戯きっとやりおおせてみせる。遊戯の仕方がさっぱりわからなかった，いままでは。遊戯をしたくてしようがなかったのだけれど，だめだと自分でわかっていたのだ。それでも何度もためしてはみた」(Malone Dies: 180)（高橋康也訳『マロウンは死ぬ』）。英語への翻訳のなかでしばしばベケトが，言語と遊び，言葉と遊び，なじみのある言葉を新しい結びつきの中に置いたり，ふさわしい葬儀もなしに長い間死んだままだったメタファーや慣用句や紋きり言葉に新鮮な生気を注ぎ込んでいるのに気づきます。ベケトは，自分を「ちゃんと生まれてこなかった」(Watt: 248)とみなしていたようですが，その中に新しい命を吹き込んだのです。自分のものとして再び新たに使えるようになった母国語への回帰を通して，今やベケトは自分の名づけられない死を乗り越え，新たな生へと進むことができるのです。

自分の母国語から窒息させられて半死半生となり，そこから逃げ出し，他の国，他の言語に逗留し，結果的に自分を英語へと「翻訳し返す」ことのなかに，ウィニコットが遊ぶ能力を回復するために必要不可欠だといっているものを私たちは見出します。ウィニコットはこれを，すべてのうまくいく分析の中心部分とみなしており，次のように言っています。「私たちが援助しようとしている人は，特別なセッティングの中での新しい経験

訳注8) must には発酵前のぶどう汁の意味もあります。

を必要としています。その経験は目的を持った状態ではなく，いわば，未統合なパーソナリティがぼつぼつ進む状態なのです」(1971:55)。これを，ベケットが『ワット』に書いていることと比べてみましょう。そこで彼は次のように言っています：「生まれてこのかたずっと上っ面だけの放浪の苦しさと，気の乗らない仕事の恐ろしさという両極のあいだを往復してきたのちに，ついに彼は，あることに集中しないということが最高の価値と意味を持つ行為であるような状況に，自分を見いだしたのです」(Watt: 43)（高橋康也訳『ワット』）。これに呼応するかのように，ウィニコットは続けます：

> 治療者が，気を楽にしている個人の精神状態に属する意味のなさに気がつくことをときとして必要としている患者がいますが，その際にこの意味のなさをコミュニケートする必要は患者にとってすらもないのです。つまり患者は意味のない語句をまとめる必要がないのです。まとめられた意味のなさはすでに防衛なのです。ちょうどまとめられた混乱（カオス）が混乱（カオス）の否認であるように
> (Winnicott 1971: 56)

　もし治療者が意味のない語句があるときに意味を見出さねばならないのなら，このようにして創造的なくつろぎの機会が失われてしまいます。これは，ベケットが小説『ワット』を終える終え方を思い出させます：「象徴の意図されていないところに象徴はない」(Watt: 255)（高橋康也訳『ワット』）。

　さて私たちは，ベケットのように，一巡りしてきました。あたかも夢見る人の中に夢が現れてくるように，フランス語の原文が現れてきたかのようです。フランス語は，偽装されまた決然と，しばしばそれが表すものと同じくらい多くのものを隠しながら，それでも後になって翻訳によって露わにされるものの種子を含みながら，無意識から吐き出されたように思えます。そのときベケットは，分析セッションで夢について作業するのとほとんど同じ連想的なやり方で，自分の原文について作業しています。はじめにベケットは一緒に作業してくれる翻訳家を必要としていました。というのも，原著と最終的に英語の中に生み出される新しい作品の豊かさとの間には，折衝しなければならない多くの「翻訳的」な作業があったのです。

ひとたび母親から解放されると，ベケットは自分自身の「母親」となり，英語への回帰は，彼がかつて捨て去ったものへと立ち返る以上のものになりました。彼の円環軌跡は，以前いた場所に彼を連れ戻すのではなく，以前はいられなかった所へと彼を連れて行ったのです。そう，フランス語の作業中に en route, 以前の彼の死んだ自己はあたかも新たな生命の中へと「死んだ」のです。これについてアル・アルヴァレズは次のようにコメントしています。

> 彼〔ベケット〕のフランス語への移行は，彼が執拗に探求していた否定の精神の一部でもある。それは，ワットが得意であった複雑な事態のあやとり遊びを含んでいる：パリに住むアイルランド人がアイルランド人についてフランス語で書き，それから意気揚々と自分自身を英語へと翻訳し返した。そしてその過程で真に自分自身を変容させた：自分のフランス語からの翻訳によって，彼は英語の散文の熟達者として登場したが，彼が英語だけで書いていたらまずもってそうならなかっただろう。言い換えると，彼の創造性は拒絶，彼が外国語で著述をはじめた中年のはじめまでの彼のすべてを否認することによって始まった。
> （Alvarez 1973: 47）

『モロイ』の最終章で彼がモランに与えたベケット自身の言葉で終わるのがよいでしょう：

> 私にあれこれ言う，ある声のことはもう話した。私は，あの時代には，その声と調子を合わせ，それが何を望んでいるのか理解しはじめていた。それは，人が小さいモランに教え，次にモランがその子に教えた言葉は使わなかった。そういうわけで，はじめは，なにを望んでいるのかわからなかった。しかし，とうとう，その言葉を理解するようになった。私はそれを理解した，理解している，まちがっているかもしれないが。しかし，問題はそこにはない。報告をしろといったのはその声だ。それは私が今ではより自由だということだろうか。わからない。いろいろと習うことだろう。　　（Molloy: 176）（安堂信也訳『モロイ』）

続　編

この論文は，英国精神分析協会の応用部門での発表に先立って，まず「英国精神分析協会会報」で出版されました。それに応答してきた中の一

人がマサッド・カーンでした。彼は私に手紙を送ってきましたが，そのなかで彼は，「会報」で私の論文が目に留まったので，それについて議論したい，よければ新精神分析誌 La Nouvelle Revue de Psychanalyse に発表できるよう推薦したい，「私の秘書と時間を打ち合わせなさい」といってきたのです。その手紙には，「王子マサッド・カーン」と署名されていました[原注6]。

　この配慮に喜んで，私はマサッド・カーンの秘書ときちんと打ち合わせをしました。到着すると，私はおよそ45分ほど待たされました。

　ようやく私は彼の前に通され，はじめは彼の注目と関心に値する学者として扱われました。しかし私がどのようにして研究しこの論文を書くようになったのか，ベケットについて事前に何の知識も持っていなかったことを話すと彼の態度は一変しました。彼は，新精神分析誌の編集者に推薦する前に，私の論文にいくつかの修正が必要だと判断しました。彼が推薦しようとしているこの雑誌の特集は，「思考」についてでした。そこで彼は，タイトルを「ベケット：彼の思考されない思考」という私の論文から取ってきたものに変えるよう提案しました。「タイトルを変えなさい。そして，すべての引用を（出典を付けて）フランス語原典でしなさい。その論文を4部コピーして今日から3週間以内に私に提出しなさい。そうすれば，私はそれを新精神分析誌に掲載できるよう推薦しよう」

　彼に魅せられたままで，私は次の3週間空いた時間をすべて使って，私の引用に関係したフランス語の原本を探し出すのに費やしました。それから，私が用いたすべての引用箇所をフランス語で探し出さなければなりませんでした。しかしそれは私の仕事のほんの始まりにしか過ぎませんでした。それから私は指示された通りに，すべての引用を正確に強勢をつけてタイプしなければなりませんでした。しかし，コンピューターが広く使われるようになる前のことだったので，私は時代遅れのタイプライターを使って，それらの引用箇所を収めるためにすべての原稿をもう一度タイプしなおさなければなりませんでした。

　私は，求められていた原稿を滞りなくマサッド・カーンに届けました。

　原注6）Roger Willoughby（2004）は，マサッド・カーンの増大していくナルシズムを詳細に描いていますが，最後にはこのような誇大な挨拶の形にまでなったのです。

数週間の後，私はそっけない受け取り通知をもらいました。「私はあなたのタイトルが気に入っているけれども（それは彼が選んだのでした）」「あなたの論文は，このタイトルのテーマに十分沿っているとはいえない。だから，新精神分析誌に推薦できるほど十分な学識を備えた作品とは認められない」。

第7章
喪の哀悼と哀悼の失敗[原注1]

はじめに

　死別を経験した人へのカウンセリングは，傷つきやすさを抱えた一群の人々にとって，それからの人生が危うくなっている場合に重要な貢献をすると私は信じています。どのように上手く，あるいはどのようにまずく，人々が死別に対処するかが，残された人生すべてに影響を与えるでしょう。もし何の助けもなければ，人によっては完全には回復できないかもしれません。大切な人の死は，それまでの関係を良いものも悪いものも際立たせることになります。それぞれに向けてなされるべき作業があります。

　ここでは主に，精神分析家としての私の仕事からのものについて述べます。死別カウンセラーのような，死別を経験した人々と作業した幅広い経験を持っているとはとても私には言えません。それでも心理療法や精神分析において患者をみていくなかで，さまざまな性質の死別を経験した人々に私は出会ってきました。また，喪を哀悼できなかったために私のところにやってきた患者もいました。それらの患者たちから私は，喪を哀悼するための助けになったことやならなかったことを学ぶ機会を得ました。

　原注1）初期の版（Casement. 2000）は，Fort Da[訳注1]，北カリフォルニア精神分析的心理学協会誌　第2巻　20-32（2000）に掲載されました。原著はロンドンのウェストミンスター死別事業のために用意されたものです。Insikten　第5巻 8, 10-15（1999 Sweden）にも掲載されました。
　訳注1）フロイトが論文「快感原則の彼岸」（1920）に描いた1歳半の孫エルンストは，糸巻きを放り投げる遊びで，fort あるいは da と発声しました。フロイトはそれを，母親との分離への能動的反応ととらえました。そこから，この協会誌名がとられています。

1. 人生における死

　私たちの誰もが最終的には自分の死から逃れられないように，私たちの周りの人々，すなわち両親，友人，時には兄弟姉妹，さらには子どもの死もあるでしょうが，そういった人たちを私たちは死から守れません。そしてまた，別の性質の喪失を悲しんでいる人々がいることを付け加えておくべきでしょう。たとえば，早期に子宮摘出術を受けた人や流産した人たちといった，必ずしも他の人からそうと認められているとはかぎらない喪の哀悼です。職業を変えることや，人によっては引退すること，あるいは引越しをすることすらも，喪の反応を引き起こします。

　大切な人の死では，まるで人生そのものが終わってしまったかのように，あるいは人生における重要なものすべてが存在しなくなったかのように感じられるでしょう。それでも人生は続いていかなければなりません。ですから死別を経験した人では，たとえその人以上に人生の目的となっていた人が誰もいなくても，人生における目的を再発見することが重要です。ゆえに人生はもう一度組み立てられ，異なる基礎の上に据えられなければならないのですが，人によってはそれは不可能な作業のように思えるでしょう。

　私たちは自分のとても多くの部分を，愛する人のなかに，そしてその人との関係のなかに自然に注ぎ込んでいます。それでその人が死ぬと，まるで私たちもまた，その人の中にある自分自身のあるものを失ってしまったかのように，まるで自分自身のあるものがその人とともに死んでしまったかのようにすら感じるのです。あたかもその人から離れて，再び生を取り戻すことはもはやないかのようです。

　私たちの一部が死んでしまったとき，私たちはどうやって生きていけばよいのでしょう？　この問題が，喪を哀悼する過程の核心です。私たちはその関係の喪失を克服できる必要があるだけでなく，そこから基本的に私たち自身に属し，私たち自身の生命感に属するものすべてを取り戻さなければなりません。それなしでは，私たちは**死んだまま**であり，喪の哀悼は，必要とされる建設的で再−創造的な過程にならないでしょう。人生は生け

る屍のようになり，意味のない苦痛の状態に陥るか，その苦痛を感じないよう麻痺にはまりこんでしまいます。人々が半死半生のままで途方にくれてしまわないよう手助けするためにこそ，この人生の再発見に向けて創造的に喪を哀悼できるよう彼らを助ける方法を私たちが見出す必要があるのです。

2．死別と同一性

　私たちは皆，ある程度，私たちの大切な関係のおかげで，今あるようになっています。私たちはあの両親の子どもであり，あのきょうだいの兄であり姉であり，あの子どもの母親であり父親であり，私たちの人生のパートナーのパートナーなのです。それでは，その人が死んでしまったとき，私たちは誰なのでしょう？
　たとえば，親が死んでしまったら，私たちはもはやそれまでのように親に何かをしてもらうことはできません。慰めを求めたり，私たちに関心を持ってもらったり，親の人生経験や相談に頼ったり，時に喧嘩したり議論したりすることすらできません。私たちはそれらもまた失ってしまったのです。さらに両親が死んでしまうと，私たちはもはや以前のように守られておらず，私たち自身の死に直面しなければならないことに気づくでしょう。さらに，私たちはもはや誰の子どもでもないことに気がつきます。私たちはもはや，文字通りあるいは情緒的に，あの家庭そのものであった両親の庇護のもとにあった子ども時代の家庭を失ってしまったのに気づくでしょう。きょうだいもまたライバルであったり，あるいは人生の大切な時期をともに分かち合った子ども時代の仲間としてとても大切でしょう。
　配偶者の死は，とりわけ子どもたちがすでに家庭を離れていたり，あるいは子どもがいない場合には，多くの人にとって折り合いをつけることが最も困難なものです。そのとき，いつもいてくれた人生の伴侶が，非情にみえる不在に取って代わられ，その不在が決してなくなることのない苦痛に満ちた「存在」になります。
　子どもの死は，ひどく耐え難い経験です。何年にもわたって死にゆく人々と仕事をしてきたある看護師が，看護師の出会うさまざまな種類の死につ

いて書いています[原注2]。老人の場合は，とくに患者が苦痛に苦しんできたようなときには，ある種の安堵もあります。若い患者の場合，その死はいつも納得し難いものでした。彼らはまだ十分に人生を生きていなかったのですから。しかし，ほとんどの看護師にとって最も痛ましい死は，子どもの死であると彼女は書いています。そして彼女は，誰かの子どもの死について語りました。それでは，自分の子どもを失ってしまった親の場合はどうでしょうか？　私たちは，他の誰かにとってそれがどのようなものか，ただ想像できるだけです。それでも大抵は私たちの想像を越えているでしょう。

　子どもの死を経験した人は，その苦しみが筆舌に尽くしがたいことをときとしてそれとなく表しており，私たちはそれを理解する必要があります。たとえそうしてみようと試みる必要があるにしても，その人たちはそれをほんとうには他人に語れないのです。彼らは絶えず，どうだったか，そして，どうであったかもしれないと思い出します。他人の子どもは，ひどい苦しみを思い出させるきっかけになります。家庭もそうでしょう。今では家は，かつてそこにあった生活の抜け殻のようです。はじめにこの空虚さが絶え間なく現れ，それから，永遠に留まると脅すのです。

3．置き換えと代用の試み

　臨床実践でおそらく私は，子どもを失った人たちにかかわる経験を他の死にかかわる経験よりも積み重ねてきました。しかし，そこで学んだことの多くは，他の死別体験を持つ人々にもいくらかは応用できます。私が何年もみてきた患者たちにおそらくもっとも共通する特徴が，患者の子ども時代に死んだ子どもだということは重要でしょう。彼らの親たちは，その経験から十分回復できませんでした。おそらく決して語られず，おそらく決して認識すらされてはいませんが，家庭の中にはどこかに死んだ子どもの感覚が残っていました。生まれてこなかったきょうだいさえも，子ども時代に影を落としていました。しばしば，耐えられない空白を満たすため

原注2) Charles-Edwards, 1983。

にできるだけ早く別の子どもの誕生に慰めを得ようとする，この特異な対象喪失から回復しようとする試みがなされました。そうなると，「置き換えられた」子どもこそが，家族の苦難を吸い取るでしょう。しかし，その子は決してその置き換えになりきることはできません。

　喪を哀悼することは，手放せるようになり，人生を新たに続けられるようになることです。それは，置き換えることではありません。それはまた，死んでしまった子どものために家族墓地を買い，一つの墓の中で，最後に再び一つになれるように計画していたある夫婦が気づかなければならなかったように，死んだ人のための聖堂を作るといったことでもないのです。それが解決になる人たちもいるかもしれませんが，この夫婦にとってはそうではありませんでした。彼らにとっては，文字通り子どもと一つになることができない場所に子どもを残し，彼らの悲しみの焦点としてべつべつの埋葬を計画することが，（より困難であったでしょうが）大切でした。この別の休息の場所を作り上げるためには，墓の中で死んだ子どもと情緒的に一つになるのではなく，やがては他の子どもたちとともに希望を持って，生きた人々との家庭のなかで，もっと人生に根づいていく必要があることを彼らは理解しなければなりませんでした。しかし，そのステップを達成するためには，せかされないで時間が与えられる必要がありましたし，彼らは自分たちの人生において，子どもの死ではなく，ほかのものにこころを向ける日が来ることを理解するようになる必要がありました。

4．死別を体験した人に耳を傾けること

　以前のことですが，私はある子どものいない患者をみていました。彼女のごく最近の妊娠もうまくいきませんでした。異常を調べる医学的な検査の後，分娩が切迫して赤ん坊が死んでしまったのです。私は彼女のことがわかっていたので，この喪失が彼女にとって何を意味するのか，見当がついていました。彼女はすでに数回流産しており，いずれも非常に早期のことだったので，何年もの間彼女は妊娠をうまく維持しようと努力していました。ついに彼女はそれをどうにか達成できそうでした。しかし，今やお腹に子どもを抱えておける年月は過ぎ去ってしまいました。これは彼女が

子どもを持つ最後の機会だったかもしれません。

友人たちは、この女性の支えになろうとしましたが、彼女には助けとは思えませんでした。他の話で彼女の気をそらそうとする人たちもいましたが、彼女が集中できたのは、死んでしまった赤ん坊のことだけでした。他の人たち、とくに自分たちも流産を経験した人たちは、「今彼女がどんな気持ちでいるのか」わかると言って彼女を助けようとしました。しかし彼女の身になろうとする人たちの試みは、彼女の役には立ちませんでした。なぜなら、それはまさに彼女たちがやっていることだったからです。彼女たちが話していることは彼女たち自身の経験であって、彼女は自分の体験を誰かに話せるようになる必要があったのです。

それは、私が述べているその女性にとってとても難しいことでした。というのも、彼女は自分が赤ん坊を安全に守れなかったことや、間接的に健康な赤ん坊を死なせることになった処置を自分が認めてしまったことに大変な罪悪感を感じていたからです。彼女はこの罪の感覚を夫と分かち合いましたが、彼女が自分を責めていたように、彼が彼女から責められていると感じるのではないかと怖れ、そのことについて彼には話せませんでした。そこで彼女は私に話しました。

赤ん坊を失った後の最初の数セッションで、この患者と一緒にいるとき、私はほとんど話しませんでした。ほとんどの時間、彼女はただ彼女の苦痛を吐き出すだけでした。彼女があまりにひどく泣くので、なだめたり、なんとかして彼女の苦悩を和らげたいという誘惑に私はかられました。しかし私には、彼女がそのときの自分の情緒的な現実を表現していることがわかっていましたし、それに触れることに耐えられるよう、私を必要としていることがわかっていました。もし何らかの仕方で私が彼女を苦悩からそらそうとしたり、叫びを和らげようとするなら、それはほぼ間違いなく私自身を守るためだということも、私にはわかっていました。このような苦悩に直面させられることは、ほとんど耐えられないことでした。

個人的には、私はまったく無力を感じていました。彼女が経験していることを変えるために、私は何も伝えられませんでした。しかし**専門家として**、それが分かち合うことのできない苦痛であり、ほとんど耐えられないままであると私にはわかっています。もし他の誰もそれに耐えられないな

ら、死別を経験した人がそれを一人で耐えられるはずがありません。あたかも死別を経験した人の苦痛が、他の人には危険なものとして経験されているようにみえるかもしれません、とりわけ、もし彼らが巧みに自分たちを守ろうとするなら。こうして私は、患者たちが私に持ち込む彼らの苦痛に留まり、そしてその苦痛が私に届くようにさせておくことを習得しました。もし彼らが結果的に自分たち自身で耐えられるようになるなら、それは彼らと一緒に耐えることのできる誰かと**一緒**にいる経験を彼らがしたことが助けになっていると私は信じます。

　沈黙の中で彼女に耳を傾けた長い時間が過ぎた後で、私は彼女に言いました：「気持ちがあなたにとってすさんだものとならないように、私がかけられる言葉は何もないのを私はわかっています。私にできると思う唯一のことは、苦悩の中にあるあなたのためにここにいて、あなたと一緒に、必要と思われるだけの時間、最後までい続けることです」。彼女は答えました：「あなたが私から取り去れないのはわかっています。実際、あなたに取り去ってほしいとは思っていません。でも、あなたがそこにいてくれるのが助けです。あなたの顔をみると、あなたが私の苦痛を私と一緒に感じる覚悟をしているとわかるのも助けになります」。少し後に彼女は付け加えました：「あなたの目が、何より大切であると私に語っています」。

　彼女がそんなにも絶望して泣いているときに、私の目の中にも涙が満ちていたことを私は彼女に隠そうとはしませんでした。しかしまた、涙をぬぐう動作によってそれに注意を引きつけないよう私は気をつけていました。私が注意を集中すべきなのは唯一、彼女の苦痛であって、それが私に及ぼすものではないのです。

　この死別を経験した母親を援助しようとするやり方について、私がここで描き出そうとしたのは、差し迫った苦悩のただ中にある誰かとともに、耐えられないものを最後までともにしようと試みることのとてもシンプルな例です。その扱い方の一例を示そうとしているのではありません。この種の治療的に望ましい達成には、**正しい方法はありません**。私たちそれぞれが、どのようなやり方であれ自然で率直に自らを用いることを学び、できる限り防衛的にならないようにしなければなりません。やがて人はそれぞれまったく異なっているということがわかってくるでしょう。どんなに

たくさんの死別を経験した人々を私たちがみたとしても，私たちはそれぞれの新しい人から，手助けになることとならないことを学ばなければなりません。

5．喪の病的な哀悼，もしくは喪を悲しめないことの例

　哀悼ができないことにはさまざまな理由があります。人によっては，死の衝撃から自分を守ろうとするあまり，押し潰そうと脅かしてくる感情を自分たちの中に抱えてしまい，無意識的に影響され続ける一方で，これらの感情を食い止めようとするでしょう。また大変な悲嘆にくれていても，喪を哀悼できない人たちもいます。これは，彼らが失われた関係を絶対手放すまいとして抗うからで，そのためにどうしても喪から，その死の向こうにあるいかなる生にも向かえないのです。

　未婚女性のWさんは母親が亡くなったとき，私との週1回の心理療法に来ていました。一見したところ，彼女はこの死にうまく対処しすぎていました。6カ月後，ヨガ教室に行き，その途中で彼女は急性の精神病的な破綻に陥り，そのために入院してしまいました。その経過は私の最初の本『患者から学ぶ』（Casement 1985: 147-53; 1991: 123-27 邦書 164-169）に述べていますが，ここに再び取り上げてよいように思います。

　精神病院で私がWさんに会ったとき，彼女はまだ精神病の状態で，突然話し出しますが，それは理解しがたいものだったり一貫性を欠いていました。しかしこの途切れ途切れのコミュニケーションから，私は次の部分を聞き取りました。

　　ヨガ……（間）落ちる……すべてが落ちる……止まらない。（間）抱えられる……ヨガの先生が私を抱える……（間）ばらばら……彼らは私に書いた……ヨガ教室……（間）6カ月前から……それ以来来なかった……私はまた落ちていく……落ちるのを私は止められない。

　この奇妙なコミュニケーションをたどるうちに，母親が亡くなってはじめてヨガ教室に来るまでのあいだ，Wさんが母親の死の情緒的な衝撃をど

うにかしてかわしてきたことが私にわかってきました。強烈な退行に陥りながら、突然彼女は母親のいない子どもになってしまったようですが、その退行は情緒的な苦痛のただ中にいても彼女を抱えてくれる母親はもはやいないという経験を表しているようでした。しばらくたって、私は彼女に言いました：

　　お母さんが亡くなった後、あなたがはじめてヨガ教室に行ったのだと私は感じます。そのときあなたは、あなたが前回そこに来たときにはまだお母さんはいたと思ったのではないでしょうか。それで、落ちていくのを止めてくれる人が誰もいないまま、落ちていく感覚に身をゆだねながら、あなたは突然、自分が母親のいない子どもだと気がつき始めたのかもしれません。

　これを告げると、彼女は静まりました。それから数分間の沈黙の後、彼女は答えました。

　　今、落ちていくのは止まっています……あなたが私をちゃんと抱えるために、そこにいてくれている……あなたが落ちていくのを止めてくれています。

　もちろん、彼女の喪の哀悼を援助するには多くのことがなされる必要がありました。しかし、少なくともその過程は始まっており、そこで適切な手助けが得られるなら、どうにかやっていけそうだと彼女は気がついたのです。
　精神病的な破綻を来たした患者とのこのような作業は、死別を経験した人とのカウンセリングとはいささか異なるものです。しかしそのことは、死に出会ったときの喪失の感情が適切に認識されない場合、表面的な対処の下に存在しうる脆い状態について大事なことを示しているように思います。
　喪の哀悼の感情がはっきりと認められているにもかかわらず、実りあるものになれない喪の哀悼のひとつをこれから考えてみたいと思います。

6．メランコリックな喪の哀悼

　ここで私が言おうとしていることは，すべての精神分析家や心理療法家によく知られています。それでも，フロイト（1917）が理解したメランコリアの力動についての説明が役に立つ人々がいます。喪の哀悼が漠然とあいまいに進んでいるように見えるとき，私たちはメランコリアといいます。死に対する反応としてこれを分析的に理解すると，亡くなった人との関係が，激しい未解決のアンビバレントな状態——その他者を愛しかつ憎んでいる——であったのです。そこでその他者が死んだとき，生き残った人はその死別の経験から回復できないようにみえます。しばしば，はっきりと自己破壊的だとみられる反応があります。死別を経験した人が，意味深いやり方で死んだ人と同一化するようになり，死因となったあらゆる症候を我が身に引き受けたり，彼らの独特な癖を身につける様子が見られる場合も少なくありません。メランコリックな喪の悲しみには，自己攻撃や自己非難も多く認められます。

　現在では分析家は，アンビバレントな関係の負の側面に基づいたこれらの典型的なメランコリックな反応を，それが死んだ人から切り離されて死別を経験した人自身の自己の一面に付与されたと考えます。こうして死んだ人は，理想化され以前のアンビバレンスから保護され，あたかもその関係に何の欠点もなかったかのようにされます。死別を経験した人が，生前にはもともとの関係の主な部分であったかもしれない攻撃の対象となるのです。

7．無意識的罪悪感

　しばしば私たちは，（エディプス状況のように）人の死を願います。しかし，もちろん真からではありませんし，願望として考えたことがかなえられたと思うと恐れおののきます。ですから，死別を経験した人が死に対して何らかの責任を負っていると感じると，それが無意識に駆り立てられた自己処罰につながります。たとえ死別を経験したその人は気づかなくて

第7章　喪の哀悼と哀悼の失敗　157

も，傍から見ている人にとっては，彼らが無意識的な罪悪感と闘っていることは極めて明白でしょう。

　無意識的な罪悪感を抱えている人をどのように手助けできるでしょうか？罪悪感が（魔術的な思考のように）無意識的なまちがった結びつきに基づいている場合には，その罪が，不合理でまちがった結びつきでなくあたかも理にかなった反応であるかのように，死別を経験した人が罪悪感を感じるべきだと私たちが思っていると思わせないことが大切だと私は考えるようになりました。

　FWAで家族ソーシャルワーカーをしていた頃，結婚カウンセリングに来ていたある夫婦を私はみていました。私が妻と会い，同僚が夫と会っていました。そして時々，私たちは夫婦と一緒に会いました。私のクライエントは，しばしば夫への軽蔑をひどくあからさまに口にしていました。彼女の目からすると，夫はどんなよい特質もまったく持ち合わせていないようでした。彼女はなぜ彼と結婚したのかわからず，なぜ彼と一緒にいるのか，あるいはなぜ彼女が結婚カウンセリングをわざわざ受けることにしたのか，わかりませんでした。夫がいなければ，もっと幸せに暮らせるのにと考えていました。事実，彼女はしばしば彼の死を願っていました。このようにしてJ夫人が夫への軽蔑で頭が一杯だったとき，夫は心臓発作に見舞われ亡くなってしまいました。そうしたところ彼女は，あたかもいつも夫を敬慕してきたかのように，深く悲しみに沈む妻へと変わってしまいました。彼女は最高に手の込んだ，高価な葬式を用意し，私と一緒にいる時間のほとんどを夫を褒め称えて過ごしました。

　しかしJ夫人は明らかに深刻な抑うつに陥っていました。葬式の後すぐに皮膚掻痒症になってしまい，そのため彼女は頭がおかしくなってしまいました。それに対して医者たちは何の手助けも見つけられませんでした。彼女は絶え間なく自分を掻き続け，両腕はずたずたに裂けてしまいました。それは見るも痛ましいものでした。

　そのころ私は心理療法家訓練生でしたが，以前はあれほどことばで表現していたいら立ちが今では身体的に表現されており，私が目にしているのは夫の死に対する彼女の罪責反応だと感じました。それはまるで，夫に対する彼女の攻撃が彼女自身に向けられているかのようであり，あたかもまっ

たく文字通りに夫が彼女の皮膚の下に入り込んでしまったかのようでした訳注1)。私はおろかにも，この解釈を伝えようとしました。しかし彼女は無意識的な罪悪感を感じているのだろうと私が伝えようとすればするほど，彼女はいっそう，私が彼女を非難しており，あたかも彼女が罪悪感を感じるべきだと言っているかのように感じるのでした。私の話し方は，明らかにそのように聞かれているようでした。私は彼女を責めていないのですが，彼女はとても腹を立て，私ともう会わないと拒絶しました。

その後にもたれたケース検討で，私がJ夫人に解釈しようとした下手な試みを話すと，ある同僚は私を叱責して，私がただ「傷に洞察を加えただけだ」と思うと言いました訳注2)。彼女はまったく正しかったのです。

現在では，もしJ夫人とのこのような無意識的罪悪感の問題への接近が適切だと感じたなら，わからないという姿勢を私はとろうとするでしょう。私は，あたかも彼女が自分を処罰しているかのように，ある種の自己攻撃のように見えるけれども，それが何のためかは明らかでないその引っ掻くやり方に，彼女の注意を向けるかもしれません。もし夫への攻撃に関する罪悪感をみる用意が彼女にあるなら，彼女は私と一緒にその意味を理解しようとしたかもしれません。それから多分，私がよく目撃してきたことを彼女はわかっていますが，彼女のこれまでの夫への攻撃が，どのようにして彼女自身に向けられるようになったのかを，私たちは見ていったでしょう。そこでおそらく彼女は夫に向けた怒りに，死んだことに対する夫への怒りにさえも，思い切って立ち戻って触れることができたかもしれません。ひとたびもっとこころを開いて話せたなら，皮膚の搔痒感で彼女をとても苦しめていたこの自己攻撃が和らいだかもしれません。私たちは自分のあやまちから学ばなければなりませんが，J夫人は，悲しいことに私の学びによる恩恵を得られませんでした。

訳注1) get under one's skin には，皮膚の下に入るの意味と，怒らせる，いらいらさせるの意味があります。

訳注2) 傷に洞察を加える adding insight to injury は，慣用句，傷に侮辱を加える adding insult to injury，つまり，さらにひどい仕打ちを加えることのもじりです。

8. 哀悼はできなかったが，好ましい結果がもたらされたもうひとつの例

　T夫人は，婦人科的な痛みの問題で心理療法のために私に紹介されてきましたが，その痛みはどの医者にも説明できませんでした。その痛みはとてもひどかったので，5年間，性交ができませんでしたし，結婚は破綻しそうになっていました。しかし私には，これは喪を哀悼できないケースだとやがてわかってきました[原注3]。

　私との最初のコンサルテーションで，T夫人は（どちらも出生時には正常だと思われた）二人の赤ん坊を持ったが，どちらもが6カ月から痛みを訴えはじめたという経験について述べました。赤ん坊は投薬を受けているときを除いてずっと耐えがたい叫び声をあげるようになり，そして二人とも1歳になる前に死んでしまったのです。

　それからT夫妻は遺伝子カウンセリングに行き，そこで，これから後の妊娠で同じような異常が起きるのは50パーセントの可能性だと告げられました。そのためT夫人は不妊手術を勧められ，彼女はそうしました。そしてその手術の後に，3番目の胎児が中にいたが，その子もまた取り除かれたことを知ったのです。こうして彼女は，三人の赤ん坊を失ってしまったのでした。

　この恐ろしい説明全部を，T夫人はわずかな情緒も見せずに私に語って聞かせました。顔にはまったく表情がなく，生気なくこわばっていました。私はどうかといえば，泣いてしまいそうでした。しかし，もしT夫人がもっと自分にふさわしく自らの涙に触れていたなら，彼女のために私がそんなにひどく動揺しなかっただろうと私はわかっていました。それはあたかも，私がこころの中で**彼女のために**泣いているかのようでした。このことによって，婦人科の痛みがまさに喪を悲しめないことから来ているのだと私は理解しました。この最初の印象は，私が彼女に赤ん坊が亡くなった後に泣いたかどうか尋ねて確かめられたようでした。彼女は私に，どの子の死に際しても，葬式のときにすら，決して泣けなかったと語りました。

　原注3）このケースは以前の論文（Casement and Lewis 1986）で議論しました。また，Casement（1985:78-80; 1991: 68-70　邦書 89-92）に収められています。

彼女の身体は彼女の心理的な痛みを，**あたかもそれが身体的なものであるかのように**，表現していると私はそのときほぼ確信しました。なぜなら彼女は，赤ん坊の死についての自分の感情に適切に触れることができなかったからです。まさに赤ん坊の出生ともっとも関連する身体の部分が，それ以来この表現されない痛みの中心点となったこともまた重要でした。そこで私は，T夫人にしばらくの間私と定期的に会うように勧め，二人の赤ん坊の病気と死の経験を私に詳しく話してほしいと伝えました。

T夫人と会ううちに，彼女の家族がそれらの悲劇から彼女の注意をそらすやり方で誤って彼女を助けようとしてきた様子について，私はたくさんのことを聞きました。最初の葬式の後，お互いにできるだけ慰めあえるように，彼女は夫とふたりだけで家に帰りたかったのです。しかし母親は，一緒に食事をするために関係の近い親族も葬式から帰ってきたほうがいいと決めていました。T夫人が，家には出せるものが何もないと言ったとき，母親は彼女を食料の買い出しに送り出しました。母親は，それが娘のためにいいだろうと提案したのです。それが娘のこころを葬式から引き離してくれるだろうからと。

T夫人は，最初の赤ん坊を看病した最後の数ヵ月間の経験と，次に葬式と葬式後の茶会のために感覚を失ってしまいました。しかし，そのときすでに2番目の赤ん坊を身ごもっていることがわかっており，彼女はそれに慰められました。けれども，それからすべての過程が繰り返され，2度目の葬式の後，T夫人は再び泣けませんでした。彼女は，内側でまったく死んでしまったように感じていました。

避妊手術の後，T夫人は死んでしまった赤ん坊たちによる空白を埋め合わせようと，二人の子どもを引き取って育てました。やがて彼女と夫はその子たちを養子にし，それで彼女のこころはいつも忙しくなっていました。しかし内側では，彼女はいまだに死んでいると感じていました。

T夫人に赤ん坊について，そして赤ん坊との経験について私に話すよう数ヵ月に渡って励ました後，彼女はもっと自分の気持ちに触れるようになり，ときには泣いたりするようになりました。それと平行して，婦人科的な痛みはかなり少なくなり，性交が再び始まりました。T夫人が再び性交ができるようになったにせよ，まだオルガズムに達するのを受け入れられ

ないことが今では明らかになりました。何かが彼女を抑えていました。受胎や赤ん坊の誕生に密接に関わる感情にもっと深く触れることを，彼女がいまだに恐れているのではないかと私は感じました。ある日彼女はオルガズムに達しました。そこで私たちは，彼女が何から自分を守ろうとしていたのかを見出しました。そのクライマックスの後彼女は，これまで覚えているかぎりの経験で最も深く激しい苦悩に落ち込みました。彼女は病院で，手放させようとして，抱えている赤ん坊から彼女の指を無理に引き離そうとしながら，彼女から死んだ赤ん坊を取り去ろうとする看護婦のことを生き生きと覚えていました。それが，彼女が他の何よりも締め出していた記憶でした。しかしそれにたどりついたことで，彼女は回復し始めました。

結婚はもう一度生き生きとしたものとなり，性交は二人にとって再び満足のいくものとなりました。それにもかかわらず彼女は，クライマックスのあとにまだ深く泣き叫ぶことがしばらくありましたが，それはすべて彼女の喪の悲しみの一部でした。すっかり遮られていた喪の哀悼は，長い歳月を経て，今や**進み始めた**のです。

ひっくるめておよそ９カ月という，わりに短い期間私はＴ夫人と会いました。たまたまそれは妊娠が維持される期間でした。彼女は次の年に私に書いてきました。進歩は維持されており，彼女は多くの点でもっと幸せでした。そして忙しさへと駆り立てられることも少なくなっていました。

結　び

喪の哀悼とは，究極的には手放すことにかかわります。私がまだ論じていないのは，手放すことに対して本質的に対照的なものである，死んでしまった人との内的な関係の再発見です。取り戻された記憶は，以前に失われてしまった外的な関係に由来していた支持の感覚を内側から再び確立するのに大いに役立つでしょう。死んだ両親や死んだパートナーとの内的な関係は，時を越えて驚くほどに変化していきます。しばしば，怒りに満ちた関係は徐々に許しのあるものに，非難に満ちた関係はより共感的なものに取って代わられます。

第8章
実践中のこころの中の
スーパーヴィジョン：症例提示

およそ20年にわたって私は，「実践中のこころの中のスーパーヴィジョン」というテーマでクリニカル・ワークショップを主宰してきました。ワークショップは，あるひとつのセッションの提示から始まり，参加者にその臨床素材を用いて作業するよう私はうながしました。私はいつも同じ素材を用いました。というのも，私が行なっていた臨床セミナーでかつて発表してくれたある訓練生のひとつのセッション記録を用いるのが，私たちみんなにとって有用な学びの経験になるとわかったからです[原注1]。

ワークショップでのこのセッションを用いた作業を始める前に私は，こころの中のスーパーヴィジョン過程に関連する私のいくつかの考えを概説することにしていました。私はまた，この概念の歴史や，セッションの中で，特にスーパーヴィジョンの後のセッションで，皆が他人の考えを非常に多く用いていると私がよく気づくようになった経緯を述べました。その代わりに，私たちはこころの中のスーパーヴィジョン過程を発展させる必要があります。そうすれば患者と一緒にいるときに，私たち自身の考えをもっとすばやく利用できるようになると私は話してきました。

ひとたびなじんでくると，この過程は耳を傾けているときにはほとんど意識に上らないものとなるでしょう。このために時間を割くことはできません。それによって私たちの注意がそらされるべきではありません。家族療法の研修生が，マジック・ミラーを通して見ている現実のスーパーヴァ

原注1）この素材を出版する許可をこの訓練生自身から得たかったのですが，もはや私には彼の名前がわかりません。そこでその代わりに，出版の許可はその訓練生が訓練を受けていた訓練組織から得ました。オリジナルの臨床作業は20年ほど前になされたものです。

イザーからの「伝言」によって教示を得るときのように，私たちはこの過程を，私たちの考えの中の別の声に注意して耳を傾けるようにはしません。

　詳しく語られたことから主題を抽出するように私は勧めます。その結果私たちは，セッションの中で時間を超えて現れてくる，潜在的な意味の形状をよりうまく感知できるのです。また，**両手を使って聞く**という表現で私が考えるようになったものを提唱します。これによって私が考えているのは，一方では私たちが患者の言っていることに，おそらくは字義通りに耳を傾け，他方では患者のコミュニケーションの中に含まれていると思われる全く異なったものを聞くということです。

　ちょうど家族療法やマリタル・セラピーで二人の治療者がいるように，セッションのなかで（いわば）**二つの頭**を持つ必要があることについても話してきました。それによって私たちは，自分たちの一部分は患者との力動のなかにとても深く引きずり込まれるままに任せており，一方もうひとつの部分で何が起こっており，なぜそうなっているのかについて考え続けます。

　臨床素材を用いてさまざまな理解を試みながら**練習する**ことを身につけたいものです。これはいつでも役に立ちます。ここで強調される点は，治療者はセッションをこう取り扱ってよさそうなものだと，まるで批判するかのように論評するのではなくて，私たちが別のときにはどんな風にちょっと違うやり方をするだろうかと，もっとじっくり考えてみることです。この種の議論は実際，治療者の批判が目的ではありません。むしろ，私たちが異なる可能性に注意を払えるよう助けてくれるでしょう。私たちはみな，遅かれ早かれ似たような状況に自分がいると気づきます。ですから私は，そのようなときへの準備として，臨床ビネットでの練習が役立つと考えます。

　この練習は，音階の訓練や他の技術練習をしている音楽家と似ていると思います。もちろん，このような練習がコンサートで演奏されることはありません。しかし公演の際に音楽家が演奏できるように，指がより滑らかに動くのを助けてくれます。同じように，臨床の仕事で私たちは滑らかに対処できるようになり，その結果，別の機会に私たちが話しそうなことの含意や別の可能性をもっと容易に聞き取れるようになります。そうすると，

私たちはセッションで患者といるときに，ずっとスムーズに考えられるでしょう。

こころの中でのスーパーヴィジョン実践の中核は，**患者との試みの同一化**にあります。それは，セッションの瞬時瞬時に，話す前と後に，患者の見地から自分自身に耳を傾けることです。

私はまたワークショップの参加者に，**無意識のスーパーヴィジョン**[原注2]という考えや，患者による**無意識の批判**——置き換えによる無意識の批判，対照による無意識の批判，とり入れられた照らし合わせによる無意識の批判，ミラーリングによる無意識の批判——という私の考えを思い出してもらいます。（これらの十分な記述については『あやまちから学ぶ』を参照，Casement 2002: 21-24 邦書 28-32 ページ）。

提示される臨床素材に基づく議論を進める前に，**間接的な逆転移**とラッカー（1957）が呼んでいるもの——分析家や心理療法家が患者と直接関係しないある何かによって影響されること——を，私たちがこころに留めておくべきだと私はいつも強調しています。これはとりわけ，臨床セミナーで提示するよう求められている人物に当てはまります。

ここで今から分かち合おうとしているセッションの提示者は，そのセッションを書き上げなければならないとの思いにほぼまちがいなく影響されていました。そのためセッションの細かい部分やつながりを記憶にとどめようとして，彼はいつものように患者と二人だけでいるというわけにはいきませんでした。ですから彼は，症例提示を意識しないときにしていたようには患者に対応していませんでした。そういうわけで，患者からのさまざまなヒントに彼が対応するのを私たちが期待しているまさにそのときに，このように巻き込まれている治療者の生（なま）の感覚を私たちは手にしています。けれどもこの間接的な逆転移という考えをこころにとどめておくと，私たちは治療者のあやまちをよりいっそう理解できますし，セッションがそのまま記録されたその正直さに対して彼にとても感謝できるのです。

ワークショップでは，私は臨床素材を一度にほんのわずかだけ読み，参

[原注2] **患者による無意識のスーパーヴィジョン**という考えは，Harold Searles の論文「分析家にとっての治療者としての患者」（1975）から芽生えました。しかし Langs（1978）がこの用語を明確に述べているのが私の最初の出会いでした。

加者に私のコメントや働きかけに応じるようううながします。このやり方は，私たちがセッションを経験するその体験の仕方により近いものです。もちろん臨床セミナーでよく行なわれるように，ひとつのセッションをまるのまま取り上げるやり方には大きな価値があります。しかしここでは，このやり方で練習する時間を持つときにセッションの各々の部分から私たちがどのぐらい多くのものを拾い上げることができるかを描き出そうと思い，私はセッションの部分部分を用いて進めています。

ワークショップの典型的な進行例

ケースメント：訓練中の心理療法家によって用意された記録を逐語的に読んでいきます。私に向けてなされたプレゼンテーションは次のようです[原注3]。

男性治療者：女性の患者。この患者は3カ月治療に通っています。最重要の主題：先天性の足の変形による生後6カ月からの複数回の入院。彼女はすでにある女性とカウンセリングを行なっていましたが，それに対して彼女はひどく不満を抱いています。今の治療者と彼女は週3回会っています：月曜，木曜，金曜。以下のセッションは金曜のセッションです。

この時点で私はワークショップに対し，提示されたところからこの素材にチューニングしていくよう促します。

ケースメント：ここで私たちは何を聞いているのでしょう？　また，どんな領域にこの患者が特別な感受性を持つと気がつきますか？
グループ：分離。不在。なじみのない場所に一人取り残されること。
ケースメント：なるほど，そうですね。また今回が，助けを得ようとする二度目の試みなのかなと思うでしょう。
グループ：彼女は，この治療者を前のカウンセラーと比較しそうです。悪いカウンセラーと並べて，この治療者を理想化するかもしれません。彼女はこの治療が上手くいくかどうか，不安に感じていそうです。
ケースメント：そうですね。とりわけ私たちは，あそこの悪いものとここのいいものの間のスプリッティング，悪いものとしての以前のカウンセラーに気をつ

原注3）この章では，イタリック体は私が治療者自身の記録を引用するときに用いられています。彼は自分自身を「治療者」と述べています。

けるる必要があります。

ここで，もう少し聞いてみます：

前のセッションで，治療者はドア向こうの彼女に応答するのに2, 3分遅れました。

ケースメント：もしあなた方が彼女のような背景を持った患者であれば，この閉じられた扉の外であなたは何を感じるでしょうか？
グループ：拒絶される。締め出される。望まれていない。不安。何か間違っているという考え。自分が時間を間違ったのではないかという怖れ。
ケースメント：そうですね。そこで彼女が不安を感じているかもしれないということを取り上げる場合，彼女はどの年齢でその不安を経験していそうでしょうか？
グループ：彼女が病院に取り残されたときとつながるかもしれません。
ケースメント：その通り。そして，それが起こったとき，彼女はとても幼かったのです。それで，もし彼女がこの出来事をその早期のレベルで経験しているとしたら，「2, 3分」は永遠のように感じられたかもしれません。記録は続きます：

このセッションでは，その患者は1時間早く現れました。

ケースメント：さあ，もしあなたが治療者で，あなたの患者が1時間早く現れたら，あなたはどうしますか？ここにあるものが明らかにされる必要があります。
グループ：「早く来ましたね」と私は言いそうです。「入ってください。待合室で待っていてください」と私は言うでしょう。「時間に関して間違いがありそうです」と言いそうです。
ケースメント：患者は，彼女が来るのをあなたが予想していなかったということ，あるいは時間について何かあやまちがあったことを知る必要が多いにあります。しかしもし私が「早く来ましたね」と言い，あなたが患者だったら，あなたはそれをどう聞くでしょうか？
グループ：批判されたと私は感じそうです。
ケースメント：そうです。これは，「あなたは遅い」と言った場合と同様に関連づけられそうに私は思います。両者は時間通りでないとのことについての別の表現形式ですから，同じように感じられるでしょう。もしそうではなくて，単に時間についてのあやまちがあるようだと私たちが認めるなら，私たちが患者を批判しているとは聞き取られにくいでしょう。

第8章 実践中のこころの中のスーパーヴィジョン：症例提示

　患者に待合室に行くよううながし，一時間待ってもらうという考えについてはどうでしょうか？　このとき別の患者が来る予定になっているとしたらどうでしょうか？あなたは，待合室に二人の患者を一緒に待たせることになります。あるいは，なんとかして一人を面接室に入れるとしても，それでも待合室で待っているもう一人の患者がいるとあなたは知っているので注意が散漫になるでしょう。それに，あなたの患者は次の患者が立てる雑音を耳にするかもしれませんし，聞かれる不安を感じるかもしれません。

　私はおそらく次のように言うでしょう：「もう少しあなたの時間が近づいてから，戻ってきてもらうのがいいのですが」。私は彼女に命じたりはしません。私はただ好ましいと述べるだけです。いずれにせよ患者がそうすると言い出すかもしれません。そうなれば私はそう言う必要もないでしょう。でも彼女がそうと気づかなければ，境界を維持することは私の責任だと私は考えますから，そのとき私は彼女に，もうしばらくしてから戻って来るようにと頼むでしょう。なぜなら，（あなた方に）私がすでに話したように，すでに一人と会っている一方で，待合室にはもう一人の患者がいるのですから。

　ここにもう一つのポイントがあります。この患者が早く来るというあやまちによって，時間に関する問題をこのセッションに持ち込んでいるとのことに私たちは気づきます。これは前日に戻って関連づけられそうです。記録は続きます：

　治療者は時間が空いていたので，今から彼女に会うと即決します。患者は自分の「過剰な時間厳守」に全く気がついていないようです。

　ケースメント：私たちが即決するとき，そこでは何が失われているのでしょうか？
　グループ：考える時間がありません。
　ケースメント：その通り。そしてここで即決とともに失われているのは，患者にこの時間は彼女の時間ではないとのことを明らかにするという課題です。もし彼女がこのことに気づいたら，いつも彼女のために取っておかれている時間に戻って来ようと彼女は思ったかもしれません。ここで私たちは，彼女が早すぎることをわかっていないようであり，それは治療者にとって彼女に対する不公平な好都合をもたらしそうだということを学びます。こうして治療者は彼女が知らなさそうなことを知っています。また治療者はこの出来事を奇妙にも，彼女の「過剰な時間厳守」と呼んで記録しています。それが何を意味するのか，私にはまだわかりません。続けて聞きましょう：

　患者はカウチに横になり，すぐに，むしろ急いで，話しはじめます。

ケースメント：患者についての描写から，彼女がほぼ間違いなく不安だと私たちはわかります。彼女がどのように続けていくのか見てみましょう。

患者：「私はこの前の木曜日（昨日ではない）のことを考えていました。その日は，もうやり過ごせないと感じていました」

ケースメント：彼女は昨日のことを考えているのではないと言っています。これは否定のよい例です。昨日のことを話すという考えが彼女のこころによぎりますが，しかし彼女はただちにそれをこころから抹殺しようとします。治療者は何も言いません。ここで何も言わないのはいいでしょう。あるいは彼は，「昨日のことについて何か」彼女が考えたくないことがありそうだと言えたかもしれません。患者は続けます：

「その日をやり過ごせないという感じ……昨日，仕事中に，もし私がちょっとでも立ち止まってしまったら，床に倒れてもう立ち上がれないだろうと私は感じていました。息も止まってしまって。少しばかりパニックになりました。私は進み続けるしかありませんでした。今日は，それほど悪くありません」

ケースメント：患者はその日をやり過ごせないと話しています。彼女は自分の考えを昨日から切り離そうとしながら，話を昨日へと進めています。それにしても「もし私がちょっとでも立ち止まってしまったら」とは，彼女は何を言っているのでしょうか？　このセッションで彼女は前もってちょっとだけ立ち止まりましたが，その間治療者は何も言いませんでした。彼はこのセッションがどのように始まったのかを記憶しておこうとするのに忙しく，おそらく注意がセッションの流れではなく，後で書き上げる記録に向いていたのだろうと私は思います。それで患者は，彼が何か言うように止まっているのです。彼が何も言わないので，彼女は独力で何とかするよう取り残されています。それから患者は私たちに，床に倒れ，再び立ち上がれないのではないかと心配だと語ります。なぜ彼女が床に倒れるのではないかと心配しているとあなたたちは思いますか？
グループ：それは彼女の足の変形のためで，足で立つと不安定なのかもしれません。あるいは，自分を抱えてくれる人がそこには誰もいないと彼女が感じているのかもしれません。
ケースメント：そうです。彼女は，病院にいたときも自分で自分を抱えるしかなかったと私たちに話しているのでしょう。そしてそれがだめになってしまいそうなのです。そうしながらも彼女は，「進み続け」なければならないのです。

第 8 章　実践中のこころの中のスーパーヴィジョン：症例提示　**169**

　　患者は「今日は，それほど悪くありません」と言って話し終わります。治療者は続けて報告します：

間を置いた後，彼女は続けます：「でも，腕に痛みがあります」

ケースメント：これは否定や否認に関して耳にする典型的な表現形式です。たとえば私たちは，「私は（何々について）怒っていません，でも……」とよく耳にします。彼女が今日はそれほど悪くないと言う否認はうまく働いていません。この患者がなぜ今腕に痛みを感じているとあなたたちは思いますか？
グループ：その腕は，彼女が昨日来たときにベルを押すために使った腕かもしれません。
ケースメント：そうかもしれません。でもそれではなぜ，今は身体的なものとなっている痛みを彼女が抱えていると思いますか？　それは，彼女が考えまいとしている昨日の情緒的な痛みが身体化しているのかもしれません。おそらく，身体的な苦痛を抱える方がもっとたやすいのかもしれません。それだったら，彼女が自分で面倒みられます。他の人が見落としてしまいそうな情緒的な痛みよりもまだましなのでしょう。患者は続けます：

「昨晩はよく眠れませんでした。うまくいかなかったのです。ここでもやっぱりそうです。」（腕をさする）

ケースメント：彼女は，今日はそれほど悪くないと自分や治療者を納得させようとしていますが，彼女はまだ痛みを抱えています。彼女は腕をさすります。これもまた痛みを彼女自身で何とかしようとして自分で抱えることの一つの形なのかもしれません。治療者はまだそれに気づいていません。身体的なものであれ情緒的なものであれ，まだそこに痛みがあることを彼女ははっきりさせています。彼女は続けます：

「私はアンナ・フロイトの本を読んでいます。仕事の行き帰りに読んでいます。時間を埋めてくれます。今，こころはぼんやりしています。」（彼女はカウチの上で落ち着きなく動いている）

ケースメント：なぜ彼女はアンナ・フロイトの本を読んでいると思いますか？
グループ：それは分析家の本です。治療についての本です。子どもについて知っている人によって書かれた本です。彼女は本を読んでいるとき一人ではありま

せん。

ケースメント：まったくその通りです。そしてそのことが，おそらくとりわけ前日から，この患者がどんなに一人ぼっちだと感じてきたかに光をあててくれているように私は思います。ドアの外に締め出されたときの彼女の不安のレベルを，治療者はわかっているのでしょうか？ その経験によって彼女のなかの子どもが，頼る親しい人もなく一人ぼっちだと感じている子どもとしてどれほど活性化されたのか，彼女の治療者はわかっているのでしょうか？ おそらくはこのセッションでもまた一人ぼっちだと感じているそのときに，彼女がたまたまこの本について語っているのはおもしろいですね。彼は今彼女に耳を傾けているのでしょうか？彼はまだ話さないままです。

患者はここで，「こころはぼんやりしています」といって話し終えています。そしてカウチの上で落ち着きなく動いています。これは，彼女が治療者から何かを聞く必要があるというきわめて明白なながしだと私は思います。

さて，ここで治療者が何と言うかを知る前に，私たちがあまりにもたくさん話しすぎてしまうために，ときとして解釈を台なしにしてしまうとのことをこころに留めておいてほしいと思います。そこで，治療者の解釈を二通り提示しようと思います。はじめにこの瞬間にふさわしい一節を話しましょう。

治療者：「あなたは，今日はそれほど悪くないと言いました。けれどもあなたの話し方から，あなたが今ここでいささか quite 不安であると私は感じます……」

ケースメント：治療者がセッションの今までのところで，他にどれほど多くのものを取り上げ，あるいは見失っているにせよ，彼は患者が不安であることに少なくとも気づいています。

この一節を用いて練習するなら，私は，彼女が「いささか不安」であると言うよりも，「不安」だと言う方を選ぶでしょう。こうすれば，どの程度不安だと患者が感じているのか，それは彼女自身がつけ加えるのにまかせられるでしょう。私はここで「とても」very とは言わないでしょう。彼女はそれを言えるでしょうし，それによって彼女は私の「とても不安」という表現にただ同意するだけでなく，それをよりはっきりと自分のものにできるでしょう。しかし同じように，それをほんの少しだけ不安であることを示している「いささか」に限定しないでしょう[原注4)訳注1)]。

原注4) 米国では quite がとても very の意味で使われるためにここで混乱をもたらすと私は知っています。

第8章　実践中のこころの中のスーパーヴィジョン：症例提示　171

　もしあなたがこの患者なら，あなたは治療者が語ったこの一節によって，耳をかたむけられていると感じるでしょう。他にどんなことがあり，まだ取り上げられていないにせよ，少なくとも治療者は，彼女が不安を感じているということをわかっています。さて私はこの解釈を，治療者によって記録されたままにあなた方に話しましょう。

　　治療者：「あなたは，今日はそれほど悪くはないと言いました。けれどもあなたの話し方から，あなたが今ここでいささか不安であると私は感じます。それであなたは，ここでなんとか時間を埋めてしまわなければならないかのようです。」

　　ケースメント：もう一度，この患者になってみてください。この解釈の残り部分を聞いたとき，みなさんはどのように感じますか？
　　グループ：私は，この治療者が不安のもっと早くからのサインや，パニックすらもまったく取り上げていないと今感じます。治療者が患者が「時間を埋めている」だけだと言っているのは，今まで語られてきたすべてのことをまったく却下していると感じます。
　　ケースメント：そうですね，私もそう思います。ただ，私たちは十分考えるだけの時間を持ってこのセッションを聞くという特権を持っていることをこころに留めておきましょう。臨床セミナーのためにセッションを覚えておこうとする余計な重荷を私たちは背負っていません。それでも，ここで認識されていないのは，患者が崩れてしまいそうであること，彼女が昨日のことを考えられないこと，この治療に対する彼女の不安，そしてこの治療もまた彼女を取り落として失望させるのではないかとのことです。このいずれも，まだ治療者によって取り上げられていません。

　その本を読んでいるとまさにここで彼に告げることで（少なくとも無意識的には）この患者は，すでに他の治療者を探しはじめていることを私たちに示しています。しかしながら，この事態は訓練生が取り上げるには非常に難しいものであるのはよくわかります。彼がこの患者から一番聞きたくないと思っていそうなのは，彼女がこの治療をやめるかもしれないということです。そうなれば，彼は別のトレーニングケースをもう一度始めなければならないでしょう。それで私たちは，ここで彼女が出しているサインを取り上げないことのなかに，治療者自身の防衛的局面を見ているのかもしれません。

　　訳注1）quite は英国では，「とても」と「まあまあ」の両義性を持つが，まあまあの意が多く使われる。

患者は答えます：「まだそれは過ぎ去っていない，と私は思います。」

ケースメント：私は流れを中断しましたが，「それ」はここでは，まずは痛みのことでした。最初の返答のなかで患者は，治療者のコメントの彼女を困らせていない一節を拾い上げています。彼女は「それ」が，彼女の不安として今語られていますが，まだ過ぎ去っていないことに同意します。しかし彼女は続けます：

「私は今朝，どうやってこの日をやり過ごそうかと思っていました。」

ケースメント：彼女はまだとても危なっかしい状態で，どうやってこの日をやり過ごしたらいいのかわかりません。彼女が自分で自分を抱えることがやはり破綻してしまうのではないかと心配しているのを私たちは目にしていると思いますが，この場合，彼女は自分が感じている危なっかしさに触れてくれる誰かと一緒にいることをもっと強く求めているのでしょう。彼女は続けます：

「昨晩夢を見ました。私はある友人と話をしていて，彼女はアンナ・フロイトに紹介してくれると言いました。彼女はハムステッドのパブによく行くので，もし私が8：00きっかりにそこにくるなら，彼女が私を紹介してくれるでしょう。」

ケースメント：もちろん，聞いたばかりのこの夢の解釈を私たちが試みるのはあまりに時期尚早でしょう。しかし私たちはそれを聞いていますから，セッションの中でのこころの中のスーパーヴィジョンとしてなら，少しばかり考えられます。私たちはアンナ・フロイトについてさらに耳にします。夢の中では，その患者が彼女，子どもがどのように感じるかを理解している人に，紹介されることもあり得そうです。

私たちは時間に関することも耳にします。彼女が示された時刻にそこに着くなら，ここでは「8：00きっかり」と述べられていますが，患者はアンナ・フロイトに紹介してもらえるのです。夢は続きます：

「友人は，あなたとの治療を終えたら，私は彼女（アンナ・フロイト）にみてもらえるだろうというのですが，おかしいですね。だってアンナ・フロイトは死んでいるのですから。」（彼女は笑う）

ケースメント：さて，私たちは今何を聞いているのでしょう？

第8章　実践中のこころの中のスーパーヴィジョン：症例提示　*173*

グループ：患者は，この治療者との治療を終えるときについて話しています。
ケースメント：そうです。たしかに私たちは患者のこの治療に対する不安を耳にしているようです。この治療者と会うのをやめたときには，彼女は誰かを見つける必要があるでしょう。ここで彼女が笑うのを聞いていますが，笑いは涙や不安に対する防衛でもありうることを思い出しましょう。患者は続けます：

「それで私はバーに出かけ，アンナ・フロイトはそこにいました。私は彼女と2,3分間話しましたが，そこに彼女の元患者がやってきて，その元患者と話すために彼女は出て行きました。」

ケースメント：夢のこの部分と前日にまつわることとの間にどのような結びつき，つまりこの夢の刺激となったかもしれない「日中残渣」の可能性があると思いますか？
グループ：患者は「2,3分間」と言っています。
ケースメント：その通り。私たちはアンナ・フロイトが二通りに表象されているようにみえるのにも気づくでしょう。一つは，信頼できる人として，そこにいるといったときにそこにいるような治療者です。それと共に，彼女が注意を分裂させているのを私たちは聞きます。2,3分後，彼女は**誰か他の人と一緒**にいるために患者のもとを去ります。まるでアンナ・フロイトは，彼女の治療者がそうできなかった信頼できる人として，ここでは表されているようです。しかし，ここには昨日のことについてのさらなる言及もあるようです。夢の中のアンナ・フロイトは誰か他の人をかまっていて，患者をかまわないで立ち去ってしまいます。それが前日に起こったことだと彼女は感じているのかもしれません。おそらく治療者は誰か他の人をかまっていたのでしょう。

さらにここで，アンナ・フロイトという名前を用いて練習してもよいでしょう。明白なディテールである彼女の実名にとどまるなら，私たちはもはや生きていない分析家について耳にします。彼女は，分析家への理想化を表しているのかもしれません。彼女は，子どものことがわかる誰かを表しているのかもしれません。ただ文字通りにとるなら，この患者と治療者の二人とも彼女に会えないとわかっています。けれども私たちがアンナ・フロイトの名前から抽象するなら，これも「誰か他の人」にみてもらいにいくことを患者が考えていると聞くことができます。それは現実的な可能性です。このように聞くなら，ほんとうに誰か他の人にみてもらいにいくという考えが彼女に思い浮かんだと聞くなら，それはこの訓練中の治療者にとってどんなに脅威となるか私たちはわかるでしょう。患者は次のように言って終わります：

「それは夢でした。私は安心できない気持ちで，ちょうどばらばらになって落ちてしまうような感じで目覚めました。」

ケースメント：私たちは今，患者が安心できないと感じているのを聞いています。彼女のために確実にそこにいるのではない治療者と一緒にいるのではないかと彼女が心配しているなら，彼女がそう感じるのも当然でしょう。私たちは，彼女の自分で抱えることについても聞いています。それは，ここでは「ばらばらになって落ちてしまう」こととして表されているようです。それは偶然にも，ウィニコットが「ばらばらになる」あるいは「どこまでも落ちていく」と語っているもっとも原始的な不安のひとつです。彼女のなかの子どもは崩れかけていて，自力ではもはや進めないように感じているのでしょう。彼女は続けます。

「私は，今晩家に戻ってまた一人になるのを待てないと思っています。」

ケースメント：とてもおもしろいですね。この患者がなぜ，また一人になるのを待てないと感じていると思いますか？
グループ：彼女は，そこがもっと安全だと感じているのかもしれません。面接室の中ではできないようなやり方で自分の世話ができると感じているのかもしれません。
ケースメント：そうです。彼女は，ひょっとすると熱い風呂に入ったり，ベッドに潜り込んだり，何かを食べることで自分を慰めたり安心させようとする別のやり方に向かえるのかもしれません。彼女が治療で会いにきているその人に頼るよりも，自分で自分のニーズを満たさなければならないと感じていそうなのはおもしろいことです。ドアでの出来事のために彼女がどんなに外傷を負っているかを治療者がわかるためのヒントを彼女は繰り返し与えているようです。

この患者が自分の家から閉め出され，彼女の思いに手を差し伸べてくれたかもしれない唯一の人に出会えない見知らぬ場所に取り残されるという，彼女自身の早期の外傷のある部分を再び生きていそうだということを私たちはこころに留めておく必要があります。彼女がとても幼い頃から繰り返し入院してきたのは知っていますね。記録は続きます：

治療者：「おそらくあなたは，まさに今，ここに私と一緒にいてもあまり安心だとは感じられないとのことに私たちの注意を向けているようです。」

ケースメント：ここでちょっとした学びのポイントを取り上げましょう。私たち

は通常完全に確信を抱いているわけではありませんから，ためらいを含んで患者に伝えることが大抵好ましいでしょう。ですから私たちは解釈を提示し，いくらかでもよりよい理解にむけて私たちと一緒に作業していくよう患者に勧めるのです。

しかし，私たちがためらいがちであるよりも確信を持っていることが求められているある特別なときがあります。それは，治療が危機に瀕しているというサインが私たちに与えられているときです。この治療者が，もっときっぱりとあるべきなのは今です。ですから私は，彼が次のような線に沿って言えたらよかったと思います。「あなたが，私といて安心できないと感じておられるのははっきりしているようです。」そうしたら患者は，その状況が患者にとってどれほど危機的に感じられているかを治療者が取り上げているとわかるでしょう。

私はこの解釈のなかに「まさに今」を含めていません。というのも患者の不安は，子ども時代の不安に結びつけられそうであるように，彼女には永遠の時間と感じられているかもしれないからです。だから私は彼女が私といるときに感じているであろう不安を矮小化しないよう注意深くありたいのです。それは彼女にとって単に一時的なものではないでしょう。記録は続きます：

患者：「あなたを見つけるのに，長い時間がかかりました。そのすべてをもう一度やり通せるなんて思えません。」

ケースメント：これもまた，とてもおもしろいと私は思います。患者は，この治療者を見つけるのに長い時間がかかったと言っています。この発言を，もっと別の面から聞くことができるでしょう。この治療者に会いにくる前に彼女を失望させたカウンセリングの時間を経てきたという意味で，長い時間がかかっています。

さらにこの発言は，このセッションの文脈から聞き取れます。このセッションの間中ずっと彼女は，私たちがすでに汲みとる機会を得ていた，自分の苦悩を彼にコミュニケートしていました。ようやく今，治療者が彼女の言ってきたことにいくらか気づきを見せているのに彼女が気づき始めています。このセッションの中で彼女が彼に到達するのに，長い時間がかかっているのです。無意識的コミュニケーションの豊かさがあって，私たちはこのような違った意味を聞き取ることができるのです。しかし，この後の点を私は解釈しようとは思いません。この治療も彼女を失望させてしまうのではないかという問題がはるかに重要です。記録は続きます：

治療者：「けれどもこの夢は，ここを終りにするということと，アンナ・フロイトに会うことについての何かを伝えているようです。」（間）「この夢に関して私に印象的な一つのことは，どこかに 8 時きっかりにいなければならないということで，それは，昨日のセッションで私たちが会うために 10 時 30 分きっかりに私がドアを開けなかったことを私に思い出させます」

ケースメント：治療者がたくさん話しすぎる解釈のもう一つの例です。ここには二つの異なる論点があり，それぞれに十分な注意が払われるだけの時間が必要です。

最初の論点は，この治療者のもとを去る可能性についてです。患者はこれに答える時間が必要ですし，そのいくらかを治療者とともにワークスルーする機会が必要です。ここで私たちは，その時間を彼が彼女に与えていないのがわかります。その代わりに彼は，すぐに彼女の注意をこの別の論点に向けることで，彼との関係を終わるという考えから彼女をそらしています。

このビネットを用いてさらに練習するとしたなら，この夢から次の詳しい内容を導き出す別の方法を見つけ出したいと私は思います。ここで治療者は言っています：「この夢に関して私に印象的な一つのこと」。これでは，まるでもう一方のこと（おそらくこの治療を終えるということ）がほとんど，あるいは全く重要ではないかのように聞こえるでしょう。その代わり，この最初の部分をきちんと取り扱った後にはじめて，私は次のように言うでしょう：「私がこの夢で気がつくもう一つのことは」。これだと，もうひとつともっと明確に並置しており，各々が重要なものとして取り扱われています。

さらに治療者の言葉の選択に関して練習できるでしょう。たしかに彼は患者自身の言葉を使って返しています。しかしこの文脈のなかでは，それは彼女にどう感じられるでしょうか？　ここであなたが患者なら，あなたの治療者がドアを時間「きっかりに」開けておかなかったことをあなたに思い起こさせるのを聞いて，あなたはどのように感じるでしょうか？

グループ：批判されていると感じるでしょう。恥ずかしくなりそうです。私は，ほんの 2, 3 分のことなのに，自分があまりにも騒ぎすぎていると言われている気がします。大騒ぎをしていると非難されている気が私はします。

ケースメント：ええ，そうですね。それでは，その瞬間について言及する別の方

法を探してみましょう。この文脈で私が次のように言ったとしたら，あなた方はどのように感じるでしょうか：「私は*時間を守る*ことについて耳にしています。そして私は，昨日の私があなたに対して時間を守れなかったことを思い出します」。この中に焦点づけた批判があるでしょうか？

グループ：そのように言われるとまったく違って聞こえます。私のセッションの時間を守る責任はあなたにあるとわかっていることを，あなたは明確にしています。そして，そのことであなたが私を失望させたことに，防衛的にならずにあなたはそのことを受け入れているようです。私が自由にあなたを批判できるようにしています。

ケースメント：そういうわけで，このように記録を用いる練習は，とても役に立つと私は思います。患者の見地から聞くことによって，私たちがどのように患者に提示しているかをモニターすることの重要性を実感する機会が私たちに与えられます。今やっているようにこの練習をすればするほど，私たちは自分が患者に課している負担への関与の性質を，私たちはもっと容易に見つけることができるのです。それで，たとえこの提示のさまざまな点に関して私がこの治療者を批判しているように聞こえるとしても，それはすべて別の機会に私たちがもっと滑らかに聞きとる手助けとして役立つのです。実際私は，彼のあやまちを含めて，セッションをそのままに進めていき，それをとても正直に記録してくれたことに対して，この治療者にとても感謝しています。私たちはみな，ここからたくさん学べます。患者は続けます：

「今日は同じだろうかと私は思っていました」

ケースメント：何が昨日と同じなのでしょうか？
グループ：治療者が再びドアのところで応えてくれないのではないかと，彼女は心配していたのではないでしょうか。
ケースメント：そうです。自分が外に取り残されてしまって——それは彼女のこころの中では繰り返された入院経験と結びついたかもしれませんが——再び取り残されると思っているかもしれません。昨日外に取り残されたことは，これがずっと起こり続けるという無意識の集合に属していると考えられるかもしれません。

ここでもうひとつの学びのポイントを伝えるのは役に立つかも知れません。外傷においては，まるでその事柄がその外傷を表すある集合に属するかのように，無意識のこころは，一たび同時に経験された事柄の間に結びつきを作るとマテ・ブランコ（1975）は指摘しています。そうだとすると，その集合の一つないしそれ以上の

要素が再び経験されるなら，そのこころは同様の外傷を予期するでしょう。再び起こりそうかもしれない可能性に対して警戒しておくことは，最初の外傷時よりももっとうまく備えをしておく一つの方法です。備えていたら，以前あったのと同じような驚きの衝撃はないでしょう。患者は続けます：

「あなたの車が目にはいりませんでした。あなたは出かけているのではないかと私は思いました。それとももしかすると，あなたは自動車事故にあったのかもしれませんね」（笑い）

ケースメント：なぜこの患者は治療者が自動車事故にあったのではないかと考えたのでしょうか？
グループ：彼女が彼に対して殺意のある怒りを感じているからです。
ケースメント：そうです。さらにそれはまた，病院に取り残されたという患者の経験と結びつくかもしれません。なぜ母親はそこにいなかったのでしょうか？
　病院に取り残された子どもは，母親の不在を理解できません。もしそうできるなら，母親はきちんとそこにいたでしょう。おそらく何かひどくまずいことが起こって，それで母親はそこにいられなかったのでしょう。もちろんそのことが，彼女を置き去りにした母親に対する彼女の怒りが母親を傷つけてしまったのではないかという子どもの怖れと結びつくことはありえます。彼女は続けます：

「でも，あなたはセッションの終りに追加の時間をいくらかくれました。多分たいしたことではありません。」

ケースメント：ここで，治療者が前のセッションで失われた時間の埋め合わせをしたことがわかります。もしあなたが患者であれば，それは失われた時間の埋め合わせになるでしょうか？
グループ：そうですね，彼女は実際支払いに見合った時間——50分間——を手に入れています。
ケースメント：しかし患者であるあなたに，時間が埋め合わされたのはどう影響するでしょうか？
グループ：開始が遅れたことに対する私の怒りが買収されたと私は感じそうです。私はそれに不満は言えないなと感じるかもしれません。治療者自身の時間に私に会ってくれているのに感謝すべきだと私は治療者に感じそうです。
ケースメント：そうです，その通りです。治療者は時間を埋め合わせることで自分が遅れたことを取り扱ったとみずからに思わせたのでしょう。しかし，彼は

第8章　実践中のこころの中のスーパーヴィジョン：症例提示　*179*

そうできたのでしょうか？記録は続きます：

治療者：「ところで，ご存知のように，今日あなたがセッションに1時間早くやってきたことに私は思いをめぐらしていました」

ケースメント：この一連の流れについてよく考えるために，ここでしばらく時間をとりましょう。治療者が自分を失望させていると患者が経験しているようだという考えや，彼女はこの治療をやめようと思っているかもしれないという考えによって，この治療者はひどく脅されていそうです。そのためこのことに直面して，逆転移のなかで彼はとても傷つきやすく感じているのでしょう。しかしここで彼は，問題を自分からさっさと振り払い，さらに昨日の失敗から離れることができます。彼は最初から，この患者を彼女の時間ではなく自分の時間にみていることに気づいています。でも彼女はそれに気づいていないようです。ですから，セッションのこの瞬間にこの件を急に彼が持ち出したとき，彼女はどう感じたでしょうか？　ここで患者になってみてください。
グループ：私は，敷物を自分の足元から引き抜かれたような感じです。
ケースメント：そうですね。本来の時間にそこにいなかったという彼の失敗のために，患者がどんなにショックを受け混乱していたかを彼女はさまざまなふうに彼に伝えてきました。今や突然，その患者はもうひとつのあやまちに直面させられています。今度は，本来の時間にそこにいなかったのは彼女なのです。

ついでながら，もうひとつの学びのポイントです。これが私の言うミラーリングによる批判です[原注5]。患者は無意識のうちに治療者の失敗の新版を実演しています。今度時間を間違っているのは彼女です。でもこれは，前日のことについて彼に向けて鏡をかざすやり方でしょう。記録は続きます：

患者：「私はしてませんよね？（明らかにひどく驚いて）何時ですか？（時計を見る）いいんですか？」
治療者：「ええ，いいんです」
患者：「これまでまったくなかったことです。（彼女は神経質そうに笑っている）。普段私はきちんと時間を守るんです。なんででしょう？不思議です。」

ケースメント：彼女がすっかり当惑しているのがわかります。彼女は今では間違っ

原注5）この例は，患者が治療者の失敗をとり入れ，彼女の時間でのあやまちとして実演しているというところから同様に，**とり入れられた照らし合わせによる無意識の批判**としてみることもできるでしょう。しかし患者による無意識の批判のこの二つの形式がいつも類似しているわけではありません。

た人です。彼は（表面的には）彼女にとてもよくする人であり，待たせないで自分の時間に彼女に会ってすらいます。けれども彼は，セッションの時間のあやまちを彼女に知らせることができたでしょう。そうであれば，彼女はこのセッションすべてを使って，彼が前日彼女のためにそこにいなかったことにまつわる彼女の経験をもっとワークスルーできたでしょう。その代わりに，今では彼女は，彼に対する自分の怒りを脇に置かねばならず，彼女によって不当に取り扱われた人という新たな光の下で彼に会わなければなりません。

さらにこの素材を用いて練習していくと，患者は*時間を守る*ということばを用いていますが，彼女は自分の「過剰な時間厳守」に気づいていないようだという（彼の記録の）初めのコメントにこの考えがあったにもかかわらず，治療者はこのことばを解釈で用いなかったことに私たちはさらにここで気づきます。続けましょう：

治療者：「あなたは先ほど，今晩家に戻るまで待てないと言いました。でもおそらく今日私と会うのを待つのも難しかったのでしょう。とくに，私が自動車事故にあったのではないかと思ったのなら」

ケースメント：治療者は，彼に対する怒りへの患者の言及をそれとなく取り上げています。しかし，このセッションの時間をまちがえたと今指摘されたために，彼女が今ひどく途方にくれているという文脈では，彼女が彼に対する怒りに留まることができるかどうか，私にはわかりません。

患者：「なぜ自分がそんなことを考えたのか，私には分かりません」（間）「私は今，前のカウンセラーのことを考えていました。私たちは決まった時間を持ちませんでした。彼女は時々私に電話してきて，セッションを変更したり，キャンセルしたものでした。自分がどこにいるのかわかりませんでした。彼女と一緒にいて，まるで自分がドアの下からしみ出てしまっているかのように，私は時々感じたものでした。私がよくすわっていた椅子はぐらぐらしていました。椅子から落ちてしまうように絶えず感じていました。彼女に伝えましたが，誰も他に不満をいった人はいないと彼女は言いました。最後には，私はそれに慣れてしまいました。

ケースメント：セッションは終りに近づきました。ここで起こっていそうなのは，目の前の治療者への患者のそれまでの批判からの大規模な退却です。それに代わって，彼女の批判と怒りは今ではすべてスプリット・オフされ，彼からそらされ，以前のカウンセラーに向けられています。実際，彼女は治療者に対して，

第8章　実践中のこころの中のスーパーヴィジョン：症例提示

昨日のことは気にかけないでよいと言っているようです。あたかも彼女は次のように言っているようです：「気にしないで。ほんの2, 3分間でしたから。ただご覧なさい，事は前のカウンセラーとの間のようになっています。私たちは決まった時間を持てません。」さて，それではどうして，昨日の2, 3分間が彼女にそんなにも問題に思われたのでしょう？

私たちは，患者がカウンセラーと一緒にいて「ドアの下からしみ出る」ように感じたのを聞いています。しかしこれはさらに，セッションの時間に関する彼女のあやまちを治療者が暴露したときに彼女が彼に感じたことかもしれません。私たちがそのような状況で時々言うように，彼女は「床が彼女を飲み込んでくれたらと願った」かもしれません。

彼女がカウンセラーと一緒にいて「ぐらぐらする」と感じたのを私たちは聞きますが，同じようにこの治療者と一緒にいて感じていると私は思います。前日に起こったことに関して「ばらばらにくずれる」とずっと感じていたと彼女は言いながら，さらに，その椅子から「落ちてしまい」そうだと感じていました。

私はこの治療によって，私たちが聞いている反復する外傷から彼女は回復できると信じたいのです。ここには前日の外傷があるというだけではありません。このセッションの中にも外傷があり，そこではきちんと抱えられたと感じられなかったことを彼女は示しています。それに加えて，不平もいわずに彼が自分の時間に彼女に会い，彼自身の目からするとあたかも彼女にうまく対応しているかのように見えるとき，彼女は自分の治療者に腹を立てる何の権利もないように感じさせられているという，さらなる外傷体験がここにあります。

このセッションについて言えそうなことが他にどれだけあるとしても，私はこの治療者に，勇気を持ってこのセッションを提示してくれたこと，さらには私たちがそれから学ぶ機会を与えてくれたことに深く感謝していることを再度述べたいと思います。提示のためにこのセッションの詳細を覚えておかねばならないとの自覚ゆえに必然的に彼の注意は散漫になっていましたが，ここで見えるよりもいつもはもっと上手に，彼は患者に耳を傾けているだろうと私は思います。私たち全員がこの提示から利益を得る機会に恵まれました。

これが，このワークショップが通常進んでいく筋道です。参加者は役に立つとたいてい感じます。ここで読んでいる方々にとっても，同じように有益であることを私は願っています。

第9章
臨床的な触覚を発達させる

　臨床の仕事や著作を通して一貫して私は，精神分析の「やり方」を見つけたとのいかなる主張に対しても警戒してきました。そのようなものがあるとは私には思えません。私に有効だったやり方は，それぞれの患者との作業のなかで最もふさわしそうなものをその一人ひとりからできる限り学ぼうとしながら，臨床の仕事に没頭するなかから生まれてきたものです。ですから私の仕事は，どこかで患者各々によって異なっているのです。

1．一つ以上の視点で物事をみること

　それまで採っていた見方を越えて，新鮮に物事を見るのを助けてくれる視点の転換を発見できることに大きな価値があることを私は知りました。テディと呼んでいた患者との作業ではじめて，私はそのように視点を変える可能性を探求してみる刺激を受けました（Casement 1985: 53-55, 1991: 49-51 邦書 62-65 を参照）。
　母親によって私のところにつれてこられるまで，テディは地方の精神病院で緊張型の統合失調症として治療されていました。最後に母親は，自宅で彼を世話すると主張し，それから私のところに連れてきたのです。その頃私はまだ FWA のソーシャルワーカーでした。
　テディははじめて私のところにやってくるまで2年以上もの間，ほとんど完全に沈黙していました。彼の返事は誰に対しても，「はい」「いいえ」「そうじゃない」に限定されていました。彼に3回会い，そして彼について何かを見出そうと質問する以外に彼と一緒にいる方法がないとわかった後に，そのようなやり方は続けられないと私は思いました。そこで，私は

アプローチを変えました。

次に彼に会ったとき，彼に質問を浴びせかける誰かとともにいるのは彼にはどのように感じられるだろうかと，私は（彼に対してと同じように自分に対して）声を出しながら考えました。私は「はい」「いいえ」「そうじゃない」といった彼の答えや，あるいはまったく何にもいわないことで，おそらくその人を拒絶したくなるだろうと言いました。するとテディは私が言ったことにつけ加えて，それがどのように感じられるかを自分でとてもはっきりと説明して私を驚かせました。これが，2年以上もの間で彼が誰かに実際に話しかけた最初でした；そして彼は，私が彼の視点から物事を見るようになったとき，はじめて私と話すようになったのです。これまで誰もそれを試みなかったようでした。

こうして緊張病性の沈黙が長年続いた後，テディは私にこころを開きはじめました。彼を見始めて2年目に，彼はおもちゃ屋で働けそうだと感じ始めました。そのおもちゃ屋で彼は子どもに対処できるようになり，やがて親の対応もできるようになりました。こんなに引きこもっていた人がこのように態度を変えることは，普通ありえないことでした。ですから私が，患者の私についての知覚と経験をじっくりと考えるために，**セッションの中での患者との試みの同一化**という考えを発展させたのは不思議なことではありませんでした。そのおかげで，患者と私の間の相互作用に自分が寄与していることを私はもっとはっきりとわかるようになりましたし，分析空間に自分が持ち込んでいるものに対しもっと敏感になりました。

テディとの間で視点のこの変換がもたらしてくれたものがとても多かったので，それ以来，複数の視点から物事がみられる必要性を例示するような話をするのを私は楽しみにしています。かつて私はハルトゥームで勤務していたイギリス人兵士の話を聞きました。ゴードン将軍[訳注1]が1885年の包囲攻撃の防衛中に亡くなり，彼がイギリス人にとって英雄となって以来，この件でその町は有名になりました。今ではそこに，彼の栄誉をたたえて彫像が立っています。

訳注1）ゴードン将軍 George Gordon1833-1885 は太平天国の乱の鎮定に功を立てました。その後，ナイル川の合流点であるスーダンの首都ハルトゥームにてマフディ軍の包囲で戦死しました。

その兵士は，このイギリスの英雄をとても尊敬していて，馬に乗ったゴードンの銅像を見に小さな息子を連れてよく出かけました。その兵士がイングランドに呼び戻されたとき，彼は息子にハルトゥームを離れることになると伝えました。息子は，離れる前に彼が一番したいことを選んでよいと言われました。楽しみとしてもう一度ゴードンを見に連れて行ってほしいと息子は答えました。数日後，彼らは二人でじっと黙って，尊敬の念を持って銅像の前に立っていました。しばらくして，小さな男の子は父親に言いました：「お父さん，ゴードンの上に座っているのは誰なの？」

それまで訪れるたびに父親と息子は経験を分かちあってきたようでいながら，まったく違ったものを見ていたのでした。そこで私は，これは私たちが慣れ親しんだ患者の見方を超えて見ていくための有用なヒントになると思いました。私たちは公認の理論や臨床経験のために，いともたやすく盲目になってしまいます。新たな視点から物事を見ようとする試みはいつでも有益です。

2．患者のこころの状態や感情に向けて情緒的に開かれているよう発達させる

分析家が情緒的に開かれていること，あるいはそれが欠如していることは，ピアノの共鳴に似ています。音をたてずにある鍵盤を押さえてピアノのいずれかのダンパーをあげるとき，たとえばハ長調の鍵だとしましょう。これによってちょうどそれらの鍵盤が自由に共鳴するようになります。それからその近くで大きな音をたてると，ハ長調の音がピアノの中で共鳴するのが聞こえますが，他の音は共鳴しません。さて，私たちがたまたま**ハ長調という人間**であるとするなら，私たちは患者をその音や，あるいはそれに関連した長調の音で聞きがちでしょう。同様に私たちが**ハ短調のような人間**だとすると，私たちは患者をハ短調やそれに類似した短調の音で聞きがちでしょう。私たち自身の分析の重要な機能は，私たちができるだけ広い幅に及ぶ情緒や経験で患者に共鳴できるよう自分たちを自由にすることだと私は考えます。

もし私たちがあまりにも私たち自身の経験に固執してしまうと，私たちはそれに**当てはめる**やり方で患者を読もうとしがちになるでしょう。それ

と同時に，私たちがそれまで経験したものを超える別の理解方法を見失ってしまいがちになるでしょう。私自身の最初の治療（第2章を参照）の後，もっぱら他者の「長調の音」に応答するよう私は制限されていました。私がより広い範囲で患者への対応に共鳴できるようになるには，何年にもわたるさらなる分析作業という長い時間が必要でした。

3．実践における対象関係

　私は，第2章で描いたように**対象関係**という概念を今日でも理解しています（pp 40-41）。私たちはみな，私たちが他者をみる見方を通して他者に関わっています。私たちはこころの中に他者を表す**対象**を持っており，この**内的対象**に基づいて他者と関係しているのです。

　分析家は，これらの角度から患者と作業することになじんでいます。分析家は患者が，自分の他者を見る見方によってその関係がどれくらい影響を受け，そしてときには支配されているかがわかるように手助けしようとします。おもしろいことに，あまり考慮されないのは，私たち分析家にこそ，患者に対する私たち自身の対象関係に支配されてしまう危険性があるという点です。その対象関係は，通常は私たちが用いる理論によって形成された私たちの患者についての仮説によってしばしば色づけられ（時には支配され）ます。ですから，私たちはそれらの仮説や前概念に関して自らをたえずモニターしておく必要があると私は考えます。それらの仮説や前概念は，患者のなかの他者性に開かれていることをたやすく妨げるのです。

4．分析空間を維持すること

　たいていの分析家や心理療法家は，分析家はあらゆるセッションを「記憶なく，欲望なく，理解なく」始めるべきであるというビオンの金言をよく知っています（Bion 1967a, 1967b: 43-45）。しかし，これは年配の分析家を安心させるための処方箋ではありません！ビオンは，患者についての能動的な想起[原注1]や，それまでに私たちが理解したと考えていた事柄の記憶によってセッションが主導されてしまわないよう促しているのです。記

憶やスーパーヴィジョンといった先行する理解は，今のセッションの過程に侵入すべきではありません。さらに私たちは，ある特別な種類の経験を提供したり，特定の方向で探求したいという私たち自身のいかなる願望によっても導かれないよう奨励されています。それは賞賛に値する目標ですが，実践においてよりも原則において敬意を払われるものです。

　私がこれに関してよく思い出すのは，母親が自分の人生を取り仕切ろうとするのを経験していると私によく話した患者についてです。そのような絶えまない妨害をとてもたくさん聞いていたので，患者のためにこの問題への是認を伝えようとしていくなかで私は，ついにはジブランのよく知られた『預言者』の一節を彼女の母親は知らないようだといって応えました[訳注2]。

> あなたの子どもたちはあなたの子どもたちではない
> その子らは，生命そのものが望んでいる息子であり娘なのだ
> その子らはあなたを通してやってくるけれど，あなたから生じたのではない
> そしてその子らはあなたと一緒にいるけれど，あなたのものではない
> あなたはその子らにあなたの愛情を注ぐだろうが，あなたの考えを注ぐのではない，
> なぜならその子らは自分の考えを持っているから……
>
> あなたはその子らのようになろうと努力するかもしれないが，その子らをあなたのようにしようとはしないだろう
>
> 　　　　　　　　　　　　　　　　　　　　　　　　　　（Gibran 1965: 20）

　私の患者は大声で笑いました。それから彼女は，まさにその引用を母親

原注1) ここでは「能動的な想起」に言及していますが，これは現在のセッションの中で患者から現れてくるものに応じて生じる**受動的な想起**とは異なります。

訳注2) カリール・ジブラン Khalil Gibran (1883-1931) はレバノンの小説家・詩人・画家で，1910年から米国に移住しました。ジブランはシェイクスピア，老子についでよく売れている詩人です。『預言者』The Prophet (1923) は26の詩文からなり，1960年代に米国の反体制文化において有名になりました。ジョン・レノンは「ジュリア」の詩にジブランの『砂と泡』を借用していますし，ジャズのジャッキー・マクリーンは「預言者カリール」という曲を作っています。わが国では神谷美恵子の翻訳が知られています。ここでの「子どもについて」の引用は途中が省かれています。

は書き出して冷蔵庫のドアにマグネットで貼り付けていたけれど，そんなことなどまるで考えたことがないかのように母親は自分の子どもたちを扱ってきたと説明しました。

　それ以来私は，ビオンの金言をいわば自分の冷蔵庫のドアに張り付けてはいるが，それにもかかわらずまるでそれについて何も聞いたことがないかのように分析を実践している多くの分析家がいるのではないかと思っています。各々のセッションを新たにはじめることにはきわめて大きな価値があります。というのも，ビオンが私たちに思い起こさせようとしたように，私たちは決してまだ今日の患者に会っていないのです。私たちは患者がどこにいるのか，最後に私たちが会ってからその患者に何が起こったのか，あるいは今何が患者の意識や無意識のこころを占めているのか，私たちは知らないのです。

　各々のセッションで自己モニタリングをおこなう助けとして，私は分析空間について考えるようになりました。そこで私は自分に問いかけます：「誰が何をこの空間に持ち込んでいるのだろう？」。このおかげで私，あるいはスーパーヴィジョンでの誰かが，患者によって提出されているのではない何かをセッションの中に持ち込んでいる機会が浮かび上がります。分析家からのこの侵入的な要素が，患者によってはじめられたのではない論点を持ち込むのを私たちはよく目にしますが，そのとき患者は「私はそんなことは考えもしなかった」と言うでしょう。

　患者がこのように応えると，それを分析家によっては，患者のこころの新しいものを掘り起こした根拠として，患者に語ったことの重要性が確証されたとみなします。しかし私たちはそのような応答を，おそらく患者のこころのなかに実際にあるものを理解しているというよりも，分析家が患者には異質な何かを持ち込んでいることを伝えているという，患者の無意識的なスーパーヴィジョンとして聞くこともできます。

　患者の言っていることとわかりやすく結びつけられない何かを分析家が持ち出すなら，それによって分析過程はそらされてしまいやすいでしょう。いまや患者は分析家が持ち出したものに気持ちを向け，それが残りのセッションを乗っ取ってしまうことにすらなってしまうかもしれません。たとえそれが，まだ患者によって露わにされていない新しい想起をもたらすに

しても，これを，分析家の介入が分析過程をさらに推し進めた証拠とみなすべきだとは私は思いません。

分析空間をモニターするこのようなやり方は，私と患者の間や，あるいは誰かの臨床の中で起こっている過程の本質に私が気づくのも助けてくれました。多くの解釈は，患者のこころの中にあるものを知っていると決めてかかった雰囲気を持っていますが，ところが実際には，私たちは自分の考えを患者に押し込んでいるかもしれないのです。

5．重圧のもとでの例外的な手段[原注2]

分析空間という考えはさらに，耐えられない経験を取り扱うために時として用いられる例外的な手段といった，分析の他の種類の作業に関して私が耳にしたときの展望を私に与えてくれます。ジェイ・グリーンバーグ（2001）は論文「分析家の関与：ニュールック」で，分析での強烈な圧力や困難を取り扱うために，分析家がいつもとは異なる，患者を世話する実際の対処に訴える場合の事例をあげています。

避けられないことですが，分析における緊張が，関与している双方にとって耐えられないものとして，あるいはほとんど耐えられないものとして経験される場合があります。分析家たちによってはこの緊張を断つために，そのような瞬間を取り扱う普通とは違ったやり方に訴えることを正当だと感じます。おそらく私たちはみな，分析が危機に陥っていると感じながら，同じような重圧のもとにいる場合をよく知っているでしょう。そこで私たちはどのように先へ進むべきなのでしょうか？

要点は，こうしたときに，とりわけ私たちがこの緊張を解消しようとするなんらかの非分析的なやり方に訴えるよう引き込まれていると感じるときに，私たちが出会う苦闘の中にあります。私たちは，患者のためであるのと同様に自分自身のためにそうしていることをこころに留めておく必要があります。そうであるなら問題は，これらの例外的な戦略が困難のほん

原注2）この部分の初版は「臨床ソーシャルワーク誌」（Casement 2005: 387-394）に出版されています。さらに，Jay Greenberg の論文への私の「論評」（Casement 2001: 381-386）を参照しています。

とうの解決につながるのか，あるいは中核の問題を回避してしまうのかです。

　患者からのこのような種類の圧力は常に重要なもので，とりわけそれは患者が以前に耐えられないものとして経験していた何かを表しているのかもしれません。患者が重要な他者を，患者のものすごく強烈な感情にあまりにも荷が重くて耐えられないと経験している場合がしばしばあります。

　耐えられない強烈な感情から患者をそらすような，分析家によって持ち込まれるすべての例外的な手段は，分析家について何かを伝えるものとして患者から注目されるでしょう。その分析家はほんとうに頼りになるのでしょうか？　前に進むことが困難になったときですら，分析家は患者のために「そこにいよう」と決心しているのでしょうか？　これまでの人たちを超えて，分析家は患者からの圧力にもっとうまく対処できるのでしょうか？

　たとえば分析家は，とくに心的加重の著しい陰性転移から分析をそらしたい誘惑にかられるかもしれません。ここではしばしば，転移において再体験されている世話をしてくれない人物ではなくて，世話をしてくれる人として分析家をもう一度見るように患者を導くことが意図されています。ときとしてこの逸脱は，患者のために――おそらくは治療同盟を回復させるために――必要だと正当化されます。

　そのような手技に続く明らかにより陽性の事態は，しばしば危機に対する分析家の対処が分析に利益をもたらしたという見解の証拠とみなされます。しかし私は，ここでの患者の明らかに陽性の反応が，行き詰まりの核心が解決されたことを示していると信頼して受け取れるとは思いません。むしろそれは，分析家にはあまりにも困難すぎて留まれないと知覚されそうなものを避けることによって，もはや患者が分析家の世話をする必要があると感じている表れなのかもしれません。

　それよりも期待を抱ける患者は，分析家の例外的な振る舞いによって巧みに回避された嵐を，後になってもう一度持ち出すかもしれません。中核的な問題へのこの回帰を，分析家が患者のこころの難しい状態にもっとしっかり取り組む勇気を――今度はそれから逃げ出さないで――なんとか見出すかもしれないという無意識的な希望の表れだと私は考えます。

分析家によっては，行き詰まりへのこの回帰に含まれている意味に気がついて，それにもっと直接に取り組もうとし始めるかもしれません。また別の分析家は，以前うまくいったように見えた回避やそらすやり方に再び訴えようとするかもしれません。そのとき，その患者はそれまでの人たちよりも世話をしてくれ与えてくれるように思える，分析家というこの新しい人と一緒にいるという表面的な利得で我慢しなければならないでしょう。しかし以前の悪い経験の核心は，十分扱われたというよりもむしろ避けられたままかもしれないのです。

6．対象の使用

ウィニコット（1971）が，彼のセミナー論文「対象の使用」で言おうとしていることを私がほんとうに理解しはじめるには長い歳月がかかりました。その論文は，患者の過去のなんらかの悪い対象を表すために分析家が使われるという議論よりももっと先を行っているのです。分析家は，患者のこころの中で患者によって「破壊される」，すなわち患者が対象の崩壊や報復を連想するあらゆるものによって破壊されるためにそこに存在しているということを，それは言っています。つまり最後には空想の中で破壊されるが，現実には生き残っているのが発見されることをそれは意味しています。

他のところで述べた火傷した患者[原注3]によって試みられたように，私がこのように強烈に試されたとき，ウィニコットが言う意味で，私は生き残り続けようと自分のなかで格闘せねばなりませんでした。こうして初めて，その患者はこころの中で最も怖れていることに私がほんとうに触れていると実感できましたし，それでも私は生き残りました。そうしてようやく彼女はこころの中の「怪物」からの解放を感じ始めましたが，彼女はその怪物から他者を絶えず守らなければならないと感じていたのです。こうして初めて，彼女は自分が感じるままに在る自由を見つけはじめ，そしてほんとうに生き生きとなることができました。

原注3）私がB夫人と呼んでいる患者のことです（Casement 1985; 第7章, 1991; 第7章 2002d; 第7章　邦書『患者から学ぶ』第7章）。

このような連続する展開が数多くの患者との私の作業の中核でした。それは，そのときには最も難しいと思われた作業でしたが，けれども，最も過酷な瞬間を**回避する**道ではなく**通り抜ける**道を患者と私が見出したときには，私はもっともうれしく感じました。もし私たちが早期の外傷を分析関係のなかで直接**再体験する**のではなく，早期の外傷について**話す**だけに限っていたなら，個々のケースの分析はまったく異なったものだったでしょう。

7．患者のなかにより真のものを出現させること

　私がとりわけ重んじているもう一つの作業領域は，第5章のD氏のように偽りの自己の存在に陥っている患者たちとのものです。そのような作業で挑まれた臨床課題は，全く違ったふうに患者とともにいることに私を巻き込んでいきました。扱いにくい振る舞いを行動化とみなしたり，遅刻を抵抗とみなしたり，あるいはセッションの中での消極性を分析への攻撃とみなす代わりに，これらの臨床現象を内的/中核的自己のためらいがちな表出に関わる重要なことを示しているものと私はたびたび考えるようになりました。そのようなとき私は，本質的な変化が可能になるかもしれないとの臨床での希望を感じます。

　偽りの自己患者が，分析家に対してあえてより真にあろうとし始めると，両親にはあまりに荷が重たくて耐えられないと思われてきた自分の側面を正確に分析関係のなかに持ち込んでくるでしょう。患者は自分の中のこの真のものが純粋に受け入れられているかを調べる必要があるので，そのとき分析家は厳しく試されるでしょう。分析家はさらに，あえて真であろうとすることへの反応として患者が予期するようになった予期される崩壊や報復を単に覆い隠しているだけなのか，それとも真のものなのかを分析家自身の生き残りに向けて試されるでしょう。

　分析空間という考えや，誰が何をこの空間に持ち込むかといった考えは，患者あるいは分析家によって排除されているものをモニターする助けとなります。患者が何か重要なことに言及し，それが分析家によって取り上げられないとき，患者はこれを分析家がそれをセッションの外に置いておき

たいという意味だと感知するでしょう。必然的に患者はなぜなのかと疑問に思います。今それを扱うだけの時間がなかったということだろうか？ 分析家は自分がもっと重要なものとしてコメントすることに決めたものをほんとうにわかっているのだろうか？ あるいは，分析家は排除された問題があまりにも扱いにくいと思っているのだろうか，ひょっとすると個人的に怯えてさえいるのだろうか？

患者によっては，分析家によって見過ごされたものに決して立ち返ろうとしないでしょう。しかし，それは必ずしも患者にとってそれが重要でないという意味ではありません。とても多くの場合に，分析家がそれから守られねばならないと患者が見ているために，見過ごされたものに患者が立ち返らないことが明らかになります。

より健康な患者は，もっとしばしば見過ごされたものへと引き返すでしょう。しかし，服従することを身につけた患者，とりわけD氏のように偽りの自己を発達させている患者は違います。ゆえに私たちが患者にとってもっと重要かもしれない何かを排除し，コメントや解釈するのにもっと簡単なものを選んでいそうなときに，私たちは特に用心が必要なのです。

人生や分析における服従に関連した問題をじっくり考えるのにとても適したイメージを私に提供してくれたもうひとりの患者に私は感謝しています。この患者（独身女性のJさん）は，彼女なりのやり方でこの種の問題をとてもいきいきと描写しました。

彼女は，四角い世界にいる丸い人間のように感じていると私に語りました。彼女のPhDのための研究という文脈でこれは語られたのですが，彼女は，彼女が他の学生たちと同じ立場で研究に来ているのではないとの事実に配慮できないように思えた指導者のもとにいました。数年間その特定の経験領域の研究に携わった結果，彼女に自分で選んだ研究プロジェクトを提出しようという気持ちになっていました。しかし彼女は自分の指導者が，あたかも彼女が大学からそのままやってきた学生であるかのように，ゼロからはじめることを彼女に求めていると感じました。それに彼は，彼女に彼女自身の研究を遂行するのではなく，彼の研究をやってほしいと思っているようでした。

Jさんは，自分の指導者が彼女のものを尊重するよりも彼の型に彼女を入れようとしている，彼女の丸さを尊重するのではなくて彼女を四角にしようとしていると感じました。結局，彼女は自分の研究を続ける機会を得るために，他の指導者を見つけました。

　このイメージで遊んでいると，私には，それがどんなものであれ，私たち一人ひとりが私たち自身の「形 shape」を持っているということが頭に浮かんできます。精神分析に課された務めは，何であれその人個人にとって真実であるものを——それを変えようとするのではなく——養い育てていくことだと私は考えるようになりました。患者に物事を押しつけるのが分析の適切な使用だとは思いません。
　私たちは皆，もともと丸かったり四角だったり，あるいは何かちがう形だったりするでしょう。私たちはある人の丸さや，別の人の四角さを賞賛できるべきです。どちらにしても「規則を守らない」ものとして扱うべきだとは私は考えません。もちろん，分析的には，その人自身のあり方への自己中心的な愛着が懸念されるような箇所があるに違いありません。しかしそれが実際に病理を示しているのでなければ，個性が尊重されることが重要だと思います。
　分析中の誰かが，自らの形が何か他のもの，ここでは四角だとしましょうか，その形にはめ込まれるのを許容するなら，そのとき私たちは**四角への転向**を突きつけられているのです。そこでもしこの患者が訓練中の分析家なら，これが今度は彼の患者にとっても問題になってくるでしょう。転向者は，誰か他の人が彼らに期待するものとぴったり一致するために，しばしば多くのものを捨て去ります。そのとき彼らは，まさに自分たちが自分たちの自然な形を奪われたように，同様に他者からその他者自身の形を奪おうとするという，同じことを他者にするよう駆り立てられるのを感じるかもしれません。
　患者をある形にはめ込もうとするこのプロセスは，分析家があまりにもしばしば権威的立場から解釈するとき，とりわけ分析家の作業が彼ら自身の訓練と経験の確かさという気持ち（確信すらも）の入り混じったものとなっているときに，分析の中でいともたやすく起こってしまいます。

8. 私たち自身が寄与しているものの影響をモニターすること

　生まれたときから盲目だった人が，あるとき私にどうやって地理がわかるのかを教えてくれました。彼はいつも靴のかかとに金属片をつけていて，**自分の足音の反響音**が聞けるようにしていました。このようにして彼は道を歩くにつれて音の変化がわかる自分自身のレーダーを作り出したのです。私はこれをしばらくの間自分でじっくり試してみました。そして，舗道から引っ込んでいる出入り通路や家が，まったく違った音を反響させることに気づいて驚きました。道にはまり込んで倒れそうで心配だったので，私はこの実験をそんなに長くは続けられませんでした。それでも私には，この特別な感覚がどんなに役に立つかがわかりました。ついでながら雪のときにはこの友人はただちにこのレーダーを奪われてしまい，そのためにやすく道に迷ってしまいました。

　臨床の作業に関連して私は，患者が私の入力 input に瞬時瞬時にどのように反応するかに耳を傾けながら，セッションの中で自分の「足音」を聞いて，同じような感受性を発達させようと試みてきました。このようなやり方でひとつのセッションを追いながら理解していくことで私は，私の焦点の選択からであれ話しかけ方からであれ，私の入力を患者がどのように知覚しているかを彼らがいかにしばしば無意識に伝えているかを実感するようになりました。

　後になって私は，患者の**無意識的なスーパーヴィジョン**（1978）というラングスの考えと，解釈の「コミュニカティブな質」への焦点づけに出会いましたが，それは私自身の観察をとても肯定していることがわかりました。

9. 臨床素材で実践すること

　何の疑問も持たずに技法を適用するのではなく，一人ひとりの患者との出会いの中で方向感覚をみつけようとする過程のなかで，こころの中でのスーパーヴィジョンという過程；そしてその一部として，セッションの中

での患者との試みの同一化という訓練を私は（前の章で例示したように）発展させてきました。各々のセッションでのこの内的な対処作業が，機械的にではなくセッションの瞬間ごとにそれに特異的なやり方で機能するための根拠を見出す助けとなって，私の臨床の仕事すべてを支えてくれました。私はさらに，他の理解のしかたや別の取り扱い方を探そうと，（私自身や他の人の）臨床ビネットを用いて練習できるあらゆる機会を利用しました。この練習は，そうでなければ認識できなかった，とくに進行中のセッションのその瞬間の感情の昂ぶりの中では認識できなかったたくさんのことに注意を向ける助けになりました。

　たとえば私は幾度となく，解釈の「方向性」と私が呼ぶものの重要性に気づきました。1990年に私ははじめて書きましたが，このことが有用であるとずっと考えています[原注4]。しばしば私たちは患者が持ち込むものの中に，過去と現在を結びつけるような結びつきを見出そうとします。しかし，このような結びつきを私たちがどのように指摘するかによって，セッションで事態がどのように進んでいくかに大きな違いがあることに私は気づきました。

　しばしば心理療法家や分析家はセッションのなかのあるものと，患者の過去の関係での特定の瞬間との関連を理解します。しかし，なされる連結の**方向**がセッション**から**患者の過去**へ**だと，セッションの中で今現在生きているものから立ち去るよう患者を誘うことになります。焦点のこのような過去へのシフトは，セッションの中にある困難なものから立ち去り，代わりに過去というもっと容易な文脈にある何か他の困難，つまり分析家や心理療法家にとってもっと容易なものに目を向ける結果に終わってしまう場合には，とても不幸なことです。この関連が後でセッションの中に戻されるなら，そのときにはしばしば，最初に過去との連結を示したものからの情緒的な距離があります。その後はその関連は，過去の探求以前にそこにあった感情からいくらか距離をとって，患者のこころで探求されるかもしれません。

　もし過去との関連づけが，過去から現在へと反対の方向になされるなら，

原注4）Casement, 1990:49-50;1991:331-332　邦書『さらに患者から学ぶ』59-61

この現在性の喪失は回避されるでしょう。たとえば，私は次のように言うでしょう。「私は，あなたがお父さんにとても腹を立てていたときのことを思い出します。その怒りのいくらかが，同じように感じられる何かについて，今ここで私とあなたの間にあるのかもしれません。」このようになされると，連結の方向は現在の困難さに留まるよう，すなわち過去から投げかけられる光の助けを得てそれをここで探求するよう，よりはっきりと患者に勧めています。

10. 練習の例

仕事中にあまりにも腹が立って動揺してしまい，そのために退職届けを出しかけた患者について私は聞きました。彼女が自分に割り当てられるだろうと思い込んでいたポストに，上司が若い同僚男性を起用しようとしているようだという感覚からこの事態が引き起こされていました。

治療者は，報告されたこの怒りと，治療の中でよく触れられていたことですが——彼女が12ヵ月ほど前に患者に告げた予定された引退という事実をただちに結びつけました。しかしこの場合，患者は関連を認めませんでした。その患者の怒りや動揺が，彼女の仕事についてだけでなく，また直接的に治療者の引退についてでもなく，何に対してであったのか，もっと特異的に取り上げることが有益だったかもしれないと私は示唆しました。たとえば治療者は，それをもっと明らかにしようと患者の子ども時代からのものを持ち込むかもしれません。しかしこのビネットを用いた練習のなかで，さらに私は連結の**方向**についてよく考える機会としてそれを用い，その強烈な感情が（仕事にかかわることとして）外に置かれたり過去へとそらされるのではなく，セッションの中に保たれるか，あるいはもっとセッションの中に持ち込まれるようにしました。そこで私はおそらく次のように言えるだろうと示唆しました。

あなたのお母さんとの場所を赤ん坊の弟が奪ったとき，赤ん坊の弟に取って代わられること［それがこの治療の中心となる特徴でした］にあなたがしばしば感じた怒りや動揺がどのようなものであったか，私は思

い出します。そのとき，さらにはそれからずっとあるあなたの動揺は，あなたのものだと思っていた場所にあなたの上司が年下の同僚を起用するようだとあなたが感じたとき，あなたが私に語った激しい怒りととてもよく似ているようです。お母さんに対するあなたの古くからの怒りは，今でもそのままあなたのもとにあると私は思います。

ここで私がさらに描き出そうとしているのは，私たちが転移解釈をする前に一つ以上のステップを踏む必要があるときがあるとのことです。ここで私は，これらのパラレルな状況を転移へと関係づける後のステップを踏む前に，患者の子ども時代の経験と上司との仕事上の問題の関連を取り上げることが有益だと考えます。転移へとひとっ飛びにジャンプするのではなく，これらの関連が連続性を踏まえて探求されるときに患者たちはそれらの結びつきにもっと容易についていけると私は考えます。

ここで見いだされる関連は，紋切り型に関連を作り出そうと試みるというよりは，感情の中の今ここでの感覚をもっと保ったものだったでしょう。さらに，過去から想起される感情は，彼女が仕事においてであれ治療においてであれ，子ども時代のあのときとパラレルな状況になぜあんなにも動揺したのか患者がもう少し気づくのを助けたかもしれません。加えてそれは，治療の終結についての患者の感情に，単に治療者がいなくなるというだけでなく，彼女をこの患者から引き離そうとする，治療者の人生での誰かをめぐる動揺の感覚があるかもしれないという，新たな次元を開いたかもしれません。

11. 教義を超えて見ること

分析空間という発想で物事をよく考えてみると，すべての教義は問題が多いものにみえるようになります：

> 分析家や心理療法家は，つながりをつけるエキスパートになっていきます。**私たちはほとんどあらゆるものを，なんでもかんでもとつないでいくことができます！** そのうえ，そのつなぎ方がどんなに大胆で荒っぽくても，このつながりを

裏付ける理論をいつでも使えます。

(Casement 2002d: 4　邦書 第1章 p.5)

　私は，分析理論や分析技法が自己証明に使われがちな傾向をいつも心配しています。私たちはいつでも，分析の進行を自分の理論という立場から解釈したり，私たちが選んだ技法が実り多いことの証拠として解釈できます。しかしながら，私たちは見たいままに物事を見ているのかもしれません。

　精神分析の訓練を受けている間，私は「与えられ定められた」ものとして理論を受け入れるのではなく，故意に反対の立場をとってすべての理論を疑ってきました。たしかにこの臨床アプローチは臨床の迷路のただなかから私が自分の道を見つけ出すのをいっそう困難にしましたが，それでも臨床での一連の出来事に理論を押しつける危険を冒して自分にとって物事をもっと単純にするよりは，このもっとやっかいな作業法に留まるほうを私は選びました。

　私は分析空間を，患者に属するものとみなすようになりました。患者はその中にこころの最も奥深いところにある思考や空想を投げ入れる危険を冒すようになり，私たちが彼らのこころの産物を理解できそうなときに，それを尊重するよう私たちに求めます。私たちは決して患者のこころに侵入すべきではないし，それをそらすべきでもないと私は考えます。なかでも，患者の考えに私たち自身の考えを押しつけるべきではないと私は思います。そうしているのなら，私たちは問わねばなりません；「そのとき患者を支配し，患者の人生を動かし始めているのは，誰の考えであり，誰のこころなのでしょう？」

第2部

熟　考

第10章
説明しにくいいくつかのこと

1. すべてを理解している？

　思春期とその後の数年間，私は自分が何でもだいたいは理解できると考えるのが好きでした。私は小学校を卒業する前に「ラジオ受信機」と言われていたものを組み立てましたし，ウィンチェスターに行ったすぐ後に，自分で理解できるようになった回路と，この頃では聞かなくなった高圧電池といっしょに作動する「蓄電池」を必要とする旧型の真空管を用いて，別のラジオ受信機を作りました。さらに蒸気機関やガソリンエンジンがどうやって動くのかも知っていました。電気がどのようにして作られ，原子爆弾がどうやって作動するのか知っていました。それで，年月が経つにつれて，私はすべてのものが自分の手の届くところにあると考えるようになりました。おそらく私がすべてを理解するのは，もはや時間の問題に過ぎなかったでしょう。

　オックスフォード大学の社会学課程にいた頃，数少ない依然として神秘的なままに思えたことのひとつに私は取り組んでいました。私はたくさんのトイレで見かけるようになった，「即席ドライクリーニングマシン」と私が考えたものにこころを奪われていました。それはとてもすばやくロールタオルにドライクリーニングをかけ，アイロンをあてることができるので，濡れて汚かったものがきれいにアイロンがけされて出てくるのです。どうやったらそうできるのか私は悩みました。どんな種類の洗剤が用いられているのか？　タオルにアイロンをかけるのにどんな種類の急速加熱ローラーが必要なのか？　この問題に私は魅了されていました。

　けれども，ある日私が PPE 図書館[原注1)]の男性用トイレにはいったとき，

原注1) 哲学，政治，経済。

すべてが明らかになりました。そこで私は，自分の前に繰り広げられた衝撃的な真実を目の当たりにしたのです。30ヤードほどの汚れたタオルが床一面に広げられていました。私がほぼ考案していたようなドライクリーニングシステムはどこにもありませんでした。それはまったく手作業の早業でした。どこにも魔法はありませんでした。それで人生にはもはや何の神秘も残されていないように思えて，その日私は落ち込んでいました。一方で，自分で自分を笑い，一緒に笑おうと友だちにこの話をしようと思いました。

なぜ私は落ち込んでいたのでしょう？ 結局，私がすべてを理解できるわけではないという真実に直面したからでしょうか？ おそらくそうでしょう。たしかに私の万能感が試されたときでした。しかしそれはまた，まだ理解されていない物事に対して自分の知力を試すのを私がいつも楽しんでいたということだったのかもしれません。まだ解決されていない神秘がもしなくなってしまったら，私はどうしたらよいのでしょう？

この出来事は，人生に対する二つのまったく異なる見解を私に残しました。一つの見方は，時間が与えられればすべてのことは説明がつくという仮定でした。すべてのものは科学的探究で対処できるか，あるいはそうできるはずです。すべての現象には合理的な説明があるはずです。しかしながら，もうひとつの見方も残りました。おそらく，理解されえない物事にふさわしい場所があります。おそらく科学や哲学，心理学によって提示される説明のシステムと平行して，人生における神秘にはいまだ余地があるのです。

2．不思議な偶然のめぐり合わせ[原注2]

次女がまだ小学生のころ，宗教的な体験について書いてくるように言われました。「お父さんは，これまでに宗教的な体験をしたことがある？」，ある日娘は家に着くと尋ねました。わからないと答えましたが，私は彼女にひとつのほんとうの話をしました。おそらくそれは学校で宗教的な体験

原注2）この例は，私の許可を得て故 Elizabeth Lloyd Mayer 博士によって『驚くべき理解』 New York: Bantam Dell（印刷中）のなかで再び述べられています。

とみなされたのでしょう。私の話を彼女は書きとめ，それで彼女は学校でAをもらったのです。これはその話です。

　1950年代の初め，私が17歳のとき，両親は海外に出ており，復活祭の休みに私はイングランドに残っていました。私はその内のある期間を祖母と過ごしていました。それは，祖母が亡くなる前の年でした。祖母は私の両親の家から約4マイルほどのところに住んでいました。そのとき祖母は自分の人生についてたくさん語ってくれました。素晴らしい人生だったと祖母は感じていました。ただひとつだけほんとうに悔やまれることがありました。戦時中には移動や転居が何度もあったと説明してくれましたが，子ども時代からの親友と連絡が取れなくなってしまったのです。そして戦争が終ってからも，この友人を見つけられませんでした。友人がいたはずのあらゆる住所に送った手紙はすべて返送されてきました。この友人を永遠に失ってしまったようでした。

　その復活祭の日曜に私は，知っている人たちに会うだろうと予想しながら，親がいつも行く教会にいきました。そこから帰るのに私には三つの選択肢がありました。40分間バスを待つ，ヒッチハイクをする，あるいは歩くこともできました。祖母の家まで歩いて帰るのには4マイルほどありました。そして，バスよりも先にそこに着けるかどうか面白い挑戦をしてみようという考えが私に浮かびました。それは次のような数学の問題でした。「私が時速4マイルで歩き，バスが時速30マイルで走るとして，私がバスよりも40分先に歩きはじめるとすると，4マイルの旅程でどちらが先にそこに着くでしょう？」私は歩くことにしました。決してヒッチハイクはしないで，もしバスが私に追いついたら残りの旅程はバスに乗るつもりでした。

　この挑戦を堅くこころに抱いて出発したので，私をヒッチハイクで乗せてくれそうなどんな車も無視しました。しかし何の説明しうる理由もなく，ある車が角を曲がりかけたとき，私の左腕がまるで何かの反射のように乗っ取られ，車に乗せてもらう合図をしたのでした。私は，そのためにバスと私のどちらが先に着くかという自分の「競争」がだめになってしまうと自分自身に腹を立てていました。幸いなことにその車は走り続け，それで私にはこの挑戦はまだ続けられると思えました。ところが，そこで突然車が

止まったのです。そのため，私は望んでいなかったヒッチハイクを受け入れなければなりませんでした。しかしそれは，合図をして車を止めるという私の不本意な行為が求めていたことでした。

　私は車に走り寄り，運転手の横に乗り込みました。彼は止まるようにと言われるまで，明らかにこのヒッチハイカーを無視しようと決めていました。後ろの席にいた婦人にお礼を言ったとき，彼女は驚いて私に尋ねました：「あなたはウィンチェスターにいたの？」[原注3]。私はまだその学校に在籍していると言いました。すると彼女は答えました：「私はロディ・ケースメントという人を知っていたの。彼はウィンチェスターに通っていました。でもそれは今からずっと前のことで，戦前のことです」。それは私の父ですと私が伝えると，彼女はとても喜んで尋ねました：「お父さんのお母さんはご存命ですか？」。この道を2マイルほど行くと，私たちは祖母の家の前を通り過ぎるだろう，と私は彼女に言いました。それからその婦人は私が前の週に聞いたのと同じような，戦時中に連絡が取れなくなった私の祖母の足取りを探そうとしてきた話をしました。「彼女は私の親友です。彼女ともう一度会いたいのです。」

　祖母の家に着いたとき，私は駆け込んで言いました：「おばあちゃんがわからなくなった一番の友達のことを覚えているよね。それで，僕はその人をおばあちゃんのために見つけたんだ。今，外の車の中にいて，おばあちゃんに会いたがっているよ」。その二人の友はその日の残りを一緒に過ごし，私の祖母は再び友人に会えた喜びを抱きながら，それからほどなくして亡くなりました。

　このことをどう考えていいのか，私にはわかりません。その一部は説明できても，すべてを説明することはできません。この女性が17歳の私と，それに近い年の私の父との家族的な類似に気づいたかもしれないということはありえます。車が走り去るときに彼女が私を見かけて何らかの既視感のために運転手に車を止めさせたことはあり得ることです。しかし私が説明できないのは，この特定の日にこの道を彼女の車が走っていたという奇妙な一致はもちろんのこと，この特定の車に対して合図をするという私の

原注3）ウィンチェスター・カレッジのこと。

不本意な行動です。その女性は遠く離れたところに住んでいて，普段この方面に出かけることはありませんでした。

すべてが説明されないがゆえに，私はこの記憶を大切にしています。そして人生に残っている神秘的な領域を見つけ出すのが，今でも私は好きなのです。好奇心が刺激されますし，それが私は楽しいのです。さらに私は，私たちにすべてが理解できるのではないとのことを思い起こすのも楽しんでいます。おそらく私たちがこれからも決して理解することのない事柄がありましょう。

3．もう一つの偶然のめぐり合わせ[原注4]

F夫人がはじめて私のところへやってきたのは60代後半のときでした。彼女は自殺を企て，大量服薬によって神経系にとても深刻な損傷があったので，しばらくの入院の後，精神科医から紹介されてきました。

F夫人は自殺を試みた理由を私に説明しようとしました。夫が自分よりも先に死んでしまったらそれにどうにも対処できないだろうと彼女は確信していました。夫は10歳年上でしたから，彼が先に死ぬだろうと思われました。私たちがこの怖れについて作業していくと，まさに夫の死の瞬間にF夫人は自分の怖れをとても明確に焦点づけるようになりました。彼女は独力でそれに対処しなければならないだろうとわかっていました。彼女は子どもたちや，近所の人や友人たちに頼ることはできないと確信しており，そういうときに頼れるような人が誰もいないと強固に主張しました。彼女はまったく孤独でした。

やがて私は夫に会いましたが，彼をジェームズと呼びましょう。彼は私に会いに来て，彼女がずっと抱いている怖れから彼女を救うために自分に何ができるだろうかと尋ねました。もし彼がほんとうに彼女よりも先に死んでしまったときに彼女が家督を引き継ぎやすくするために，彼にできる実務を私たちは考えました。いつも彼が，家計や年金，株券や家に関するもろもろを管理していました。私たちはこれを見直し，彼女が管理できな

原注4) この例はCasement（2002b）から取られています。

いと感じて彼女の重荷にならないように，これらを彼女やアドバイザーに手渡すために彼ができることを彼は指示しました。

およそ3年の後，夫は入院していましたが，F夫人はまだ私に会いに来ていました。彼女は毎週彼らが購入した田舎のコテージからロンドンへ車を運転してやってきました。ある日の面接で，F夫人は座りながら言いました：「私は今日，ここにいるべきではないと思うのです」。私が彼女にどうしてかと尋ねると，彼女は答えました：

　　ジェームズが死のまぎわにいるのです。今朝面会に行って，彼が死にかけているとわかりました。でも彼は私に，今日私はあなたに会いに行かなければならないと私に言ったのです。彼は，今日があなたと会う日だとわかっているので，私に行くように約束させたのです。

面接に入って20分ほどして，私は電話が鳴るのを聞いて驚きました。もちろんときには忘れもしますが，私はいつも面接の前に電話のプラグをはずしておくことにしています。けれども私が決してやらないことは，面接中に電話に出ることです——誰が電話してきたかに関わらず。もし私がプラグをはずすのを忘れていたら，私はいつもプラグをすぐにはずし，伝言を受け取るために留守電にします。このとき説明できない理由から，気がつくと私はF夫人に次のように言っていました：「この電話に出るべきだという勘がします。そうしてもよいですか？」。受話器を取ると，F夫人の娘が父親が今まさに死んだことを伝えるために病院から電話してきたのでした。父親から母親がこの時間私のところに来ていると聞いていたので，彼女は私に電話したのでした。私は，F夫人は今ここにいるので話すことができますと伝えました。私は彼女に電話を手渡しました。

このセッションの続きは驚くべきものでした。F夫人が最も怖れていたこと，そのために彼女が自殺に駆り立てられ私のところに来るようになったことは，結局すべて何とか対処できるようになったのでした。ジェームズが亡くなったまさにそのとき，彼女は一人ではありませんでした。彼女は，彼女がそれをどんなに怖れているかを感じ取れて，彼の死の瞬間に彼女と一緒にいることのできる一人の人物と一緒にいたのです。彼女はさら

に，ジェームズは彼女が私と一緒にいるとわかるまでどうにかがんばったし，それで彼は彼女に予約を守るよう約束させたのだと確信していました。

こうしていつもと違う出来事の連続によって，F夫人は夫が死んだまさにその瞬間を支えられたのでした。もし私が忘れずにプラグをはずしていたら，このことは起こらなかったでしょう。セッションの間は電話を取らないという私の断固としたルールに私が従っていたなら，やはり起こらなかったでしょう。しかし偶然，F夫人は誰にも企てようのない方法で助けられたのです。彼女は，とても長い間にわたって怖れていたその瞬間に一人ではなかったことに気づけました。

4．不気味な気づき

保護観察官をしていた頃，その日当番になっていたので，私は同じく当番の女性の同僚と法廷にいました。法廷での訴訟手続きの間，証言台に十代の少女がいました。私の同僚は尋ねられるはずのその後の尋問に備えて記録をとっていて，私はただ聞いていました。私は同僚に向かって言いました：「あの少女は妊娠しているよ」。同僚は私がばかげたことを言っていると思い，そう言いました。けれども，その少女はほんとうに妊娠していることが判明しました。彼女は妊娠を，訴訟の対象になった犯罪を犯すほんの2, 3週間前に知ったのでした。

私の同僚はどうやってわかったのかと私に尋ねました。確信はありませんでしたが，それは彼女がお腹を抱えるように片方の腕を置いたその仕草のためだと私は思いました。最初に見えたときには，妊娠しているのを隠そうとしているように私には思えましたが，それだけでなく，おそらく保護するような仕草のようにも思えました。しかし私にはそれが，彼女のある部分が隠すことを願った事実に注意を引こうとする，無意識的なコミュニケーションだったのではないかという考えも浮かびました。おそらく彼女はそれを知られたいとも思っていたのです。そのとき私が考えたのはそうしたことでした。

そのときにはそれ以上考えられませんでした。しかし，（私の分析中に）私が早期の妊娠に気づくことが続いたので，この件を再び考えるようにな

りました。あるとき，友人たちと会ったコンサートから車を運転しての帰り道，一人の友人（ピーター）が隣に座っていました。幕間に友人たちの一人がピーターと話していましたが，彼女の顔と目の何かが私をとらえていました。彼女はそれまで見たことがないほどに輝いて見えました。車の中で私はピーターに尋ねました：「彼女は妊娠してどのくらいなんだい？」彼は驚いて答えました：「彼女は君にも話したのかい？」彼女は話していませんでした，実際私は，彼女とはまったく話しませんでした。私はただそう分かったのです。ピーターは，その妊娠はその日に分かったのだと言いました。

私はそのとき分析を受けていたので，このことは当然セッションのなかに持ち込まれました。そこでは妊娠の初期に対する私の過敏さが，私の母親の流産との関係で理解されていきました（第2章で述べられています）。

5．患者にコントロールされることを超えて

私はある患者（アン）と心理療法を続けていましたが，椎間板逸脱とわかったので，彼女は脊椎の手術を受けました。彼女は看護師でしたが，それまでにも重いものを持ち上げたことによる腰の問題を抱えていました。ですから，外科医が脊椎の癌と同じ手術を彼女にすべきだと考えたのはとても奇妙なことでした。もし少しでも椎間板逸脱の危険があるなら，可能な限り筋肉はそのままにしておきますから，これら二つの手術の外科的手順はまったく異なっていると私は推測します。手術が行われたとき，椎間板が滑り出し患者を生涯麻痺させるまで，そこになかった癌を探して外科医は脊椎を切ったのです[原注5]。それから14年間，麻痺状態からの合併症で彼女が亡くなるまで，私は病院や障害者のための療養所にアンを訪ねました。

麻痺が起こる前のアンの問題は深刻でした。彼女は過食と嘔吐，そして喫煙におぼれていました。彼女は自分の母親から愛されていないと感じていました。自分を憎んでいました。彼女はよく，自分はただ食べることと

原注5）この外科医は手術の際に酔っていたことが判明しました。しかも確定診断もせずに手術をしたのです。最終的にアンは業務上過失で勝訴しました。

看護することのためだけに生きているのだと言っていました。

　麻痺した後アンは，さらに過食して吐くために生きる以外，自分には何も残されていないと感じました。喫煙は次の過食までの時間を埋める一つの方法に過ぎませんでした。看護は彼女のためになる唯一のもうひとつの気晴らしでしたが，今ではそれすらも不可能でした。それに代わって彼女は，自分がそれまで楽しめた唯一のそれを自由にできる周囲の看護師に対する羨望に苦悩しなければなりませんでした。

　しばしばアンは，私の訪問を歓迎されず望んでもいないもののように扱いました。しかし彼女は自分がどこにいるのか，病院のどの病棟にいるのか私がわかっているか確認するために私に電話してきました。面接のなかで頻繁に私に向かって，出て行けと彼女は叫びました（彼女は私費病棟にいたので，そのような自由が与えられていました）。私は次のように答えたものでした：「あなたは怒っていますね。あなたには腹の立つことがたくさんあります。だから，私はここにいるのです。少なくともあなたは，私に怒ることができます。ですから，私はあなたの時間の終わりまでここにいましょう」。徐々にアンは気持ちを緩め，私がそこにいるのを許容するようになりました。しかしそれでも彼女は私がいることにまだ明らかに怒っていました。彼女は言ったものでした：「あんたがそこにいると，私は好きに食べ物のことを考えられない。それが私がしたいことのすべてなんだ。ここにいないでよ」。アンは面接時間の多くを私に対して怒ることに費やし，ひどい憤慨を表しましたが，それでも私は訪問し続けました。

　彼女がたびたび入所していた療養所で，看護師たちもまた彼女とつらい時間を過ごしていました。彼女の治療管理に関して私と連絡を保っていた家庭医は，アンのために何をしても決して彼女にいいことにはならないと看護師たちがしょっちゅう愚痴をこぼしていると私に言いました。彼女らは彼女を世話しなければならないことに憤慨していました。面倒みきれないと彼女は言われていました。

　私は彼女のふるまいに重要なコミュニケーションがあると考えました。そこで私は家庭医に，どうしようもないアン自身の麻痺や無力さへの怒りの気持ちと同じものを周囲の人たちのなかに引き起こすような態度でアンが振舞っているようだと示唆しました。アンにとってはいかなるものも好

ましくありませんでした。唯一好ましいと思えるものは，彼女が麻痺の状態から解放されることでしたが，それはもちろん不可能でした。おそらく，どんなにわずかの間でも，彼女が四六時中経験していることのいくらかを他の人たちに無理やり経験させたいという無意識的ニーズを彼女は感じていたのでしょう。投影同一化を通してのコミュニケーションのもうひとつの例です。

このはっきりした定式化が，しだいにその療養所の看護スタッフに何らかの理解をもたらし始めたと私は思います。一方その間私はアンを訪問し続け，彼女は麻痺の状態や，彼女にまだできる生活に適応しはじめました。ある日，いつものように私は前の週にアンがいた場所に行きました。それまでで初めて，このときアンは自分がどこにいるのか私に電話してきませんでした。療養所に着いて私は，彼女が病院に再入院したことを知りました。私はいつもの彼女の病棟に行ったのですが，彼女はそこにいませんでした。私は受付に行き，彼女は別の病棟に入院していると聞かされました。そこで私は彼女をみつけましたが，彼女は私を見てすっかり驚きました。どうやって彼女がどこにいるのかわかったのか？　私はどうやったのか説明しました。

まったく初めてアンは，彼女がどこにいるか見つける手間をかけるほどに私が気遣ってきたに違いない事実に直面させられました。その日まで彼女は，たとえしょっちゅう私の訪問を彼女が攻撃したとしても，彼女が私に来させているのだと私の訪問をいつも説明できました。彼女がいつも電話してきたのは，自分がどこにいるか私に教えるためだけではありませんでした。もし彼女が私に思い起こさせなければ，私は彼女のことを忘れてしまうだろうと確信して，私が必ず来るように彼女は電話していたのでした。

私が自分の意志で来ており，ただ（彼女のこころの中では）彼女が私を来させているからではないというこの新しい発見に，アンがどんなに影響を受けたかは私の想像を超えたものでした。その日から彼女は過食をやめ，1日に少なくとも60本，ほとんどの時間タバコを吸っていたのですが，タバコもやめてしまいました。

こうして嗜癖という防衛の下から浮かび上がってきたのは，隠されてい

た彼女の人への依存でした。この強烈な依存は，彼女の母親にとってあまりにも荷が重くて耐えられなかったようで，それゆえ誰に対しても荷が重くて耐えられないように思われたのでした。それに代わって彼女は代用物に依存するようになりましたが，それは代用するはずのものでは決して置き換えられないものでした。今や依存はまったくよそに向けられなくなり，アンは急速かつ極度に私に依存し始めました。私は毎週来ていましたが，彼女はまる1週間私と触れ合わずに過ごせませんでした。訪ねて彼女に会うには2セッション分の時間がかかったので，どうしてももっと頻繁に彼女を訪問する調整がつきませんでした。そのかわり週に少なくとももう2回，彼女が私に電話できて，そこで私が話せる時間を設定しました。私はこの電話の設定をセッションの時間のときと同様に厳密に設定しました。そしてアンはいつも私が彼女のために取っておいた時刻に正確に電話してきました。

　アンの人生の残された歳月の間に私たちは，頻繁な接触が必要とされたこの最初の依存の噴出から，私の訪問で得た触れ合いからよいものを内在化できるように，徐々に移行することができました。彼女はタバコを吸わず，過食もしないままでいられました。けれども，彼女の人生は——死によって——病院での終りを迎える運命でした。しかし私は彼女との仕事を通して，多くの有益なことを学びました。

6．少年であったらと感じていた一人の女性

　妊娠できないという問題を抱えて私のところへやってきた一人の女性（G医師）とかつて私は治療をおこないました。彼女は不妊に有効なあらゆる治療に通じている医師でしたが，そのどれも彼女にはうまくいきませんでした。はじめて私に会いにきたとき，「私の不妊にはなんらかの情緒的な障害の可能性があるのでしょうか」と彼女は尋ねました。

　その後の数カ月の治療で現れてきたのは，彼女の子ども時代とその後の人生の物語でした。その中で彼女は，どんなにしても両親を喜ばせられないと感じていました。両親は彼女が男の子であってほしいと願っており，彼女は女の子であることで失望させているという重荷を自分の中に感じて

いました。多くのセッションで，この主題を例示するもっと詳細な発言がありました。しかし意識的には彼女は，自分がそうであるように女性であること以外の何も願ってはいませんでした。

　やがて私たちはあるセッションに至りましたが，そこでG医師は，とても意味深い言い間違いをしました。彼女は次のように言いました:「これまでにした両親の目にかなっている唯一のことは，医者になったことでした。おそらく両親は私のことを，『私の医者の息子』と考えていました。」私は彼女に，彼女がたった今言ったことを耳にしたのか尋ねました。奇妙にも，彼女は耳にしていませんでした。彼女が自分のことを両親の息子と言ったことを私が彼女に伝えると，彼女はとても驚きました。私はそのセッションの後半にG医師に次のように言いました:

　　私は何も約束はできません。けれどももしあなたが，自分は決して両親を喜ばすことができないだろうということにほんとうに耐えられたら，そしてもしあなたが，間違いなく訂正不可能なほどに女性なのだという考えに耐えられるなら，あなたは子どもを産めるだろうと私は思い始めています。

　約3カ月後G医師は妊娠し，自分に対する新たに見出された確信を持って，母親としての新しい役割へと成長していく機会を手に入れました。次第に両親もまた，ありのままの彼女を受け入れはじめました。もちろん，ここでのタイミングは全くの偶然の一致であった可能性があります。しかしG医師は，彼女が「間違いなく訂正不可能なほどに」女性であることを自分に対して許容できるにはその前に，女性であることに関する彼女の妨害物をきちんと処理する必要があったと確信していました。

7．失われたセッション

　あるスーパーヴァイジーが私に次のようなメッセージを残したことがありました:「この前のスーパーヴィジョン以来，患者が3回のセッションをすべてキャンセルしたので，スーパーヴィジョンをキャセルすることを

伝えるために私は電話しています」。私は返事しました:

> 私の考え方では，患者はセッションをキャンセルできません。彼らは出席しないことは選択できますが，それでもセッションは存在しています。ですから私たちは，たとえ彼らが知らせてきたものであるにせよ，セッションが「キャンセル」されるという患者の考えに同意すべきではありません。それで，あなたの患者が3つのセッションを欠席したのなら，あなたの通常のスーパーヴィジョン時間に考えることを私たちはたくさん抱えています。そこには，私たちがまだ理解していない何かがあるかもしれません。

以下のビネットの要点は，セッションに来ないと告げてきた患者によって自由になった時間を私たちがどのように過ごすかについて考えてみるよう促すことにあります。患者が出席するにせよしないにせよ，すべてのセッションをまだ存在しているものとして注意をはらうのが私自身の実践です。もうひとつ私は，患者が自分の時間に電話したいと思ったときのために，患者が到着するまでセッションの時間の間，面接室の電話をつないでおくことを慣例にしています。そもそも，彼らはその時間も代金を支払っているのです。ほんのたまに患者がその時間に電話してきます。そのときには，そのセッションを患者のためにまだ存在していると自分がみなし続けていてよかったと私はいつも思いました。

8. とてもおもしろいあやまち

長い分析の中で，長引いてはいましたが，とても実り多い退行のときを過ごすある患者と私は働いていました。やがて彼女はその退行から浮上しはじめ，自分の人生を新たな方向と活力をもって再び始めだしました。彼女は休暇を子どもたちと一緒に過ごすつもりでおり，休暇明けの分析の再開でまた子どもの休暇を短くされるよりも，学校の休暇の期間すべてを（この時は）海外で過ごさせたいと思っていました。それで彼女は分析作業に戻る最初の週は出てこない予定でした。

いつものように，たとえ私の患者がまだ休暇で出かけたままであっても，私はこの患者の面接時間の度にその間電話をつないだままにしていました。そして彼女のセッションの一つがはじまった直後に，電話が鳴りました。私はいつものように私の電話番号を告げました[訳注1]。そして患者が次のように言うのを聞きました：「あら，母に電話していると思っていました」。

この電話に関していつもと異なるのは，私が思い出せる限り何年もの間，この患者がまずもってそれまで私に電話をしてこなかったとのことでした。彼女は今，海外から時差で別の時間帯に電話しているにもかかわらず，たまたまいつもの面接時間に母親に電話する代わりに私の電話番号を回してしまったのです。そしてそこに彼女は，転移の中でしばしば母親として経験してきた人物を見つけました。私の電話番号はその間ずっとおぼえられており，あやまって無意識の内にかけられたのでした。その時期彼女の母親はイングランドにすらいませんでした。ですからこのあやまちは，母親の代わりの私の電話番号というだけでなく，異なる国番号も含んでいたのです。

9．長引いた不在[原注6]

子ども時代に養子に出されたある患者を私はみていました。養子の件への彼女の解釈は，母親は自分を望まなかったというものでした。週に5回の，とても長い分析の過程で，この患者は復活祭の休みに海外に行きました。その休みの最後に，休暇先である特別な経験に巻き込まれ，そこに後もう1カ月留まることが重要だと感じているとの手紙を寄こしました。私は喜んで彼女のために彼女の時間をとっておくでしょうか？　戻ったらそのセッションに対して代金を支払うと彼女は約束しました。彼女の場合は名ばかりの安い料金でしたので，支払いを待つために私がひどく不利益を被るということはありませんでした。私は同意したとの返信を出しました。

その月の終りに，この患者からもっと長く留まることにしたというもう

訳注1）英国ではかかってきた電話を受けるとき，こちらの名前は言わず，こちらの電話番号を言います。
原注6）この例は私の論文「患者と患者の間」（Casement　2002c）からのものです。

一通の手紙を私は受け取りました。さて，私は喜んで同じ設定を続けるでしょうか？　彼女はいつ自分が戻るのか私に知らせてくるでしょう。

　この期間に私はこの患者とのセッションに注意を向けてみました。彼女はカウチを使っていませんでしたので，私たちの椅子の間にあったテーブルの上に，私は自分のスケジュール帳を置くことにしていました。さらに電話をつないでいました。ですから，この患者のことを**能動的**に考えるのに各々のセッションの時間すべてを費やしていなかったにせよ，私はその時間の度に彼女をいつも「こころに」置いていました。

　およそ2カ月半の不在の後，私がいつものようにこの患者とのセッションの代わりに自分のスケジュール帳を置くと，ドアベルが鳴るのが聞こえました。ブザーとともにドアを開けると，そこに彼女が立っていました。彼女は自分がいつ戻るのか私に知らせませんでした。その代わりに，私が出かけているか，あるいは彼女の場所に誰か他の人がいるのではないかと予想して，私に知らせないで彼女はやってきたのでした。彼女は，自分が不意にきたとき，面接室が彼女に会うために用意を整えられているとは予想していませんでした。その後の話し合いで，彼女が不在の間ずっと，私がほんとうに彼女のセッションをとっていたことを彼女は知りました。理解できることですが，彼女は私をこのように試す必要があったのでした。

　この分析が続いていくなかで，次のことが明らかになりました。その間にこの患者が得たであろうどのような洞察も別にして，彼女にとって最もめざましい経験の一つは，彼女が不在の間，私がほんとうに――そしてただ単に口先だけでなく――彼女のことをこころに留めていたということでした。彼女には，それまで他の誰ともこのような経験を持った記憶がありませんでした。

10. 診断的夢

　ある女性患者が通常のセッションの時間に海外から電話をかけ，先に述べたように私とやりとりできるとわかりました。彼女は私にある夢を話そうと電話をかけてきたのですが，その夢で彼女は，象徴的に深刻な健康状態だと診断し，それは3日後に身体に現れ，それから彼女がすぐに行った

病院で確認されたのでした。その診断は、生命を危うくする性質のものでした。彼女は海外から戻ってくるまで待てないと感じて、それで電話してきたのです——私がそこにいることを願って。私がいたことが、彼女にとってとても大切だったということが後になってわかりました。

普段の生活でその体調が明らかとなる何カ月も前に、夢の中で自分の健康状況について診断を下した何人かの患者に私は会いました。ある患者は自分の乳がんを、どちらの乳房かすらも、診断したのですが、彼女は誰かが真剣に受け止めてくれるまで、あっちの医者からこっちの医者へと言ってまわりました。通常はもっと明確な必要性の根拠がなければ認められませんが、1枚の断層撮影によって彼女の診断が確定しました。外科医は小さな侵襲性の強い腫瘍を見つけましたが、もし彼女がそのままにしていたら、偶然触知できるような固まりになるまでかかったよりも何カ月も早く（彼女は2年間ほどだろうといわれました）、そのおかげで発見されたのです。彼女はその後何年も再発しないでいます。

もうひとりの患者（H夫人）は二つの夢を見ましたが、後に私はそれらが診断的なものだったとわかりました。この出来事は私が訓練を受け始めた頃でしたので、その頃私は彼女に検査してもらうよう説得するだけの自信が夢の解釈にありませんでした。もし彼女が初めてこれらの夢をみたときに検査を受けていたら、彼女はおよそ6カ月早く診断されていたでしょう。

最初の夢でH夫人は、なかなか出てこない何かを排泄しようとして、トイレに座っていました。「それはまるで終わりがないかのように、永遠に続くように思えました」。2番目の夢では、彼女はイーストボウンの海辺にいて、海は死体であふれていました。彼女は「海の中の死から」彼女の二人の男の子を絶望的な思いで救い出そうとしていました。イーストボウンについての彼女の連想は、彼女が妊娠していると初めて聞いたときのことでした。そこは普通は誕生に結びついている場所でしたが、この夢の中では、死体であふれていました。最終的な診断は卵巣癌で、彼女はそのために亡くなりました。

彼女の医学的な治療の期間に興味深い一連のことがありましたが、クリニックの医学部門長（当時はニナ・コルタート医師[訳注2]）はこの件につい

て私に詳しく書いてもらいたいと希望しました。癌に対する治療の初期の一段階として，医師たちは手術できるかどうか患者を開腹してみました。あまりにも多くの重要臓器に癌が付着していたので，手術は不可能だとわかりました。診断決定後の最初の1年間，私たちは彼女の自殺したいという考えを巡って懸命な作業をしなければなりませんでした。彼女は再三死んでしまいたいと願っていました。彼女は決して自分のためではなく，ただ「子どもたちのために」なんとかして生きようとしていました。

死にたいというこの願望の起源を私たちは探求し，彼女の母親との関係のなかに多くのものを見出しましたが，それが自分を処罰したいという願望につながっていました。母親は決してほんとうには自分を望んでいないと彼女は感じていました。彼女はつけ加えました：「私が死んだら，母は自分の願いがかなえられたことになるでしょう。彼女は自分が望まなかった娘ではなくて，死んだ娘を持つことになるでしょう」。この洞察をワークスルーするために多くの作業がなし遂げられる必要がありました。やがて徐々にH夫人は，新たにいきいきとしはじめました。彼女はこの癌のために死ぬかもしれないという現実に直面して，生きることに価値を感じ始め，生き続けるために闘い始めたようでした。

1年後，医師たちは進行の程度を見るために再び開腹し，手術できるほどに癌がすべての臓器から退縮しているのを見つけて驚きました。彼らは癌をすべて取り除きました。彼らは癌がどうしてこれほどまでに退縮したのか説明できないと言いました。それはまったく予想だにしなかったことでした。H夫人は私に言いました：「医師たちは何がそれを退縮させたのかわかっていません。でも私たちにはわかっています」。自分の命を救ったのは化学療法と全く同じように分析であったと彼女は深く信じているようでした。

H夫人は死の宣告から一時救われたように感じていましたが，それか

訳注2）クリニックは英国精神分析協会が運営するロンドン精神分析クリニックのことです。その医学部門長ニナ・コルタート Nina Coltart はケースメントと同じインディペンデント・グループに属する精神分析家です。論文「ベツレヘムに身を屈め歩むこと」（『英国独立学派の精神分析』（1992）に収録）が有名で，著書『精神療法家として生き残ること』（岩崎学術出版社 2007）があります。彼女は1997年に67歳で治療不能な癌のため自殺しました。独身でした。晩年は精神分析から仏教へと関心を移していました。

ら後,彼女は魔術的な思考へと退却していきました。彼女は自分がよくなったと思い込み,自分の新たな自由を祝ってもっと存分に人生を送る計画を立てました。ただ,私の意見に反して,彼女は分析の回数も減らそうとしました――そうして彼女は「生きるためのもっと多くの時間」を手に入れようとしました。私はこの事態を大変心配しましたが,彼女を説得することはできませんでした。

3年の間,分析を週に3回に減らし,それからしまいには週に1回にしましたが,H夫人は健康なままでした。しかし彼女を捕らえていた死の願望は十分には取り扱われてはいませんでした。私たちがそれをもっと徹底的に取り扱えるよう分析にもっと多くの時間を割くことに,彼女は賛同しませんでした。ついに癌が再発し,今回は亡くなってしまいました。コルタート医師は,この患者が分析から撤退するのを許したことで,私が彼女の死の願望と共謀したと考えていました。彼女は,分析こそが初回の化学療法にとてもよく反応させた可能性を支持する根拠を感じ取っていました。分析の喪失こそが,いまだに無意識のなかでは活発であった死への願望と患者が究極的に協同するのに寄与したと彼女は思っていました。誰も知りようもないことです。

11. もう一つの奇妙な一致

FWAで働いていた頃,私はある夢を見ましたが,それは私の最初の恋人[原注7]についてで,彼女は私を捨てて私の友人(デイヴィッド)の方にいってしまいました。数年ほど前に私は最後に病院で彼女に会っていました。今ではその夢を覚えていませんが,奇妙だったのは,私が彼女の夢をみたのが特にこの晩だったことです。私が自分のオフィスに着くとすぐに彼女から私に電話がかかりましたが,1年以上の間ではじめての接触でした。彼女は,その日私に会いたがっていました。

私のスケジュール帳は普段完全に埋まっていて,時間を空ける手配をするのに普通は1週間ほどかかります。しかし私はその日それまでで初めて,

---

原注7)第2章も参照のこと。

スケジュール帳がほとんど空いていることに気がつきました。入ってくるものはすべて容易にキャンセルするか延期できました。私は1日休暇にして，その日をこの女性と彼女の2歳半の娘と一緒に過ごしました。彼女はその時間を私と仲直りするために使い，そしてその日の終わりに私はデイヴィッドとも会いましたが，そのとき彼は牧師に任命されていました。この出会いから，私と私がまもなく結婚することになっている人と彼らが出会うよう私たちは取り計らいました。デイヴィッドの妻はそのすぐ後に亡くなりました。しかし彼女と私は仲直りし，私はデイヴィッドと再び会えたのでした。さらに私の未来の妻を，そのときまでは私たちの関係にとって，こころを乱れさせるにもかかわらず知らないままであった人と出会わせてくれました。それはとても実り豊かで有益な結末でした。

12. テレパシー？

ちょうど誰かに電話しようと思ったそのときに電話がかかってくるといった，不思議なタイミングの経験は私たちの多くがしています。つい最近，私は以前の患者のY夫人はどうしているのだろうと考えていました[原注8]。とりわけ彼女は，私がもはや彼女の助けにはなれないと思えたので，5年ほど前に面接をやめた人だったのです。

私がまだY夫人と会っていたとき，私は彼女に，推薦できる分析家の名前を彼女の夫のために教えていました。私の以前の患者の消息を聞こうとその分析家に電話したいとの誘惑を私は感じましたが，自分がその誘惑に抵抗しなければならないとわかっていました。その分析の境界を尊重する必要が私にはありました。私はさらに，いつもそうしているように，以前の患者のプライバシーを尊重することにしっかり留まっていました。それで私はその患者に電話したり手紙を書いたりしませんでした。その代わりに，私は彼女を「グーグル」で検索しました。そこで私は彼女がある公的行事に参加していることを知りました。彼女はうまくやれているようでしたが，しかしそれ以上はわかりませんでした。

原注8) 第3章を参照。

2,3日して私はY夫人から一通の手紙を受け取りました。それはとても内容豊かな手紙で，その中で彼女は，分析の中で私が彼女と過ごした時間への感謝を述べ，彼女がその経験からどれほど多くのものを得たかを述べていました。彼女はさらに，私があのときに分析を終えたことは正しかったと述べていました。受け取ったその手紙で私は是認され，私は安心しました。彼女は手紙を書こうと数回考えたが，今回は適切な瞬間だと突然感じられたのだと私に教えてくれました。彼女が手紙に書いたことに感謝して私は返事を出しました。私も彼女の手紙のタイミングに触れましたが，それを受け取るほんの2,3日前に私が「グーグル」したのは興味深いことでした。彼女と私がこれらの日付を比べてみると，私が彼女をグーグルで検索したちょうどその日か，あるいはその翌日に彼女が手紙を書いたようでした。ここには何かテレパシー的な共鳴があるのでしょうか？　誰にも決してわからないでしょう。

第11章
確実さと確かでないこと

　1962年に私は，イングランド北部のオールドハムという町で説教をするよう頼まれました。私はそこで，ソーシャルワーカーの研修生として職業紹介をしていました。私の説教は，「四つの存続するもの」（死，審判，地獄，天国）という復活節のための伝統的な主題にもとづいた4連続のものでした。私は地獄について説教するよう求められました。

　その日にした説教はもはや手元にありませんが，私は自分で考えた地獄についての見解を話したのをおぼえています。私たちは神の愛を与えられており，それは無条件の愛で，私たちはそれに対して答えるか否かなのだと私は話しました。どちらの応答を選択するか，私たちは自由を与えられています。しばしば私たちは，応答できないと感じて，あるいは与えられた愛を受け入れることを拒否して背中を向けてしまうかもしれません。それなしでもやっていけると信じる傲慢さから，私たちはこの愛を拒絶するかもしれません。あるいは，その愛にふさわしくないゆえにその愛の手の届かないものだと自分たちを見てしまい，自分たちは神よりもっとよくわかっていると主張するかもしれません。私たちはどうしたら神の恵みを受け取れるのでしょうか？　私たちはまず初めに，自らのよい行いによって，それに値するものとなるべきではないのでしょうか？　あるいはそれもまた，もうひとつの傲慢さなのかもしれません。

　私たちが経験するかもしれない地獄が，復讐心に満ちた神によって強いられる地獄である必要はありません。私たちが耳にする復讐心に満ちた神は，私たちが求めるよう促されているすべてを愛する神よりも，しばしばはるかに私たちのありように近いものですから，単に私たちの想像力が産み出したものにすぎないのかもしれません。ですから私たちが，自分たちが「地獄に」いると感じるとき，それは私たち自身が生み出したものかも

しれません。それを超えたところに、神の愛に背いている人々が向きなおるのを待っている愛と慈悲にみちた神がいるかもしれないのです。

このような地獄についての見解の萌芽は、ケンブリッジにいた頃に蒔かれました。たとえば、私がまだそこにいた頃、私はメルヴィン・ストックウッドがドストエフスキーの「大審問官」について説教するのを聞きました。その説教は覚えていませんが、私は『カラマーゾフの兄弟』の洞察にあふれた章に初めて導かれたのを決して忘れられません。それ以来ずっと、それは私にとって霊感を感じさせるものとなりました。ドストエフスキーはそこで、制度化されたキリスト教によって腐敗してしまったいくつかの点に光を当てています。彼はまた、共産主義ロシアの原動力のいくつかに対して預言者的な洞察を示しています。

ドストエフスキーは、スペインのセビリアでの異端審問に基づいた架空の一連の出来事を描いています。それは「つい前日に、神のより大きな栄光のために、ほとんどまる百人に及ぶ異端者たちが、**枢機卿である**大審問官によって一度に焼き殺されたばかりのところ」(p.291)（原卓也訳『カラマーゾフの兄弟』p. 478）という設定になっています。この場面に復活のキリスト（生けるキリスト）が現れるのです。「キリストは気づかれぬようにそっと姿を現わしたのだが、ふしぎなことに、誰もが正体を見破ってしまう」(p.291)（原卓也訳『カラマーゾフの兄弟』p. 478）[訳注1]

（また再び）異教から教会を救った大審問官に敬意をあらわすために、大変な数の群集が大聖堂のまわりに集まっています。しかしそのとき、彼らは群集の中にキリストを見つけます：

> 民衆は抑えきれぬ力でキリストの方に殺到し、取りかこみ、その人垣はどんどん大きくなっていき、彼のあとについてゆく。キリストが手をさしのべ、祝福を与えると、彼の身体に、いや、その衣服にさわるだけで、治癒の力が生ずるのだ。(p.291)
>
> （原卓也訳『カラマーゾフの兄弟』p. 478）

訳注1)『カラマーゾフの兄弟』の引用は　原卓也訳　新潮社　1978年から引用しました。なおここには（原注1）としてケースメント自身が引用した David Magarshack 英訳 the Penguin Classics 1958 が記載されていました。

更なる場面が，福音書に記されたイエスの生涯の瞬間を繰り返します。盲人が再び見えるようになります。彼らは開けた棺桶の中にいれて運ばれた子どもを彼のところに連れてきます。彼は子どもに話しかけます，「タリタ・クミ」という言葉をもう一度つぶやくことで，その子は死からよみがえります。このとき大審問官が通りかかり，起こっていることを目にします。彼はあのキリストだとわかり，捕らえるよう命じます。

この途方もない章の残りで，この人物が送られた牢獄のなかに大審問官はこの囚人とともにいて質問し挑みます。囚人は黙ったままです。大審問官がこの独白を通して語っていることは，イエスがまちがっているということです。

> お前はすべてを教皇に委ねた。したがって今やすべては教皇の手中にあるのだから，いまさらお前なんぞ来てくれなくてもいいんだ。少なくとも，しかるべき時まで邪魔しないでくれ。(p.294)
>
> （原卓也訳『カラマーゾフの兄弟』p. 482)

大審問官は，イエスは人々を自由にするよう申し出たが，人々は自由になることを望んでいない。彼らは不確かなままでいることに耐えられない。彼らは信じることのなかに確かさを求めており，人生への疑問の余地のない教示を求めている，と説明します。

> 15世紀の間，われわれはこの自由というやつを相手に苦しんできたけれど，今やそれも終わった……承知しておくがいい，今や，まさしく今日，人々はいつの時代にもまして自分たちが完全に自由であると信じきっているけれど，実際にはその自由をみずからわれわれのところに持ってきて，素直にわれわれの足もとに捧げたのだ。しかし，それをやってのけたのはわれわれだ。(p.294)
>
> （原卓也訳『カラマーゾフの兄弟』p. 483)

大審問官は続けます。荒野で示された誘惑を退けたとき，イエスは群集とともにやっていく唯一の方法を拒絶した。彼は石をパンに変えることができた。自由な人々はパンを分かち合わない。その代わりに，今では教会は人々の自由とパンを奪っている。今ではパンを配布するのは教会なのだ，と大審問官は言います。彼は続けます：

自由の身でありつづけることになった人間にとって，ひれ伏すべき対象を一刻も早く探し出すことくらい，絶え間ない厄介な苦労はないからな。しかも人間は，もはや議論の余地なく無条件に，すべての人間がいっせいにひれ伏すことに同意するような，そんな相手にひれ伏すことを求めている。(p.297-298)

（原卓也訳『カラマーゾフの兄弟』p. 488）

　まさにこの跪拝の**統一性**という欲求こそ，有史以来，個人たると人類全体たるとを問わず人間一人ひとりの最大の苦しみに他ならない。統一的な跪拝のために人間は剣で互いに滅ぼし合ってきたのだ。彼らは神を創りだし，互いによびかけた。「お前たちの神を棄てて，われわれの神を拝みにこい。さもないと，お前たちにも，お前たちの神にも，死を与えるぞ！」(p.298)

（原卓也訳『カラマーゾフの兄弟』p. 488）

　人間の自由を支配するのは，人間の良心を安らかにしてやれる者だけだ。パンといっしょにお前には，明白な旗印が与えられることになっていた。パンさえ与えれば，人間はひれ伏すのだ。なぜなら，パンより明白なものはないからな。しかし，その一方，もしだれかがお前に関係なく人間の良心を支配したなら，そう，そのときには人間はお前のパンすら投げ棄てて，自己の良心をくすぐってくれる者についてゆくことだろう。(p.298)

（原卓也訳『カラマーゾフの兄弟』p. 489）

　お前に惹かれ，魅せられた人間が自由にあとにつづくよう，お前は人間の自由な愛を望んだ。昔からの確固たる掟に代わって，人間はそれ以来，自分の前にお前の姿を指針と仰ぐだけで，何が善であり何が悪であるかを，自由な心でみずから決めなければならなくなったのだ。だが，選択の自由などという恐ろしい重荷に押しつぶされたなら，人間はお前の姿もお前の真理も，ついにはしりぞけ，反駁するようにさえなってしまうことを，お前は考えてもみなかったのか？(p.299)

（原卓也訳『カラマーゾフの兄弟』p.490）

　地上には三つの力がある。そしてただその三つの力のみが，こんな弱虫の反逆者たちの良心を，彼らの幸福のために永久に征服し，魅了することができるのだ。その力とは，奇蹟と，神秘と，権威にほかならない。お前は第一の力も，第二も，第三もしりぞけ……た。(p.299)

（原卓也訳『カラマーゾフの兄弟』p. 490）

第11章 確実さと確かでないこと **225**

> われわれはお前の偉業を修正し，**奇蹟と神秘と権威**の上にそれを築き直した。人々もまた，ふたたび自分たちが羊の群れのように導かれることになり，あれほどの苦しみをもたらした恐ろしい贈り物がやっと心から取り除かれたのを喜んだのだ。(p.301)
>
> （原卓也訳『カラマーゾフの兄弟』p. 490）

大審問官はキリストに，彼が荒野で悪魔に試みられた誘惑を受け入れた場合のことを思い出させます。

> あの力強い悪魔の第三の忠告を受け入れていれば，お前は人間がこの地上で探し求めているものを，ことごとく叶えてやれたはずなのに。つまり，だれの前にひれ伏すべきか，だれに良心を委ねるか，どうすれば結局すべての人が議論の余地ない共同の親密な蟻塚に統一されるか，といった問題をさ。なぜなら，世界的な統合の欲求こそ，人間たちの第三の，そして最後の苦しみにほかならぬからだ。(p.302)
>
> （原卓也訳『カラマーゾフの兄弟』p. 495）

大審問官の独白は終わります。物語は続きます：

> 審問官は口をつぐんだ後，囚人がなんと答えるか，しばらく待ち受ける。相手の沈黙が彼には重苦しくてならない。囚人がまっすぐ彼の目を見つめ，どうやら何一つ反駁する気もない様子で，終始静かに誠実に耳を傾けていたのが，彼にはわかっていた。老審問官にしてみれば，たとえ苦しい恐ろしいことでもいいから，相手に何か言ってもらいたかった。だが，相手はふいに無言のまま老人に歩みよると，血の気のない90歳の老人の唇にそっとキスするのだ。これが返事のすべてなのだ。(p.308)
>
> （原卓也訳『カラマーゾフの兄弟』p. 506）

> 老人は戸口に歩みより，扉を開けて言う。「出て行け，もう二度と来るなよ——まったくきちゃならんぞ——絶対に，絶対にな！」(p.308)
>
> （原卓也訳『カラマーゾフの兄弟』p. 506）

私がこの章からの引用をおこなったのは，それが組織化された宗教や，やがては全体主義国家に関しても真実であるとのことをはっきり説明していると思うからです。それらの力動があまりに似通っているのに驚かざる

をえません。しかし，この章はほかの多くの真実も指摘していると思います。

　キリスト教の教会の歴史を通して，イエスによって与えられたメッセージを良いものにしていこうとする人々の足跡を私たちは目にします。人は，自分たちの想像で作り上げた神を持とうとします。宗教の名において大衆を操作するには，大衆への支配を失う危険を冒すよりも，教会によって企てられた規則を恐れながら遵守するよう人々を縛りつけるために，天罰の恐れと地獄の恐怖とともに復讐心に燃えた神をいただいていた方がより効果的なのでしょう。これによって宗教的遵守の多くを，不履行という帰結への迷信的な恐れに貶めてしまったとしてもおそらく大したことではないでしょう。大衆は，個人の自由の問題であり，法によっては支配されない，人生のさまざまな生き方という見解によってではなく，恐怖によっていっそうたやすく服従させられます。迷信が君臨するところには，はるかにしばしば，教会があふれるほど存在するでしょう。大審問官にそんなにも軽蔑され，そのために彼はキリストを批判しているのですが，それでも自由への招きに応答しようとする少数の人々を御覧なさい。その自由は，たいていの人が耐えられないものなのです。

　それでも大審問官の章では，イエスの生と死において弟子たちに与えられた汚れなきメッセージの意味を私たちは手に入れることができます。彼は旧約聖書から彼らに引き継がれたものとして，古代の法の限界を超えてそれらを指し示しているようです。イエスは，他者に対して自己を捧げられる人生の意味，彼らを鼓舞しそれぞれの道を示す幻を人々に授けました。この幻に応答できる人々は，人生をいかに生きるか教えられる必要はないでしょう。それに代わって，それに応答する彼らなりのやり方を見出すよう促されました。ですから，誰もがあの幻にもっと充分に応答するのを妨げる自分自身の中にある妨害物に対処する助けを必要とするにせよ，いかに「よい人生」を生きるかを教えられる必要があるのは，それがわからないか，それに応答できない人だけでしょう。

　ドストエフスキーは，新しい法やそれを破ることで犯された罪の目録を積み上げ，告白と罪障消滅に関連するシステムも積み上げた——すべてが教会の権威の下にある——キリスト教の制度化によって引き起こされた危

害を指摘していると私は思います。

　それぞれが他の人たちに対して「お前の神を捨てなさい，そして我々の神を崇めなさい」と言いながら，教会はどうあるべきかという自らの見解を定義しようとする多くの試みから生じる分裂がもたらす影響も，この一節は示していると私は思います。宗派分立は人によって作り出されますが，しかし各々の分派は他よりも神の御心についてよく知っていると主張するという，お互いの違いに対するこのスプリッティングを，私たちは教会の歴史全体に見出します。こういった敵対的な主張の名の下に，戦いが行なわれ，すさまじい残虐行為がなされました。

　すべてではないにせよ，神の名の下に主張されることの多くは，人が作り出したものです。ついには「共通の，調和の取れた，議論の余地のない蟻塚」に集結するように，権威者たちは大衆にもっとふさわしいシステムを作り上げることによって，イエスのあやまちを正そうとしていると言うことでドストエフスキーが指摘しているのは，このことです。

１．原理主義の短い経験

　第２章で，私に改宗をせまる福音主義のグループに参加するよう説得されたとき，私はしばらくの間安らぎを感じることができたと書きました。それらの背後に，私は保証されていたのですが，究極的な導き――神――があったのです。私はたくさんのことを約束されました。赦しを約束されました。「永遠なる父の腕」の中にいつも憩えることを約束されました。確実さを求める思春期の若者にとって，それはどんなに魅力的だったことでしょう。私は，自分のこころが他の人たちによって乗っ取られるのが気になりませんでした。私は真理へと導かれるだろうと考えていました。ですから，自分のやり方の間違いや誤った考えを私は喜んで捨てました。さらには，私自身が疑いを抱くと，自分の不信仰が助けられるようにと祈りました。

　加えて，今になってわかるのですが，私は他の人の中にみつけた疑念に取り組むことで，自分の疑念を否認できました。福音主義の人々は，自らを究極的な真理，全世界に対する真理の保持者とみなしていました。それ

ゆえ，私たちが与えられたように「真理」を与えられることを必要としている人々を探し出すよう私たちは促されました。世界は黒と白という観点からみられていました。しかし，確実さの原動力はいまだに私にはわからないままでした。自分が洗脳されていることがわかっていませんでした。

2．確実さの魅力

　私たちは，確実であるという考えに容易に引きつけられます。私たちは，自分たちが正しいと信じたがります。これは，意見の異なる人はみな間違っていると思い込むことで，人生を単純にしてくれます。さらに，ある共有された信念を核にして集団が形成されると，そこに発展する集団力学はしばしば正義の感覚を強化していくでしょう。とりわけ宗教に関しては，人々は正しく善なる側にいるのだと主張します。そのとき，真理の名の下に彼らは異なる考え方の人たちを改宗させようとしますが，人が「真理」という自分の考えのために改革運動に加わっているとき，特別に恵みを与えられていると感じやすいのです。大審問官のように，偉大なる神の栄光のために人々は戦争を戦い，異教徒を焼き殺したのです。しかし見落とされているのは，一人の人にとって正しいことが，必ずしもすべての人にとって正しいわけではないという適切な認識です。私にとって真実に感じられることが，あなたにとって真実である必要はないのです。

　先の大戦からしばらくして，私はこの正しい側に立って戦うという考えに関して有益な教えを得ました。私はザルツブルグのオーストリア人の家庭に短期間滞在し，そのとき戦争中にパイロットとして戦死した息子の葬儀状を見せてもらいました。彼はロシア人によって射殺されました。そのカードには見慣れた一行が書かれていました：「私は正しい戦いを戦い，信念を貫いた」。しかし，なんという皮肉でしょう！　それと同じ一行が私たちの側のたくさんの戦死者のために使われていました。アイルランドでも，二つの戦闘する側が，それぞれ自分たちは「正しい戦いを戦」っており，真実に関する別々な考えの下に恐ろしい行為を行なっているのです。そして私たちは，世界中に同じような力動を見出します。

3．確実さのいくつかの力動

　確実さの魅力にはとても深い根があります。私たちがそれに驚かないのは当然です。というのも，私たちが宿されたところとはまったく異なる世界の不確実さのなかに，私たちは産み出されているからです。この不確実な世界の中で，自分たちが見出せる安全を私たちは見つけ出さなければなりません。それで，はじめからその信念に疑いを抱かせるようなことは何も考えないようにして，私たちは自分たちが「世界で一番の母親」から世話されていると信じなければならなかったのです。

　さらに，その幻想の働きによって，私たちは安全についての考えに疑念を抱かせるどんな経験もすぐに切り捨ててしまうようになります。このようにしてそこからはよいものだけがやってくる「よい」母親が生み出され，またすべての悪い経験がそのせいにされてしまう「悪い」母親が生み出されるのです。このバージョンの一つは，「よい乳房」や「悪い乳房」といった概念に見出されます。もうひとつは，「よい妖精」や「邪悪な魔女」といったおとぎ話に豊かにみられます。これらの幻想の大人のバージョンは，理想化された両親という考えに見出されますが，それはさらに悪魔──究極の「私ではない」邪悪なもの──に対抗する父なる神や恵み深い処女マリアへと投影されるでしょう。

　葛藤から自分たちを守るための最も初期の防衛システムの一部こそが，私たちが世界を分割してみる見方を作り上げました。ここには，「私」と「私でないもの」との間のスプリットが含まれています。このようにして外側の世界は，そのとき私たちが気づいている限り，善と悪のおのおのがその場所におさまった充分に整然とした状況であるようにみえます。同様に，私たち自身の「内側」はよいものがそこにあるべき場所と考えられ，「外側」のいくらかはまったく悪いものが放逐される場所となります。ですから私たちは安全のために，これらのスプリットを発達させたのです。

　確実さが適所に置かれるシステムによって，私たちは生きていく上で避けることのできないいくつかの葛藤──とりわけアンビバレンスや不確実さ，さらに不決断といった葛藤──から守られるように見えるかもしれま

せん。というのも，子どもとして，あるいは大人として，疑う余地のない信念体系のなかでは，私たちは世の中で自分たちがどこにいて，どのような位置にあるのかを知ることができると感じられるだろうからです。

　子ども時代の防衛システムは，しばしば明らかにもっと大人の世界でも存続しています。もちろん宗教は原始的な防衛機制，とりわけ理想化やスプリッティング，投影，否認といったものの遊び場となります。政界の人々もまたこれらを重宝しており，自分たちの党派はすべてのよいものの源泉であるとみなし，他の党派は世界中のあらゆる悪いもののために非難されます。精神分析の領域もまた，このことから自由ではありえません。

　精神分析の世界で働く私たちの多くは，自分たちはそのような原始的な防衛に訴えることのないように十分分析されていると信じたがるでしょう。私たちが個人として，そうならないようになるのは望ましいでしょう。けれども私たちが特定の理論にもとづいて発展した特定のグループに同一化するとき，しばしば私たちはスプリッティングと投影に逆戻りしてしまいます。私たちはここでもまた，自分たちの集団の見解が正しくて，他の集団の見解が間違っていると信じやすい傾向を見出します。あるいは，新しい流儀で提示されている，今や別のものによって取って代わられているある古い理論的立場をときおり目にします。不可避にも，分派は精神分析社会でも展開していくのです。

　同じ考えの同僚の集団に属していることで，面接室の孤独からのしばしの休息を私たちは見出すかもしれません。長時間，自分たちの患者以外の誰とも接触を持たずに仕事をしている私たちは，同じ考えの集団に見出すそうした一致の基礎になっているものをあまり問題にしたくないでしょう。ここに私たちは，共通の信念体系の持つ凝集力を見出すことができます。

　単独の精神分析協会が凝集し分断されないでいることはまずもって困難です。英国精神分析協会が分裂しなかったのは，ここイギリスでだけであり，おそらく妥協に対する私たちの国民的用意ができていたからだろう，と言われてきました。私たちはどうにかして一つ屋根の下に三つのグループをまとめてきました。しかし，この名目上一つの協会の中にも，根本的な相違が未解決のままに残されています。

　それでは，私たち自身の精神分析での信念体系との関連において，私た

ちそれぞれはどこにいるのでしょうか？　私たちは，自分たちはわかっていると思っているのでしょうか，あるいは私たちは，自分たちが最も正しい集団に属していると思っているのでしょうか？　そう私たちが信じていないとしたら，私たちはどこにいるのでしょうか？　私たちは疑い深い懐疑家であり，あるいは混乱した思索家にすぎないのでしょうか？　もっと確信している人々は，どんな風にそれほど確信していない人たちに関わるのでしょうか？　彼らは相違を尊重するのでしょうか，それとも軽蔑するのでしょうか？　そのとき，これらの異なる立場の間に存在する力学は何なのでしょうか？　これに関して，私たち分析家は政治や宗教の領域にいる人たちとは実際かなり異なっているのでしょうか。

4．宗教と迷信

　精神分析家にとって，自分たちが宗教を分析しつくしたと思うことは魅力的であり，投影という観点から宗教を見ようとするその支持にフロイトを引用することができます。これらの宗教批判によってなされた論点には重要なものがあり，精神分析を実践するほとんどの間私が自分を不可知論者だと考えてきた理由の一つはそこにあります。それでも私は，かつて聖職者になろうと考え神学部を卒業したという自分の根源を完全に断つことはしませんでした。それで，私は自分のことを「キリスト教徒の不可知論者」だと考える選択をしています[原注1]。神は存在しないとわかっていると主張する無神論者の立場は決してとりません。私には，宇宙の無限さや自然のなかに見出される美や多様性の背後に神，創造者やあるいは高い知能の精神が存在する，あるいはしない，ということはわかりません。それはすべて偶然なのでしょうか？　それはみな進化によるものなのでしょうか？
　候補生の分析家資格取得を審議する訓練委員会に出席したときのことを，私はいくらか不快感を持って思い出します。すべての報告は賛成でした。唯一の異なる意見が，その候補生が宗教的慣習を行なっていると知ってい

　原注1)「キリスト教不可知論者」ということで，私はキリスト教的な思考や実践への親しみが影響し続けているとわかっていますが，キリスト教徒を自称する人々と同様な信仰の確信は持っていないと認識しています。

るある一人の人物から出されました。「彼はまだ迷信にとらわれているから、あきらかにもっと分析が必要である」。この保留意見にもかかわらず、その候補生は資格を与えられましたが、しかしフロイトの宗教に対する偏見がいまだにそんなにも活力を持っていることは私を悩ませ続けました。ずっと後になって、私は宗教に対する私自身の偏見を再考する機会を得ました。

5. 私たちの理解のいまだ彼方

　数年前、私たちの娘の一人が結婚することになり、私は教区牧師に、彼の教会を結婚式のために使わせてもらえないかと尋ねました。彼は同意してくれましたが、少なくとも家族の誰か一人が教会の礼拝の一部に出席するべきだろうと言い添えました。私はその出席する一人になることにしました。

　この結婚のために私の妻が計画していたなかで、私にとってとりわけ重要な経験は、私の古い友人（さらには敵であった）デイビッドに、その司式を頼むというすばらしい考えが彼女にあったことでした[原注2]。これはとても癒しになる機会でした。それは彼に、私たちみんなに関わる役割を与えることでした。覚悟していたように彼の最初の妻が亡くなってから、長い間が経っていました。幸いにも私にはまだ妻がいました。娘の結婚式の司式のために、彼はすぐに私たちの教区教会に来てくれました。かつて私が激しい嫉妬のために憎んだ彼が、（もう一度）私の友人として、そして今度は私の家族みんなの友人として私たちと一緒にいてくれたのです。

　この教会に列席するなかで、私の知る多くの他の教会でのうわべだけの何も考えていない聖餐式のかわりに、思慮に富み、いろいろな考えを湧き上がらせる説教を聞いて私は驚きました。私はまた長年軽蔑していた宗教的環境に戻った自分が安堵を感じているのに気がつきました。私はもう一度神秘と超越の感覚に直面するのをうれしく感じましたが、そのどちらも精神分析にはほとんど居場所が与えられていないように思えました。

　原注2) David は、前の章と第2章で言及されています。

私はそのとき，精神分析はほんとうに宗教に関して決定的な発言を保持していると主張できるのかと自問しなければなりませんでした。それは，多くの偉大な精神への審判に立ちあうことを意味するでしょうし，私はもはや彼らすべてが間違っていると考えることはできませんでした。それはまた，臨床の仕事のなかで人々について自らが考えてきたことの多くに合いませんでした。彼らを通して私は，他者の他者性についての感覚が強まっていました。教会にも，他者性の感覚や，崇められている神（あるいは絶対者）は必ずしもまったくの人による作り物ではないとの気づきがありました。おそらく，結局のところ，超越の前に，神秘性の前に頭を垂れさせる「他のもの」があります。おそらく私たちは，私たちの理解の彼方に神聖な意思（ことばで言い表せないもの）が常にあると認めながら，私たちが知り理解できることを超えたものが人生には実際もっとあるだろうということを認める必要があります。おそらくそのなかにまた，賛美すべきものがあるのでしょう。

　私は自分が，教会と教会を支持するようなすべてのものに背を向けたときに私がいたところに戻ってきたと言っているのではありません。もはや自分はすべてに勝っていると主張する分析家だと感じるのではなく，物事のいっそう大きなスケールで，違った場所を私は見つけ始めています。再び私もまた，自分が理解できないものの前に頭を垂れるでしょう。

　私たちのもう一人の娘の仏教への関心もまた，知りえないものと人生の意味をさらに考える気持ちにしてくれました。そして私は，西洋の教会でいつも感じるよりももっと偉大な崇拝の感覚に仏教の寺院で気づきました。私たちは忠誠心の違いによって引き裂かれる必要があるのでしょうか？

　宗教の歴史を見てみると，異なる信条や，私たちの理解を超えるものに対する異なる見解の名の下に分裂が生じるのを再々見出します。しかしドストエフスキーが書いたように「普遍的な統一性」を求めて，人は当然のことながら，自分自身と同種のものに一致を見出したがります。それで，「真実」だとしてこの集団が考えるものやあの集団が考えるものの定義が同意されると，次には必然的な分裂が出現し，あえて違ったものを信じようとする人々を鎮圧するために戦いさえもが始まるのです。

　こうして私は，統一性は必ずしも合理的な思考の統一の中に見出される

必要はないと考えるようになりました。合理的な思考では論理が支配し、他の人々が私たちの真理についての考えを受け入れるのか、あるいはそれに反対するのかを定義が決定します。わかりませんが、おそらくちょうど車輪のスポークが中心で結び合わされているように、さまざまに私たちは結び合わされているのでしょう。おそらく、たとえおのおのの信仰が中心との関係で異なる場所に位置しているにしても、それについて知らないままに、長い間にわたって確立された信仰は、私たちの理解の彼方のその中心へと引き寄せられているのでしょう。おそらく個々人は、私たちみんなが手に入れようとする、より偉大な真実の様相の感覚を持っており、それは単一の集団が独占するものではないのです。

　真実に対する自分たちの見解こそが世界で唯一のものであると主張しながら、おのおのの信仰を他の人のそれから分け隔てるのは、結局のところ人間の問題なのです。この人間の決定こそが、神聖なものについての特定の考えに飛びつき、私たちを分割する定義を生み出してしまう所有権を主張させるのです。私たちをすっかり超えていて、常に定義を拒み、把握も所有もされないものがおそらく存在するのです。こうして私は、いまだに神秘の前に頭を垂れる場所があると信じるようになりました。

　数年前、私は同僚の訓練分析家から、有名な教会のクリスマスの真夜中のミサに私と妻を誘う電話をもらいました。私たちは一緒に行くことにしました。入る前に、私は同僚に、私が聖体拝領を受けるために祭壇に上がっていくのを見たら困惑しますかと尋ねました。私は同僚もまた聖体拝領を受けるつもりであるのを知って驚き、うれしく思いました。私たちのいずれかが、私たちの周りの人たちが信じるように主張するようなすべてのものを信じているかどうかは私にはわかりません。しかし分析家によっては、その前では彼らもまたひざまずくことになる「彼方の」ものについての感覚を分かち合うために、通常の専門領域の外を見ることができるのはまったく適切なことに思われました。

　読者によっては、資格授与が妨げられそうになった候補生のように、もっと分析が必要であることを私がここで暴露していると思うかもしれません。あるいは私たちの面接室においてすら、分析過程に携わっている二人のいずれかよりも大きな何かの感覚のための場所がほんとうにあるのでしょ

か？　この過程は患者と分析家の間で進展していくものだと，私たちはわかっています。しかし，誰が，あるいは何が，この過程をもたらすのでしょうか？　それは，分析家でしょうか？　患者でしょうか？　あるいはそれは，その二人の間で進展する何かであって，それはときとして何処からかやってくるように思われる英知を証明しているのでしょうか？

6．確かでないこと

　一番新しい本『あやまちから学ぶ』に含まれている，患者から学んだことに戻ります。

> 　とても興味深いことに気がつきました。サンスクリット（梵語）では，「確かさ」certainty という言葉は，「拘禁」という言葉と同じなのです。そして「確かでないこと」non-certainty という言葉は，「自由」という言葉でもあるのです。
> 　　　　　　　　　　　　　　　　　（Casement 2002d: 16　邦書 20-21）

　私は，**確かでないこと**non-certainty を**不確実**uncertainty とはまったく異なるものと考えています。確かでないことは，優柔不断や無知ではありません。そうではなくて，私たちは当面の間，確かでないままにいるという積極的な選択ができるのです。このことは，私たちがまだ到達していない意味に対して私たちが開かれたままであることを助けてくれます。加えて私は，他者との関係においてあまりにも確かさを主張し始めているのに気がついたときには，確かではないとの立場に戻ろうと試みます。なぜなら，あまりに確信している人は，意見の異なる人は間違っているに違いないと確信する人にただちになってしまうからです。

　ときとして精神分析家は，自分がすでに持っている理解についてあまりに確信しすぎているため，新たな理解の発見に抑制をかけてしまいます。あまりに確信しているとき，私たちは自分の考えや自分の好む理論の奴隷になってしまう危険に置かれているのです。そのようなとき，私たちは自分の現在の思考の限界を超えているかもしれない何か他のものに対して私たちを盲目にしてしまう前概念につかまり始めているかもしれません。

　もちろん患者は，分析家が確信していると知る必要がときにあります。

そのような堅実さが求められる特殊な状況とは，その分析か患者が危機に瀕していると感じられているときだと私は考えます。そのとき患者は，分析家がこの危機をはっきりと感じていることを知る必要があります。直面化が求められる場合もあるでしょうし，分析家が断固とした態度をとらなければならないこともあるでしょう。しかし，まだ理解されていないことを理解しようとする過程において，私たちがもっと良く理解できるようになるまで，確かではないとの感覚を私たちが保持することが分析過程にしばしば貢献すると私は考えます。そのとき理解されることは，確立された理論や他の臨床経験をもとに予期されるものには必ずしもあてはまらないでしょう。

　必要なときには確かでないとの立場に戻るという訓練によって，そもそもその可能性を持つ精神分析は自由をもたらす過程であり続けることができます。それは，洗脳とはまったく逆のことです。さらに，ある人がもうひとりの人に，いじめっ子自身の考え方に添う扱いの犠牲者を連れてこさせるといった，いじめや圧力をかけるといったこととももまったく異なります。考えと存在におけるこの自由に向かってこそ，精神分析が道を提供すると私は信じています。そして精神分析の未来があるのは，私はそう信じているのですが，この自由の中においてなのです。

　逆説的に，確かでないことが無知や経験の欠如に対する防衛になる必要はありません。分析家が，創造的な心的態度として確かでないことを維持できるためには，経験についての信頼が必要です。これが，この「不可能な専門職」において絶えず直面しなければならないやりがいのある課題なのです。

第12章
振り返り

> パトリック・ケースメントの本は……どこからともなく出てきたようだったが，批評的な絶賛とモダンクラシックという評価を受けることになった。
>
> 　　　　　　　　　　　　　　　　　　（「変化」誌の書評 1986年7月）

　私の最初の本（『患者から学ぶ』：訳者追加）に対するこの批評に喚起されて，私は自分の本がどこから生まれてきたのかをなんとか説明しようと試みてきました。それは計画されてはいなかったが，豊穣なものとなった長い旅から生まれてきました。そしてその旅はこみ入っていましたが，興味深いものであり続けました。

　精神分析の訓練を始めようと模索しだしたときですら，それは決して平坦なものではありませんでした。私の最初の応募は面接なしに却下されました。それでも私の選択の余地を検討するために，選考委員会の一人と会うのを許されました。私はアダム・リメンタニと会い，彼は，私が人類学第Ｉ部は'優マイナス'という見込みのある方向ではじめたが，私の神学の最終学位が十分ではないと説明してくれました。私は不用な専攻科目で低い成績を修めていました。彼は言い添えました：「あなたには，三つの可能な道が開かれています。心理学のような分野で資格を得ることです。もっとよい学位をとることをめざせます。あるいは，辞めてしまって非凡な人になる。それからもう一度出願することができます」。幸いにも，訓練許可のために求められていたものは2，3年後に変更になり，私はそのどれもやる必要はありませんでした。

　訓練を終えて，1979年のニューヨークでのIPA会議に私は出席しましたが[原注1)]，そこで私は分析家で出版家でもあるジェイソン・アロンソンに

原注1）IPA は，国際精神分析学会 International Psychoanalytic Association.

紹介されました。それまで私は彼と一度も会ったことがありませんでしたから，理由はわかりませんが，彼は私に本の出版を提案してきました。私は本を書こうと思っていませんでしたし，書きたいと思う何のテーマももっていませんでした，ですから本のタイトルもありませんでした。しかしながら，いつか本を書こうという考えが，この短い出会いで種まかれたのです。

眠れないと感じたある晩まで，その件は数年間休止したままでした。私のこころは過活動にあり，何でもないことを考えていました。ところが突然，あるフレーズがこころに浮かびました。「患者から学ぶ」です。私は急にはっきりと目が覚め，こころはこの考えをめぐって飛び回りました。それまで言葉に出しはしませんでしたが，自分の過去20年のすべては，まさにこれについてだったと気がつきました。もはやこのタイトルが私を離してくれませんでした。

1．私の著作のタイトル

私が最初の本に取り組んでいたころ，ある同僚が軽蔑しながら，そのタイトルについて「**私の患者は私から学ぶ**」と言いました。やがてその本が出版され，私は英国の同僚からの反応を心待ちにしていました。私が『患者から学ぶ』という本を書いたのはほんとうか？　と尋ねてきた一人を除いて，長い間，何の反応もありませんでした。私が誇らしげにそうだと返事をすると，それに対して彼は言いました：「きみは，間違いなくおかしいよ」。

私が選んだタイトルは，翻訳でもいくつかの問題を引き起こしました。フランス語版の翻訳者は，彼がこのタイトルを適切に翻訳したと納得するのにおよそ3カ月かかりました。彼は，フランスでは（明らかに）誰かから学ぶことはないと説明しました。彼は言いました：「ここでは，あなたが教えるか，あなたが教わるかなのです」。結局，彼は『患者に耳を傾ける a l'ecoute de patient 』[原注2] としました。それは，想像力豊かに私のタ

原注2) Presses Universitaires de France が出版しました。

イトルの感じを伝えています。

　オランダでも，同じような問題があったようです。不幸にも，「患者から教えられること」と同様なオランダ語が選択されたのではないかと私は推測するのですが，出版社によると，そのタイトルがオランダ語版に初めは関心が低かったのに影響しただろうとのことでした。自分の患者から教えられるという考えを多くの人々が喜んで受け入れるとは私は思いません。そうではありますが，患者から学ぶということは，母親が母親になるために赤ん坊から学ぶように全く違ったことなのです。

　他にも翻訳上の難しさがあると聞きましたが，その一つは特におもしろいものでした。私の注意を引いたのは，ヘブライ語では分析家という言葉に対して三つのまったく違った言葉があるというものです。翻訳が精神分析の分野以外の人物に委託されたために，最初の本のヘブライ語版に対して選ばれたのは，明らかに「財務分析家」という言葉でした。その本は，その版で言及されているすべての交流がまるで患者と会計士との間の取引のように読まれているのではないかと私は推測しています！　この誤りから，「やんちゃな聖書」として有名な聖書の初期版のひとつを思い出しました。誰かがモーセの十戒のひとつから「いけない not」を省いてしまい，意図されたのとはまったく違って「汝，不義を犯すべし」と読ませたのです。

　しだいに私は訓練分析家仲間からコメントをもらうようになったのですが，その内の幾人かが尋ねてきました：「私の患者が，私に読むべきだと言っているこの本は一体何なの？」こうして，私の本は次第に他のところと同じように，私自身の協会で認知されるようになりました。

2．いくつかのテーマを振り返ってみて

　この本を書きながら私は，患者の過去が現在においてダイナミックに生きているのを見出すという現象にたいていの分析家が関心を抱いているとのことをいつも思い出していました。誰にとっても私たちの現在には，私たちの過去から多少なりとも吹き込まれているものがあります。患者と分析家という私たちの多くにとって，私たちの現在は過去によって支配され

ています。そこでこの本のなかで私は，私の患者の人生とまったく同じように，私自身の人生における過去と現在を織り交ぜるようにしてきました。

　私は今回何を学んだのでしょうか？　たしかに，述べてきた個人的な旅を始めて以来，自分自身に対する私の見方はとても大きく変化しました。扱いにくさと反抗としてしばしば露わになったためらいがちな内なる指向と同時に，その逆の外的な指示の希求に夢中になることの間で揺れ動いた思春期や青年期の頃から，人々の行動の動機を発見しながら，私は分析と心理療法での臨床に情熱を高めてきました。私は今では，「わかっている」専門家である必要はないこと，一人ひとりの患者との臨床作業で最もよく意味を持ちうることをどうやって見つけ出すかを学ぶのを専門にしている人物である自分を楽しんでいます。

　初期の頃のあらゆる経験が，臨床の仕事に私が適っていく助けになってくれたのですが，そのいくつかをこの本に素描しました。例えばこれまでしたよりももっと良い経験をといったように，患者が欲しているものを私がわかっていると考えるよりも，患者についていくことを学び，そうして彼らの無意識のヒントや手がかり――それらによって彼らは，自分たちが求めているものや，必要なものを求めている彼らを私たちが抱えるのを失敗するそのしかた，を示している――に気づき，尊重することの重要性を私はますます確信するようになりました。

　また，分析や治療において，患者の中に変化をもたらすものが何なのかを私は自問してきました。それが決して解釈の内容だけによるのではないとのことを私はますます確信するようになりました。患者だけではできない解釈の作業が必要であるのと同様に，その時間中ずっと注がれている親密な注意からも患者は恩恵を受けています。それ自体が患者にとって他にない経験でしょう。

　ある分析家たちの作業の中で聞いたり読んだりすることがある，長くて込み入った解釈から，患者がどのようにして利益を得ているのだろうかと私は不思議に思います。そのような解釈は，驚嘆すべき熟練によってひとつのセッション全体の多様な細部を寄せ集めた，それ自体が芸術作品です。細部のあらゆる様相が，そのような解釈のもとに持ち込まれるでしょうし，すべてを包含する解釈の熟練の技は，快く賞賛され，羨望すらされるでしょ

第12章 振り返り

う。けれども私は，どんな患者でもそのような複雑な構造を味わえるとは思いません。

ずいぶん前になりますが，英国協会の科学集会でのある発表の後で，そのような解釈から得られる利益に関するこの問いを私はじっくりと考えてみました。私はこの解釈の例を聞きましたが，それが提示されたセッションの要（かなめ）でした。私はその一つの解釈のなかに14の要素があるのに気づきました。それがどのようにして患者に役に立つのでしょうか？

さらに，もし患者がそれに同意する返答をしたとしたら，どうなのだろうと私は不思議に思いました。その患者は一体何に同意しているのでしょうか？

その会合の後，家まで車を運転しながら，依然としてその解釈の芸術的技巧について考えつつ，私のこころは自由連想していました。私のこころが向かったところは，おそらく私が最初に考えたような単なる主題の変更ではありませんでした。おそらくそれは，その長い解釈について自問していた疑問に対する無意識的なコメントだったのでしょう。

数年前，私は一人の大工（だと思ったのですが）を雇って，子どもたちの寝室におもちゃ用のカップボードを作ってもらいました。私たちはあっさりとしたシンプルなものを望んでいました。それに私が色を塗るつもりでした。しかし出来上がった品を受け取ったとき，私は自分が大工を雇ったのではないことに気づきました。私は飾り棚職人を雇ったのでした[訳注1]。それで，今日まで私たちはそのカップボードに色を塗ることができません。それはまるでそのカップボードに対して暴行を働くかのように思えました。その代わりにニスを上塗りして，熟練の技をもっと目にできるようにしました。縁はすべて硬い木で縁取りされ，角はすべて斜め継ぎされていました。終いに，私たちは求めていたものとは全く違ったものを手にしていました。しかしそれでも，それは賞賛に値するものでした。

訳注1）大工 carpenter と飾り棚職人／家具製造職人 cabinet-maker は職域が異なります。わが国でたとえれば，大工と宮大工のちがいのようなものです。

このイメージをこころに置きながら、私はあのつづれ織りのような長い解釈に戻りました。内容として患者に伝えられるものが何であれ、分析家がセッションの細部にそんなにも集中して注意しながら聞いているというあきらかな証拠を提示すると、どんな患者も自分を特別に感じるでしょう。それほどの配慮と注意を確実に感じながら親密に見守られたという経験を、患者は他にしたことがあるでしょうか？ そのような解釈から得られる利得の一部は、その内容と同様に、それが患者に伝える特別という感覚からくるのでしょう。

故クリフォード・スコット博士[訳注2]は、メラニー・クラインの人生を祝うロンドンでの会議で、彼女がかつてものすごく長い解釈をし、それを書き留めて、彼にそれを読んでもらおうとしたと語りました。「読むのに3セッションかかりました」と彼は言いましたが、しかしそれに同意したかどうかは、彼は言いませんでした。

患者自身の個性に沿ったいかなる筋道にせよ、その患者についていく過程で、まるで私が彼らの過去の悪い対象（たち）であるかのように患者が私を用いられるようにすることが最も重要なのだと私は幾度となく発見しました。この事態が、私の何らかの失敗によって引き起こされると、患者たちは彼らの怒りが正当であると感じ、私を彼らの過去からの重要な鍵となる人物その人のようにみなします。そのようなとき、私に対する単なる怒り以上のものがその状況にはあると患者がわかるようになる前に、それをまるで転移であるかのように取り扱うのではなく、感じるままに患者が怒れるようにしておくことの重要性が私はわかるようになりました。たいてい転移はそのようなきっかけから発展します。けれどもそれが単に転移だけではないことを、それでもなお私たちは受け入れなければならないと私は思います。

訳注2) W. Clifford M. Scott はカナダ人で精神分析の訓練のためロンドンにやってきました。訓練分析家としてメラニー・クラインが最初に引き受けた訓練生です。訓練分析は1931年から2年間でした。ここに書かれているのは、ある月曜日のセッションに、週末の間に書き上げた長い解釈を彼に読んできかせたという彼が好んだ逸話です。クラインのスーパーヴィジョンも受けたスコットは、後にカナダ精神分析協会の創始者となりました。

私の臨床のかなりの部分は，外傷を受けた患者たちとのものでしたが，外傷的な状況で一人ぼっちだったという私自身の経験の影響もあって，私は外傷を「一人ではどうにも取り扱えないもの」とみることの有用性を，繰り返し彼らとともに見出すようになりました。
　私が外傷を受けた患者に提供できるものが最初はどんなに少なくても，彼らの外傷に直面して私がどんなに無力さを感じるにしても，おそらくそれまでは手に入らなかった少なくとも一つのものを私が提供できるとのことを私は学びました。私は患者のために，そして患者の最も厄介な感情のために「そこに」い続けることができます。それは，過去において他の人たちから大方避けられてきたことなのです。時間が経ったときこのことが，他の人が耐えられなかった，あるいはそこにいなかったというあの感情を私にきちんと表わすという患者のニードが理解できるものになるのを助けました。

　長い臨床の旅を通して私は，患者と一緒に自分がやろうとしていることの意味を理解する方法を探してきました。私は，それが患者とともに意味あるものになるまでは，どんな理論にも決して甘んじませんでした。また私は，別の患者たちとの間で，見出した意味を再使用するつもりはありませんでした。できる限り，患者一人ひとりとの真新しい意味を私は探しました。
　さらに私は，技法上の規則に従うだけでは満足しませんでした。それぞれの患者と作業していくなかで最良と思えるものを見つけ出そうとしながら，私はその人と新たな作業をなし遂げるのが好きでした。このことは，私がわずかでも気づきたいと思ったことを求めて，それぞれの臨床展開を緻密にモニターすることを意味しました。なぜならそれが，臨床状況の取り扱い方において私が事態を悪くしている，あるいは患者を抱え損なっているそのやり方を指し示しているかもしれないからです。

　投影同一化の現実性や有用性に極めて懐疑的だったので，臨床作業でそれを用いることに何年もの間抵抗した後に，最終的に私は——コミュニケーションのこの特殊な形式を理解する一つの方法として——臨床上なくては

ならないものとそれをみるようになりました。そのときから私はさらに，取り扱いの難しい振る舞いによって患者がコミュニケートしているものを意味あるものにしようとして，**インパクトによるコミュニケーション**[原注3]というもっと幅広い考えを重視するようになりました。しばしばこれは，セッションに来ない，あるいは遅れる，あるいはしばしば単にアクティングアウトとみなされる他の振る舞いについて，ちがった別の考え方をしてみる機会をもたらしてくれます。

もっとも生産的であったと思える私の臨床作業のいくつかは，外傷を受けた患者とのものであり，彼らがいまだ自分だけでは取り扱えないもののために私は彼らとともにしばしばそこにいなければなりませんでした。そこでは，患者が彼らのなかにあるものを感じさせようとして私を刺激してくるのに対して，自らの中でできるかぎり開かれていることを私もまた目標としてきました。

私の仕事を通して，進展していくあらゆる転移という角度からはもちろん，患者の無意識のヒントに従い，私が彼らとともにいるその居方のもとで彼らが私をどのように経験しているのか感じようとしながら，私はその患者から学びたいと強く思ってきました。私は，自分の臨床の仕事から理論を再発見するのを楽しんできました。安易に自己証明しているだけのつながりを単に作るのではなく，私は患者と一緒につながりを見つける作業を楽しんできました。そして私は，ずっと慣れ親しんだ線に沿ってその過程を導こうとするのではなく，その過程が導いてくれるところを見ていきながら，すべての臨床の仕事を，たえずこころの中のスーパーヴィジョンで細かく吟味してきました。

自分の臨床の仕事をこのようにこころを開いて吟味していくことから，真正なものと感じられるやり方で患者と作業することへと私は導かれました。そこには，指示，規定によってではなく，むしろ臨床的に到達したのです。現在私は，私の臨床的な仕事が米国での対人関係，関係学派の分析家の仕事のように他の人たちの仕事との類似性を発展させてきた点をみようとして周囲を見回すという興味深い作業に向いあっています。臨床活動

原注3) Casement,1985: 72-3;1991: 64-5

を続けている間，あえて私はこれらの他の理論家のものを読まないできました。古い教義のところに新しい教義を押し込みたくないと思っていたからです。今では私は引退しているのですから，他の人たちが似たように仕事をするようになったやり方を楽しもうと，同時にまた違いについて思い巡らしながら，これらの関連した領域のものをおそらく私はもっと読んでいくことでしょう。

参考文献

Alexander, F. (1954) 'Some quantitative aspects of psychoanalytic technique', *Journal of the American Psychoanalytic Association* 2: 685–701.
Alexander, F., French, T. M. et al. (1946) *Psychoanalytic Therapy: Principles and Application*, New York: Ronald Press.
Alvarez, A. (1973) *Beckett*, London: Collins/Fontana.
Bair, D. (1978) *Samuel Beckett: A Biography*, London: Jonathan Cape.
Beckett, S. (1934) *More Pricks than Kicks*, London: Pan.
Beckett, S. (1969) *Murphy*, London: Calder Publications.
Beckett, S. (1970) *First Love*, Harmondsworth: Penguin.
Beckett, S. (1976) *Watt*, London: Calder Publications.
Beckett, S. (1976) *Molloy; Malone Dies; The Unnamable*, London: Calder Publications.
Beckett, S. (1977) *Four Novellas*, London: Calder Publications.
Bion, W. R (1962) 'A theory of thinking', in W. R. Bion *Second Thoughts*, New York: Jason Aronson.
Bion, W. R. (1967a) 'Notes on memory and desire', *Psychoanalytic Forum* 2: 271–280.
Bion, W. R. (1967b) *Second Thoughts*, New York: Jason Aronson.
Casement, P. J. (1969) 'The setting of limits: a belief in growth', *Case Conference*, 16, 7: 267–271. Republished (1992) in *The Journal of Social Work Practice* 6, 1: 25–30.
Casement, P. J. (1982a) 'Samuel Beckett's relationship to his mother tongue', *International Review of Psycho-Analysis* 9: 35–44. Republished in P, Rudnytsky (ed.) (1993) *Transitional Objects and Potential Spaces: Literary Uses of D. W. Winnicott*, New York: Columbia University Press.
Casement, P. J. (1985) *On Learning from the Patient*, London: Tavistock.
Casement, P. J. (1990) *Further Learning – The Patient: The Analytic Space and Process*, London: Routledge.

Casement, P. J. (1991) *Learning from the Patient*, New York: Guilford Press.[1]
Casement, P. J. (2000) 'Mourning and failure to mourn', *Fort Da* 6, 2: 20–32.
Casement, P. J. (2001) 'Commentary on Jay Greenberg's paper "The analyst's participation: a new look"', *Journal of the American Psychoanalytic Association* 49, 2: 381–386.
Casement, P. J. (2002a) 'Learning from life', *Psychoanalytic Inquiry* 22, 4: 519–533.
Casement, P. J. (2002b) 'Between patients', in J. Raphael-Leff (ed.) *Between Sessions & Behind/Beyond the Couch*, London: Karnac.
Casement, P. J. (2002c) 'Foreword', in B. Kahr (ed.) *The Legacy of Winnicott: Essays on Infant and Child Mental Health*, London: Karnac.
Casement, P. J. (2002d) *Learning from our Mistakes: Beyond Dogma in Psychoanalysis and Psychotherapy*, London: Brunner-Routledge/New York: Guilford Press.
Casement, P. J. (2005) 'Using analytic space: a challenge to contemporary psychoanalysis', *Clinical Social Work Journal* 33, 4: 383–394.
Casement, P. J. and Lewis, E. (1986) 'The inhibition of mourning in pregnancy', *Psychoanalytic Psychotherapy* 2, 1: 45–52.
Charles-Edwards, A. (1983) *The Nursing Care of the Dying Patient*, Beaconsfield: Beaconsfield Publications.
Dostoyevsky, F. (1958) *The Brothers Karamazov*, trans. D. Magarshack, Harmondsworth: Penguin.
Freud, S. (1917) 'Mourning and melancholia', *Standard Edition* 14.
Frost, R. (2001) *The Poetry of Robert Frost*. E. C. Lathem (ed.), New York: Vintage.
Gibran, K. (1965) *The Prophet*, London: Heinemann.
Giovacchini, P. L. (ed.) (1975) *Tactics and Techniques in Psychoanalytic Therapy, Vol. II*, New York: Jason Aronson.
Greenberg, J. (2001) 'The analyst's participation: a new look', *Journal of the American Psychoanalytic Association* 49, 2: 359–381.
Isaacs, S. (1948) 'The nature and function of phantasy', *International Journal of Psycho-Analysis* 29: 73–97.
Klein, M. (1946) 'Notes on some schizoid mechanisms', in J. Riviere (ed.) (1952) *Developments in Psycho-Analysis*, London: Hogarth Press.
Langs, R. J. (1978) *The Listening Process*, New York: Jason Aronson.
Matte Blanco, I. (1975) *The Unconscious as Infinite Sets*, London: Duckworth.
Racker, H. (1957) 'The meanings and uses of countertransference', *Psy-*

---

[1] This American edition is a combined volume that contains both *On Learning from the Patient* (1985) and *Further Learning from the Patient* (1990).

choanalytic. Quarterly 26: 303–357. Reprinted in H. Racker (1968) *Transference and Counter-Transference*, London: Hogarth Press.

Rosenfeld, H. (1987) *Impasse and Interpretation*, London: Tavistock.

Rudnytsky, P. (ed.) (1993) *Transitional Objects and Potential Spaces: Literary Uses of D. W. Winnicott*, New York: Columbia University Press.

Sandler, J. (1976) 'Countertransference and role-responsiveness', *International Journal of Psycho-Analysis* 3: 43–47.

Searles, H. (1965) *Collected Papers on Schizophrenia and Related Subjects*, London: Hogarth Press.

Searles, H. (1975) 'The patient as therapist to his analyst', in P. L. Giovacchini (ed.) *Tactics and Techniques in Psychoanalytic Therapy, Vol. II*, New York: Jason Aronson.

Willoughby, R. (2004) *Masud Khan: The Myth and the Reality*, London: Free Association Books.

Winnicott, D. W. (1947) 'Hate in the countertransference', in D. W. Winnicott (1958) *Collected Papers: Through Pediatrics to Psycho-Analysis*, London: Tavistock.

Winnicott, D. W. (1956) 'The antisocial tendency', in D. W. Winnicott (1958) *Collected Papers: Through Pediatrics to Psycho-Analysis*, London: Tavistock.

Winnicott, D. W. (1958) *Collected Papers: Through Pediatrics to Psycho-Analysis*, London: Tavistock.

Winnicott, D. W. (1963) 'The development of the capacity for concern', in D. W. Winnicott (1965) *The Maturational Processes and the Facilitating Environment*, London: Hogarth Press.

Winnicott, D. W. (1967) 'Delinquency as a sign of hope', in C. Winnicott, R. Shepherd and M. Davies (eds) (1986) *Home is Where We Start From: Essays by a Psychoanalyst*, New York: Norton.

Winnicott, D. W. (1971) *Playing and Reality*, London: Tavistock.

Winnicott, D. W. (1974) 'Fear of breakdown', *International Review of Psycho-Analysis* 1: 103–107.

訳者あとがき

1．本書について

　本書『人生から学ぶ　一人の精神分析家になること』は，英国精神分析協会に所属する精神分析家パトリック・ケースメント著　Learning from Life　BECOMING A PSYCHOANALYST Routledge 2006 を全訳したものです。ケースメント氏のこれまでの著書『患者から学ぶ』『さらに患者から学ぶ』『あやまちから学ぶ』は，日本を含む世界十数カ国で翻訳されており，前著『あやまちから学ぶ』は米国でも高く評価され，グラディーバ賞を授与されています。このようにこれまでの著作がいずれも好評を博していますので，ここで改めて著者について紹介する必要もないほどにケースメント氏の名前は，日本でも多くの方々に知られ親しまれていると思います。本書はこの「から学ぶ」シリーズの4作目にあたります。

　最初の著書『患者から学ぶ』のタイトルの由来について，この本の最終章で触れられていますが，心理臨床の中で患者から学ぶという真摯で誠実な態度は，著者が心理療法家になって以来一貫している姿勢です。いかなる理論も，自身の臨床の中で検証され意義あるものと確証されなければ安易に受け入れないという批判的な姿勢や，それまでの経験に左右されることなく患者一人ひとりと独自の仕方で関わり，そこにある意味について学ぼうとする態度が，著者の心理臨床を支えてきたものです。そうした意味で英国独立学派に属するケースメント氏は，真のインディペンデントマインドの持ち主であり，それは本書の中でも貫かれています。さらに，このインディペンデントな精神がどこから生まれてきたのかについても，本書は私たちに教えてくれています。

　患者から学び，治療者としての自らのあやまちから学んだ著者は，今回

自らの人生そのものを学びの対象として、そこから学んだことを公にされました。そこには自己開示をめぐるデリケートで困難な問題が関わってきますが、これまでにも守秘性の問題に関して慎重に配慮してこられた著者らしく、本書でもご自身のクライエントに対して配慮されていることが冒頭で述べられています。その上で自らの人生からの学びについて述べた本書は、これまでになかったようなきわめてユニークな精神分析の著作となっています。引退の機会を利用して自らの人生について述べるという、今まで誰も考えつかなかったようなこの著作の中で、著者はまるで自らの人生と精神分析との出会いをウィニコット流に可能性空間 potential space とし、そこで遊んでいるかのようです。そして本書を読み進める私たちもまた、その遊びの中に招き入れられているようです。

では、この本から私たちは何を学ぶことができるのでしょうか。本書は精神分析の抽象的な理論書ではありません。臨床についての How to 本でもありません。もしかすると副題から想像されるかもしれませんが、精神分析家になるための手引書でもありません。ここに述べられているのは、深く心を動かされるケースメント氏自身の人生であり、精神分析との出会いです。ケースメント氏は精神分析家になるための訓練分析ではなく、自らの必要から精神分析に入ったことを「特別配当」という幸運であったと述べています。第2章に詳しく描かれているように、ケースメント氏は精神分析を深く求めていたし、出会うべくして出会われたようです。その出会いによってケースメント氏の人生が変えられ、さらにケースメント氏と臨床の中で出会った多くの人たちの人生が変えられていったのでしょう。このように精神分析臨床は、分析家の人となりやあり方、生き方とわかち難く結びついています。それを抜きにして抽象化された理論や技法はありえません。本書を通してケースメント氏は、精神分析とは論じるものでも講じるものでもなく、分析家その人のあり方であり生き方なのだ、といっておられるように私は思います。だから、精神分析家になるには実体験として自らの分析が不可欠なのでしょう。

本書ではケースメント氏の過去と現在が織り交ぜられながら、著者の精

神分析理解が進展し、保護観察官、ソーシャルワーカーから心理療法家、さらに精神分析家となっていく過程が興味深く述べられています。その中で著者の治療者としてのあり方が、修正感情体験のためによい対象として用いられるものから、怒りと憎しみをコンテインできるよう患者によって自由に用いられるものへと変化していく様子がわかりやすく描かれています。このような力動的理解の発展と、扱いにくい子どもであった頃から自らの中にあった怒りや憎しみが、著者自身の分析の中で取り扱われていく過程はパラレルなようです。このように、怒りや攻撃性の理解と取り扱い、陰性転移における作業といった他の心理療法と異なる精神分析独自の重要な主題が著者の臨床の中で展開していく様子が、著者自身が一人の精神分析家となっていく過程とパラレルに描かれているところが本書のユニークなところです。

　ウィニコットとビオンからケースメント氏が大きな影響を受けているのは明らかですが、本書の中にも両者、とりわけウィニコットが数多く引用されています。反社会的傾向の子どもたちや外傷を抱えた患者との臨床にウィニコットは深い影響を与えていますし、患者との相互交流の中で分析空間に投げ込まれてくるものをどうコンテインするかという臨床理解には、ビオンがとても影響しているようです。しかし、そのいずれもが単なる理論の援用ではなく、著者自身の体験と視点から咀嚼され、患者とのやり取りの中で生きたものとして提示されているところが著者独自の点です。

　ウィニコットとビオンは、どちらもホールディング、コンテインメントといった概念によって母子相互の緊密な二者関係のありさまを理論化しています。著者自身が本書の中で述べているように、分析家が理論を選択するのに実は分析家自身の主観が深く影響しているとするならば、ケースメント氏がこの二人の分析家から深く影響を受けているのは、まさにそのようなホールディング、コンテインメントが著者自身にとって重要であったからなのでしょう。本書では、精神分析との出会いが著者にどのようなコンテインメントをもたらしたのか、その一端が明らかにされています。そして、母親は子育てを通して子どもからたくさんのことを学ぶのだと著者

が述べているように，ケースメント氏もまたご自分の患者から学び，それを「から学ぶ」シリーズの中で著されてきたのだと思います。

さらに本書の第2部では，偶然の一致やテレパシーといった事柄や，宗教をめぐる問題が論じられています。そこに共通しているのは，すべてを知っていると思いなす傲慢さへの批判です。その批判が，著者が思春期に出会って入信した福音主義的キリスト教にまずはむけられますが，さらに教義化しドグマ化してしまった精神分析に対してもむけられます。「キリスト教不可知論者」として自身を位置づける著者にとって，宗教であれ精神分析であれ，すべてをわかっているとして自己絶対化に陥ることこそが批判されるべきものなのです。私は，そこにケースメント氏のインディペンデントな批判精神をみることができると思います。

それにしても，このような大胆な自己開示がはたしてどう受け止められるのか，とりわけケースメント氏の患者にとってどのように影響するのか，議論のあるところだと思います。私自身は中立性を尊重すべきだと考えており，治療の中での自己開示に対しては批判的です。引退の機会を利用してはじめて可能となったにせよ，このような試みに長年の臨床経験を積み重ね，守秘性の問題についても慎重に考えてこられたケースメント氏だからこそできたことでしょう。そのおかげで私たちは，これまで描かれることのなかった分析家の内的成長過程に本書を通して触れることができるのですが，昨今話題になっている自己開示をめぐる議論にも本書は一石を投じているようです。

2．ケースメント氏との出会い

私がまだ研修医になりたての頃，私のまわりの力動精神医学に関心を持つ人たちの間で『患者から学ぶ』がよく読まれていました。同じように力動精神医学，精神分析に興味のあった私は，さっそく買って読んでみました。しかしながら，正直にいうとその内容を私はあまりよく理解することができませんでした。今振り返って思うと，ケースメント氏の著作が長年にわたる精神分析臨床の経験をふまえて書かれているので，当時一般精神

科臨床の経験すらほとんどなかった私には，かえって抽象的な理論書以上にわかりにくかったのだと思います。その後，一般精神科臨床から精神分析的精神療法，さらに精神分析へと私自身が歩みを進めて行く中で，ケースメント氏が次々と発表された『さらに患者から学ぶ』『あやまちから学ぶ』は，一本の導きの糸のように私の分析理解を深めてくれました。

今回の翻訳にあたり本書を一通り読み終えた時点で，私は一度著者にお会いしたいと思い，本書が英国で出版されて間もない頃ロンドンのご自宅にケースメント氏を訪ねました。ロンドン郊外の閑静な住宅街にあるご自宅を訪れ，ゆったりと居心地のよい面接室に通されて小一時間ほどお話をすることができました。英国で出版されたばかりの本書の反響を尋ねると，「一度読み始めるとやめられなくなると文句をいわれています」「同僚からはこき下ろされてますよ」と笑って話されました。いつも冗談を絶やさないご本人の人柄が感じられる会話でもてなしていただきました。

翻訳上の疑問点などについていくつかうかがった後，私自身が分析臨床で重要だと思っている陰性転移の取り扱いに話が及びました。ケースメント氏は，ご自分の分析家であった故ハロルド・スチュワート博士[注1]との分析の中でのエピソードを話してくれました。それによると，セッションの中で分析家があやまって10分早くセッションを終えてしまったことがあり，しかもそれが2回続けて起きたそうです。ケースメント氏は怒って部屋を出て行き，もう分析をやめようかとも思ったそうですが，分析家から手紙が来てもう一度分析を再開したそうです。その時の怒りの取り扱いは，あくまでも現実のものとしての取り扱いであったとのことでした。その後，この怒りがどのように転移として解釈されたのかは話されませんでしたが，「私は怒るために分析家のあやまちを利用したのです」とケースメント氏は笑って話しておられました。（ちなみにハロルド・スチュワー

注1) Harold Stewart （1924-2005） 英国独立学派の精神分析家，精神科医。ユダヤ移民の孫であるが，生粋のロンドンっ子であった。マイケル・バリントにもスーパーヴィジョンを受けた。1967年に訓練分析家になる。タビストッククリニックと個人開業で働いた。著書に「Psychic Experience and Problems of Technique （1992）」「Michael Balint, Object Relations Pure and Applied （1996）」がある。

ト氏は本書の出版前に亡くなっていますが，謝辞にあるように第2章を詳しく書き改めるよう勧められたそうです）

このような治療者のあやまちによって引き起こされた怒りは，まず怒りそのものとして受け止められる必要があること，治療者はそれを避けたり，そらそうとしないことが重要であるとケースメント氏は話されました。さらに，怒りは高まっていきながらいずれはおさまってくるものであり，それを転移という側面から解釈するのは，怒りが十分治療者によって受け止められた後に，患者の側に，その怒りの中に現実的なものだけではない部分があると気づかれるようになった時なのだと指摘されました。

怒りがまず現実のものとして，分析家から避けられることなく受け止められることが重要であり，それがコンテイニングにつながることは本書の中でも指摘されています。それが怒りを転移として理解することや解釈することにつながるのだと思います。一方で，怒りが現実のものとして現実の対象に向いている時，同時にその現実の対象は転移された内的対象でもあるだろうと私は思います。治療者がそのような理解を持っておくことによってはじめて，怒りを転移として解釈できるのではないでしょうか。

また，いかにして治療者の解釈や介入が患者に受け入れられるようになるかという話の中で，ケースメント氏は，結びつきは作るのではなく一緒に見つけていくものなのだと話されました。理論から入って知的な解釈をしているだけではそうならないといわれていたのが印象的でした。理論から入るのではなく，臨床の中から理論を検討し，臨床を豊かなものとしていくために理論を用いるというケースメント氏らしい興味あるお話を聞くことができました。最後に「から学ぶ」の続編は書かないのかと尋ねると「もう書きません」といいながら，「もし書くとしたら『死から学ぶ』というタイトルになるでしょうね」と大声で笑っておられました。控えめで温かく相手を包み込むような人柄ですが，大事なことについては筋の通った姿勢で臨まれるという，本書に醸し出されている雰囲気そのままの方で楽しい訪問のひと時でした。別れ際に，父を亡くしたばかりで本書の訳出に

少し時間がかかりそうだとお伝えすると，ケースメント氏は私のことまで細やかに気遣って下さいました。振り返ってみると，この本の翻訳に携わる間，私もまたこの訳業を通してケースメント氏によってコンテインされていたようです。

3．翻訳について

翻訳にあたっては，基本的にこれまでの前3作の様式を踏まえています。しかしながら，contain, containment については松木先生と協議の上，本書ではコンテイン，コンテインメントとカナ表記にしています。psychotherapy, psychotherapist はケースメント氏が lay analyst であることを考慮し，心理療法，心理療法家としました。probation, probation officer は保護観察，保護観察官としています。第6章のベケットの引用箇所は，日本語訳を参照しながら一部異なる部分を訳者が修正，加筆しています。

4．謝辞

本書中のフランス語の翻訳に関しては，同僚であり先輩である鈴木智美先生にご教示いただきました。感謝いたします。私のこれまでの歩みの中で，精神科医としての基礎を教えていただいた九州大学精神病理研究室の先生方，とりわけ精神科臨床の面白さと奥の深さを教えていただいた亡き冨永邦男先生に感謝いたします。初学の頃から現在に至るまで精神分析の手ほどきをしていただいている松木邦裕先生にこころから感謝いたします。本書の翻訳を勧めていただいたのも松木先生ですが，先生の助けと励ましがなければ本書の訳出はありえませんでした。また，岩崎学術出版社の唐沢礼子さんには数多くの貴重なコメントや助言を頂き，編集をしていただきました。厚くお礼申し上げます。最後に，出版を待たずに亡くなった父に本書を捧げます。

2008年　初秋

山田　信

人名索引

アルヴァレズ Alvarez, Al　　144
アレキサンダー Alexander, F.　　12, 21, 22
ウィニコット Winnicott, D.W.　　9, 10, 20, 60, 61, 108, 109, 110, 116, 117, 123, 132, 142, 143, 190
ウィリアムズ Williams, R.H.　　46, 53
ウォールズ Walls, C.R.　　42

カーン Khan, Masud　　3, 145
クライン Klein, M.　　242
グリーンバーグ Greenberg. J　　188
ゴードン Gordon, G.　　183, 184
コルタート Coltart, N.　　217

サンドラー Sandler, J.　　21, 22
シーバー Seaver, R.　　138
ジブラン Gibran, K.　　186
ジャンビェール Janvier, L.　　135, 138
シュナイダー Schneider, P.　　138
スコット Scott, C.　　242
ストックウッド Stockwood, M.　　40, 109, 222

ドストエフスキー Dostoyevsky, F.　　222〜227, 233
トンプソン Thompson, G.　　127

ハーバート, ジョージ Herbert, G.　　36
ビオン Bion W.R.　　110, 127, 128, 185, 187
ブラウ Blau, H.　　124
プリンス Prince, S.　　49, 52
フロイト Freud, S.　　156, 232
フロイト, アンナ Freud, Anna　　169, 172, 173, 176
フロスト Frost, R.　　25
ベケット Beckett, Samuel　　3, 122〜146
ベイル Bair, D.　　123

マウントバッテン Mountbatten, Lord L.　　37, 38
マックグレビー McGreevy, T.　　127
マテブランコ Matte Blanco, Ignacio　　177
メンズィス Menzies, I.　　52

ヨーク York. C.　　52

ラングス Langs, R.J.　　194
ラッカー Racker, H.　　164
リメンタニ Limentani, A.　　237
リックス Ricks, C.　　122, 123, 141

事項索引

あ行

愛情　98
愛他主義　87
愛着　15, 192
　　アンビバレントな――　127
　　病理的な――　127
赤ん坊　14
アクティングアウト　acting out
　244
悪魔　225
圧力　189
遊びの能力　142
　　創造的な――　132
過ち
　　――から学ぶ　47
　　――をおかす　47
　　――を認める　47
安易な
　　――解決　93
　　――道　95
安心感　100
安全　68
アンビバレンス　74
いいえと言うこと　2, 87
言い間違い　212
言いようのない激しい恐れ nameless
　dread　110
怒り　2, 178
　　――に留まる　180
　　――を引き受ける　18
　　――をそらす　18
　　転移的な――　17
　　自分自身の――　17
　　患者からの――　17
行き詰まり　189
生き残る(生き延びるも参照)　73
　　破壊を――　109

生き延びる(生き残るも参照)　27
異教徒　228
意識　90
依存　70, 211
　　強烈な――　211
　　人への――　211
偽りの自己　3
　　――の分析　16
偽りの成熟　109
一般開業医GP　43
居場所　232
今ここで　196
陰性転移　2
　　――を取り扱う　16
引退の自由　1
うつ病　44
乳母　15
膿　136
英語　122
英国精神分析協会　122
エディプス状況　156
エナクト　69
円環軌跡　144
援助職　87
嘔吐　208
応答　221
置き換え　151
贈り物　10
落ちていく　174
思いやりの能力　10
オルガズム　160
恩恵　88

か行

改革運動　228
回帰　144, 189
懐疑家　231
解釈　23

──の作業　123, 240
　　　──の内容　240
　　　──の「方向性」　195
　　治療者の──　170
　　長くて込み入った──
　　夢の──　172
外傷　23
　　早期の──　43
外傷体験　43, 44
回想　52
外的な関係　161
回避　121, 189
怪物　107
カウチ　167
科学　202
かかりつけ医GP　77
確信　40, 212
確実さ certainty　4
　　──の魅力　228
架空のシナリオ　82
過食　208
仮説　185
家族ケースワーカー　2
家族療法　79
形 shape　193
葛藤　1
過程　235
家庭医GP　209
家庭訪問　64
神の愛　221
カリスマ的　88
癌　208
関係学派　244
関係性
　　──を経験する　21
　　中心的な──　121
　　濃密な──　15
患者　2
患者から学ぶ　24
患者についていく　240

かんしゃく　106
願望
　　早期の──　27
　　死の──　218
関連　197
記憶　125
危機　11
危険　2, 109, 226, 235
起源　217
既視感　204
寄宿学校　11
起訴　61
技法　7
希望の瞬間　108
奇妙な一致　204
客観的　7
逆転移
　　パーソナルな──　22
　　間接的な──　164
キャンセル　212
休暇　213
教会　35, 203
境界
　　分析の──　219
脅迫　91
共謀への誘惑　77
共鳴　184
教義　40
　　古い──　245
　　新しい──　245
拒絶　222
キリスト教　222
空間
　　可能性を秘めた──　124
　　情緒的な──　123
　　心的──　134
　　心理的な──　131
空虚　150
空想　23
偶然の一致　3

屈服　　102
クライエント　　2
クライン派の理論　　58
クリスチャン　　35
訓練　　53
訓練委員会　　231
訓練分析家　　234
芸術療法士　　50
軽蔑　　57
刑務所　　89
ケースカンファレンス　　71
激怒　　59
結婚カウンセリング　　157
欠如　　22
欠席　　79
ゲシュタルトセラピー　　17
権威　　32, 193
限界設定　　2, 100
言語　　123
　　新しい──　　136
現実　　8, 152
原始的な不安　　174
現象　　202
原理主義　　8, 227
行為　　8
　　親らしい──　　9
　　不本意な──　　204
抗議　　20
好奇心　　205
攻撃性　　17
貢献　　147
校長先生　　11
肯定　　12
行動化　acting out　　191
候補生　　234
拘留　　56
傲慢　　35, 221
こころの中のスーパーヴィジョン　　3
試みの同一化　　164
　　患者との──　　3, 164

言葉　　13
ことばの便秘　　125
子どもの保育　　14
コミュニケーション　　3
　　インパクトによる──　　244
　　無意識的──　　175
コメント　　192
ごめんなさい　　10
コンテイン　　69
　　──の失敗　　110
コンテインメント　　61
　　確固とした──　　61, 105
コントロール　　62
困難　　7

さ行

罪悪感　　9
最悪のもの　　9, 89
再考　　232
再構成　　27
再拘留　　57
再使用　　243
罪責反応　　158
再体験　　43
再発見　　148
作業領域　　191
作業療法　　48
サディズム　　73
死　　131
仕返し　　118
時期尚早　　172
思考　　145
　　具象的──　　30
　　合理的──　　233
　　思考されない──　　145
自己開示　　1
地獄　　221
自己攻撃　　158
自己処罰　　156
自己証明　　244

自己破壊的　156
自己非難　15
自己評価
　　交流による——　88
自己モニタリング　187
思索家　231
自殺　205
自殺企図　46
思春期　227
自信過剰　55
修正感情体験　2
修正的　12
　　——な使用　21
実演　74, 84
嫉妬　70
視点の転換　182
私費病棟　43
自分で抱える　174
嗜癖　210
死別　147, 149
　　——カウンセラー　147
　　——体験　150
社会学　42
社会審理　61
自由連想　241
自由に漂う対応　21
習慣　104
終結　74
　　治療の——　197
集団　228
宗教　4, 226
　　——的な体験　202
　　組織化された——　225
宗教批判　231
従順　32
宗派分立　227
主観的　7
熟考　199
主題　163
守秘　4

循環　157
衝迫　9
　　——的な行為　61
承認　12
焦点を絞らないプレイバック　114
象徴　56, 61, 143
情緒体験　12
情緒的な現実
勝利
　　うわべだけの——　107
　　空虚な——　9
助言　74
女性家庭教師　30
ショック　45, 69
　　——状態　45
ジレンマ　76
進化　231
侵害　13
神経衰弱　127
信仰　4, 234
真実　23
人生　203
　　——経験　7
　　——の意味　136
人生から学ぶ　7
心的現実　70
進展　235
侵入　3
診断的な夢　3
信念　228
信念体系　230
　　共通の——　230
神秘　202
　　——的な領域　205
　　人生における——　202
親密な注意　240
信頼　12
真理　228
心理学　80
心理学的プロファイリング　57

心理療法　76
心理療法家　2, 75
　　──訓練生　68
数学　203
崇敬　4
スーパーヴァイザー　20
スーパーヴァイジー　20
スーパーヴィジョン　4
スーパーヴァイズの三人組　20
スプリット　67
スプリット・オフ　180
性交　161
政治　231
誠実　59
聖職者　35
精神科医　43
精神病　44
精神病院　43
精神分析　1
　　──の訓練　51, 198
　　──社会　230
　　──の未来　236
精神分析理論　56
精神分析理解　1
成長　212
正当化　189
制度化　222
性別同一性　28
説教　40, 221
セッションの外　191
絶望　15
世話役　15
　　もっとよい──　20
前概念　185
潜在的な意味　163
潜在的な可能性　12
洗脳　236
羨望
　　患者の──　22
憎悪　104

想起　14
　　受動的な──　186
　　能動的な──　185
操作的　21
喪失
　　深刻な──　3
ソーシャルワーカー　84
ソーシャルワーク　87
創造性　123
想像力　61
即時性　14
そらされる　196

た行

退行
　　強烈な──　155
　　実り多い──　213
胎児　159
対象
　　──の使用　190
　　悪い──　190
　　──の崩壊　190
対象関係
　　鍵になる──　22
対象喪失
　　特異な──　151
対照の痛み　22
対人関係　244
態度
　　断固とした──　61, 94
　　きっぱりとした──　94
太陽の踊り　119
代用　107
大量服薬　75, 205
確かでないこと　non-certainty　4, 235
他者
　　重要な──　1
他者の他者性　39
試される　191

試し　2
探究　56
　　無意識的な——　108
探索的な話し合い　80
誕生　217
短調　184
知覚　194
遅刻　76
中核自己　16
中断の経験　14
チューニング　165
超越　232
挑戦　203
長調　184
直面化　236
治療契約　78
治療者　4
　　——の失敗　179
治療同盟　189
沈黙　48
沈黙技法　48
追従　11
　　——的な態度　11
罪の感覚　152
抵抗　191
帝国海軍　25, 39
定式化　71
停滞　122
敵意　69
　　——にかかわる　91
手放す　161
テレパシー　3
転移　7
転移解釈　197
転移的な次元　18
展開　191
転向　129, 193
同一化　156
統一性　233
投影　59

投影同一化　59
統合失調症　182
倒錯的な力　96
洞察　23
　　——の機能　23
　　——を与えること　23
　　敏感な——　23
　　取り扱いのための——　70
　　自分自身の——　23
どうどうめぐり　55
動揺　7, 196
特別配当　52
匿名性　1
ドラマ　71

な行

内在化　33
内的感覚　55
内的世界　18
内的対象　109
内的な関係　161
ニーズ　115
荷が重過ぎて耐えられない　17
憎しみ　98
日中残渣　173
二側面の反応　82
乳児　110
乳房
　　よい——　229
　　悪い——　229
入力　194
妊娠
　　——早期　27
　　——後期　69

は行

パーソナル　1
パートナー　149
配偶者　149
排除　192

買収　178
排泄　216
破壊的　19
迫害　135
　　──的な世界　133
　　──的な対象　135
剥奪
　　深刻な──　22
　　母性愛──　57
破綻　1
　　──の時期　46
　　深刻な──　40
　　精神病的な──　154
　　精神的──　1
　　突破口としての──　40
母親
　　──からの分離　50
　　よい──　106
　　悪い──　106
ばらばらになる　174
パラレルな状況　197
パラレルプロセス　79
反逆者　53
反抗　240
犯罪　9
反社会的傾向　9
万能感　202
悲哀
　　喪の──　3
非行少年　60
避難所　125
否認　67
ビネット　8
不安　165, 166
夫婦療法　77
不確実　uncertainty　235
不可知論者　231
福音主義者　34
服従　192
不在　28

長びいた──　214
非情にみえる──　149
二つの頭　163
仏教　233
復活祭　203
不妊　211
プライバシー
　　患者の──　4
フランス語　122
振る舞い　190
　　──によるコミュニケーション　60
　　扱いにくい──　84
　　コミュニケーションとしての──　60
　　猛々しい──　67
　　暴力的な──　66
　　厄介な──　107
不連続性　13
分析家
　　生きていない──　173
　　ポーカーフェイス──　21
分析家資格取得　231
分析過程　234
分析関係　191
分析技法　198
分析空間　3
分析作業　2
分析の喪失　218
分析への攻撃　191
分析理論　198
憤怒　3
分離　129, 165
へその緒　50
偏見　232
便器　130
防衛
　　原始的な──　230
　　不安に対する──　173
防衛機制　230
防衛システム　229

事項索引　263

方向感覚
　　人生の—— *1*
忘却　*125*
暴君　*109*
法廷尋問　*57*
法廷報告　*56*
報復　*191*
亡命　*131*
母国語　*3*
牧師　*219*
保護観察　*58*
　　——期間　*67*
　　——命令　*67*
保護観察官　*2*
　　——研修生　*92*
保護観察局　*62*
保釈　*61*
本当の自己　*11*
本当の人々　*37*
翻訳　*122*

ま行

魔術的な思考　*218*
幻　*226*
水漏れする配水管　*114*
耳を傾ける　*238*
ミラーリングによる批判　*179*
無意識
　　——の集合　*177*
　　——のスーパーヴィジョン　*164*
　　——の批判　*164*
　　——のヒント　*240*
無意識的
　　——な役割対応　*22*
　　——ニーズ　*210*
無意識的空想　*109*
無意識の希望　*9*
無神論者　*231*
無時間性　*14*
結びつき　*14*
　　明らかな——　*15*
　　不合理でまちがった——　*157*
　　——を作り出す　*58*
　　——を見出す　*58*
無知　*2, 235*
無能　*95*
無力　*152*
迷信　*226, 231*
迷路　*137, 198*
メタファー　*142*
メランコリア　*156*
　　——の力動　*156*
面会時間　*90*
面接室　*3, 215*
面接時間　*214*
妄想性障害　*70*
盲目　*184*
モニター　*185*
　　分析空間を——する　*188*
喪の哀悼　*147*
　　メランコリックな——　*156*
喪の反応　*148*

や行

役立たず　*94*
火傷　*44*
厄介　*12*
　　——な子ども　*10, 15*
　　——な態度　*19*
やましい感覚　*16*
闇の要素　*138*
優柔不断　*235*
誘惑　*223*
夢
　　——の原文　*122*
　　——の顕在内容　*123*
　　診断的——　*215*
ユング派　*52*
　　——分析家　*68*
よい経験　*87*

養育者　　107
養育での三人組　　20
抑圧　　29
抑うつ状態　　75
抑制　　1
よりよい親　　20, 87

ら行

乱暴な分析　　1
理想化
　　引きずられた──　　8
　　分析家への──　　173
　　──された両親　　229
利己主義　　85
流産　　27
両手を使って聞く　　163

理論　　55
臨終　　131
臨床活動　　7, 11
臨床実践　　21
臨床の触覚　　3
礼拝　　232
連結の方向　　195
連想　　216
連続性　　13
労働者階級　　89
浪費　　95
論理　　234
　　非論理的な──　　130

わ行

ワークスルー　　23

監訳者略歴

松木邦裕（まつき　くにひろ）
1950年　佐賀市に生まれる
1975年　熊本大学医学部卒業
1975年　九州大学心療内科勤務
1978年　福岡大学医学部精神科勤務
1985〜87年　タヴィストック・クリニックに留学
1987〜99年　医療法人恵愛会福間病院勤務
精神分析個人開業後
2009年　京都大学大学院教育学研究科教授
現　在　精神分析個人開業，京都大学名誉教授，日本精神分析協会正会員
訳　書　ケースメント「患者から学ぶ」（訳）・「あやまちから学ぶ」（監訳），ミルトン他「精神分析入門講座」（監訳）（岩崎学術出版社），ストレイチー他「対象関係論の基礎」（訳）（新曜社），ビオン「ビオンの臨床セミナー」（共訳）・「再考：精神病の精神分析論」（監訳）（金剛出版）
著　書　「対象関係論を学ぶ」・「分析臨床での発見」・「精神分析体験：ビオンの宇宙」（岩崎学術出版社），「精神病というこころ」・「摂食障害というこころ」（新曜社），「私説　対象関係論的心理療法入門」（金剛出版）「分析空間での出会い」（人文書院），精神分析臨床シリーズ（「摂食障害」，「抑うつ」，「精神病」）（編著）（金剛出版），その他多数

訳者略歴

山田　信（やまだ　しん）
1961年　宮崎県に生まれる
1988年　九州大学大学院文学研究科修士課程修了
1995年　九州大学医学部卒業
　　　　九州大学医学部精神神経科，大分県立病院，福岡共立病院を経て
現　在　可也病院
　　　　日本精神分析協会候補生
著　書　「摂食障害の精神分析的アプローチ」（共著　金剛出版）

人生から学ぶ
ISBN978-4-7533-0910-8

監訳
松木　邦裕

第1刷　2009年10月20日
第2刷　2022年4月9日

印刷　㈱新協／製本　㈱若林製本工場
発行所　㈱岩崎学術出版社　〒101-0062　東京都千代田区神田駿河台3-6-1
発行者　杉田啓三
電話　03-5577-6817　FAX　03-5577-6837
2009Ⓒ　岩崎学術出版社
乱丁・落丁本はおとりかえいたします。検印省略

対象関係論を学ぶ　　　　　　　　　　松木　邦裕　著
　●クライン派精神分析入門

分析臨床での発見　　　　　　　　　　松木　邦裕　著
　●転移・解釈・罪悪感

精神分析体験: ビオンの宇宙　　　　　松木　邦裕　著
　●対象関係論を学ぶ　立志編

――＊――＊――

患者から学ぶ　　　　　　　　P．ケースメント　著
　●ウィニコットとビオンの臨床応用　　松木　邦裕　訳

あやまちから学ぶ　　　　　　P．ケースメント　著
　●精神分析と心理療法での教義を超えて　松木　邦裕　監訳

精神分析入門講座　　　　　　　　　J．ミルトン他　著
　●英国学派を中心に　　　　　　　　松木　邦裕　監訳

――＊――＊――

精神分析事典　　　　　　　　　　　　小此木　啓吾　編